Klaus Ibendorf

Die Spuren der Täter

Ein Gutachter deckt auf

Das Neue Berlin

Inhalt

Vorwort

Seit fast zwanzig Jahren bin ich im Geschäft. Als ich Mitte der 80er Jahre an die Humboldt-Universität zu Berlin geholt wurde und wenig später am Kriminalistischen Institut der Deutschen Volkspolizei meine Ausbildung erhielt, wußte ich eines: Mein künftiges Berufsleben könnte ziemlich interessant werden. Das wurde es auch. Was nicht am Gezeitenwechsel 1989/90 lag. Gestorben und gemordet wird unter allen Fahnen, Streitfälle und Betrügereien gibt es immer und überall.

Das wird die nachfolgende Auswahl von Fällen belegen. Es gibt kein Vorher und kein Nachher, sofern man von dem Umstand einmal absieht, daß es keine Ständige Vertretung der BRD bei der DDR mehr gibt und darum auch kein weißer Lada dort den Schlagbaum an der Hofeinfahrt durchbrechen kann. Aber mit Autos passiert immer eine Menge. Man täuscht Unfälle vor, um die Versicherung zu schröpfen, PKW werden gestohlen, frisiert, Nummern aus dem Motorblock geschliffen und so weiter. Ein weites Feld für Leute meiner Profession tut sich da auf.

Ein anderes sind Brände. In der Regel tritt nicht nur die Feuerwehr auf den Plan, wenn die Flammen lodern. Sie hat auch die Polizei im Gefolge. Gemäß § 163 der Strafprozeßordnung (StPO) hat diese die Aufgabe, »Straftaten zu erforschen und alle keinen Aufschub gestattenden Anordnungen zu treffen, um die Verdunkelung der Sache zu verhüten«. Und da bei einem Brand von vornherein eine Straftat nicht auszuschließen ist, wird als erstes die Brandursache ermittelt. Dazu werden oft Gutachter hinzugezogen. Diese müssen dann klären, ob eine schuldhafte Brandverursachung durch einen Menschen vorliegt oder ausscheidet.

So steht es in den Lehr- und Studienbriefen der Kriminalistik. Und obgleich die Texte in der Bundesrepublik gedruckt wurden (und werden), klingt die Beamtenprosa so vertraut wie unser Amtsdeutsch aus der DDR. Auch in dieser Hinsicht also hat sich wenig bis nichts geändert. Doch vielleicht ist diese Art Kontinuität auch ganz nützlich.

Es gibt Arbeitsunfälle und Versicherungsschäden, Unfälle in Krankenhäusern und auf dem Wasser, Propangasflaschen fliegen in die Luft und Granatwerfer auseinander, bei Toten muß mitunter festgestellt werden, ob es Mord oder ein Suizid war.

Da fand man im heißen Sommer 2003 in der Oder eine Leiche. Die Frau war vor anderthalb Jahren in der Nacht angeblich aufgebrochen, um in Polen Zigaretten zu kaufen, und seither verschwunden. Das Wasser des Flusses stand so niedrig, daß man das Autowrack entdeckte. Die Tote, oder besser: was die Natur von ihr gelassen hatte, trug einen Morgenmantel und einen Slip, also kaum die angemessene Gewandung für einen nächtlichen Einkauf jenseits der Grenze. Die Staatsanwaltschaf beauftragte mich, festzustellen, ob es sich hier um einen Unfall, um Selbstmord oder um ein Gewaltverbrechen handelte.

So beginnen die meisten Fälle. Ich bekomme einen Anruf von einem Landeskriminalamt oder einem Polizeipräsidium, es gibt ein Fax von einem Staatsanwalt oder einer Versicherung, mitunter melden sich auch Privatpersonen. Dann mache ich mich mit meiner Ausrüstung auf den Weg zum Ereignisort. Zuweilen erhalte ich auch nur Akten und Asservate, um dort Spuren zu entschlüsseln, die der Täter hinterlassen hat.

Inzwischen ist die Kriminaltechnik soweit vorangeschritten, daß es kaum noch Geheimnisse gibt. Gleichwohl sind die Geräte und Anlagen nie klüger als die Menschen, die sie bedienen. Und sie können sogar ausgemacht dumm sein, wenn es auch ihre Bedienung ist. Insofern ist mir ein gewisser sportiver Ehrgeiz nicht fremd, sowohl die Technik zu beherrschen als auch mit Selbstbewußtsein meine Ergebnisse zu präsentieren.

Wenn ich also über meine Arbeit berichte, schreibe ich nicht nur über eine interessante, abwechslungsreiche Tätigkeit. Ich hoffe damit auch deutlich zu machen, was gute Fachleute leisten können.

Die nachfolgenden Fälle sind in der Regel abgeschlossen, die Täter überführt.

Jeder Mensch, auch wenn er das Gesetz brach, hat Anspruch auf Würde. Zu Recht heißt es im Grundgesetz, daß sie unantastbar ist. Darum sind mitunter Namen und Orte verfremdet. Dort, wo jedoch der Vorgang und auch die Namen der Beteiligten durch die Medien publiziert wurden, habe ich diese Zurückhaltung nicht geübt. Was in der Öffentlichkeit bekannt ist, sollte auch hier als bekannt erscheinen.

Die von mir getroffene Auswahl ist willkürlich, kennt keine Chronologie und zielte einzig darauf, das Spektrum meiner Tätigkeit sichtbar werden zu lassen. Vielleicht meinen auch Sie, daß das Leben oft spannender und aufregender ist als ein ausgedachter Krimi.

Dr.-Ing. Klaus Ibendorf,
Schönow, im Winter 2003

Der Fall Brettschneider

Es ist eine Tatsache, daß hierzulande die meisten Menschen im Bett sterben. Meist ist es das eigene. In diesem Fall aber war es ein elektromechanisch verstellbares Heimpflegebett, wie es von der Krankenkasse zeitweise zur Verfügung gestellt wird.

Wie es hierzulande um den Zustand der Krankenkassen und der Versorgung von Alten und Kranken bestellt ist, lesen wir nahezu täglich in der Zeitung. Wenn die öffentliche Klage jedoch zum Dauerton wird, nimmt man sie kaum noch wahr. Umso verstörter reagiert man schließlich, wenn man auf konkrete Sachverhalte stößt, die das Maß der Misere in einem winzigen Detail schlaglichtartig sichtbar machen.

Mit einem solchen Fall wurde ich im Herbst 1996 konfrontiert. Ich erhielt einen Anruf aus dem Polizeipräsidium Frankfurt/Oder. Kriminalkommissar Lutz Appel vom 6. Kommissariat, das für Brände und Umweltkriminalität zuständig ist, informierte mich, daß es in Schöneiche einen Brand mit Todesfolge gegeben habe. Morgens gegen 9 Uhr hätte eine Mitarbeiterin des Johanniter-Pflegedienstes ihren 80jährigen Patienten in seiner verrauchten Wohnung tot im verkohlten Bett aufgefunden. Die Ursache des Brandes sei nicht eindeutig feststellbar – ich solle mir das anschauen.

Jeder Brand hierzulande, bei dem die Versicherung angerufen werden soll, muß der Polizei gemeldet werden. Denn ohne Anzeige gibt es keine Schadensregulierung. Damit ist die Sache zunächst polizeinotorisch und wird, je nach Umstand, automatisch weiter verfolgt oder zu den Akten genommen. Kommen Menschen zu Schaden, tritt zwangsläufig die Justiz auf den Plan. Soweit also handelte es sich auch in diesem Falle um das übliche Prozedere.

Hier allerdings irritierte mich etwas, das mir bislang noch nie bewußt geworden war. In unserem reichen Land sind sehr viele Menschen ans Bett gefesselt. Das ist bekannt, und dafür müssen alle Steuerzahler monatlich einen Beitrag für die Pflegeversicherung leisten. Davon profitieren die meist hochbetagten Kranken, die auf die Hilfe anderer angewiesen sind. Mitunter ist bereits ein Bett, das der

Patient oder die Patientin mit Hilfe technischer Verrichtungen in der Höhe oder bei der Kopfauflage selbst verstellen kann, ein Segen. Obgleich solche Betten nichts Weltbewegendes darstellen, keine computergesteuerte Hi-tech-Anlage sind und darum vergleichsweise preiswert, gibt es sie nicht in ausreichender Zahl. Praktisch ist es so, daß die vorhandenen Betten immer dann den Nutzer wechseln, wenn der bisherige diese Welt verlassen hat.

Der alleinstehende Walter Brettschneider, Jahrgang 1916, hatte vor zwei Jahren einen Oberschenkelhalsbruch erlitten und lag seitdem zu Hause. Zwei Jahre lief der Antrag bei der AOK auf Bereitstellung eines solchen elektromechanisch verstellbaren Heimpflegebettes.

Am 26. November war es endlich geliefert und von der OTS Schadock GmbH aus Vogelsdorf in seinem Schlafzimmer installiert worden.

Am 27. November, 3 Uhr morgens, war der Mann darin tot. Und das Bett reif für den Schrott. Zynisch gesprochen: Es war aus dem Umlauf ausgeschieden. Weitere Patienten hatten also noch länger zu warten ...

Appel berichtete mir, die ersten kriminalpolizeilichen Untersuchungen hätten ergeben, daß der Brand im Bereich des Bettes ausgebrochen sei. Eine vorsätzliche Brandstiftung könne ausgeschlossen werden, auch, daß eine Zigarettenkippe den Schwelbrand ausgelöst habe: Der Tote war seit vier Jahrzehnten Nichtraucher. Nein, es könne darum nur etwas mit dem Bett und den Elektromotoren zu tun haben. Also: Ich solle offiziell feststellen, an welcher Stelle der Brand ausgebrochen und was seine Ursache gewesen ist. Ob es sich a) um einen technischen Defekt des Bettes handelte (und ob sich daraus Konsequenzen für die weitere Produktion ergäben), oder ob b) eine andere Zündquelle in Betracht käme, und falls ja: welche?

Mein Gutachten solle an Staatsanwalt Tegge in Frankfurt gehen, der sei mit dem Fall beauftragt.

»Wann kann ich mir das Bett ansehen?«

»Morgen zwischen 13 und 15 Uhr. KK Meyer und KHM Krüger werden da sein.« Appel räusperte sich ein wenig. »Wir haben die angekohlte Leiche schon weggeräumt. Sie müßten auf unsere Fotos zurückgreifen, um einen Gesamteindruck gewinnen können.«

Nun gehört die Besichtigung von Toten nicht zu den Ereignissen, mit denen ich täglich konfrontiert werde. Doch so trainiert war ich inzwischen schon, daß mich auch der Anblick eines verunstalteten Leichnams nicht aus der Bahn warf.

»Sieht er schlimm aus?«

»Was heißt schlimm?« Der Kriminalkommissar am anderen Ende der Leitung suchte nach passenden Worten. »Das Gesicht ist nicht betroffen. Nur der Rücken und die unteren Extremitäten sind erkennbar geschädigt.«

Ich hatte verstanden.

Am 28. November, gegen Mittag, machte ich mich auf den Weg nach Schöneiche. Das Dorf lag noch in Brandenburg, aber hart an der Grenze zu Berlin und darum im sogenannten Speckgürtel der Hauptstadt. Die Grundstückspreise waren hier nach der Wende dramatisch angestiegen, die Einfamilien- und Doppelhäuser schossen wie Pilze aus dem Boden. Die Städter drängten ins Grüne. Allerdings schien diese Entwicklung inzwischen ihren Zenit überschritten zu haben. Die Makler und Immobilienfirmen, die auf endlosen Zuwachs gesetzt hatten, blieben immer öfter auf ihren Angeboten sitzen.

Den ehemaligen Besitzer des Häuschen Tasdorfer Straße 122 hatten solche Überlegungen gewiß nicht geplagt. Brettschneiders Anwesen war äußerst bescheiden. Das Haus stammte vermutlich aus den 20er Jahren und war durch zwei kleine Anbauten ein wenig vergrößert worden. Das wirkte wie angeflickt. Solche besseren Katen gab es zu Zehntausenden im Land. Sie waren Produkte der Not und blieben es auch. Ihre Besitzer waren darin alt geworden und brachten es zeitlebens nie zu Wohlstand.

Von außen war dem Gebäude nicht anzusehen, daß es in der Nacht drinnen gebrannt hatte. Es stand in einem leicht verwilderten Garten, der seit Jahren nicht gepflegt worden war. Die Gründe waren bekannt. Die Tochter des Opfers und deren Mann wohnten zwar am Ort, hatten aber offenkundig genügend eigene Sorgen, um sich auch noch dieser anzunehmen. Wer wollte da rechten?

Ich schloß den Wagen ab und ging ins Haus. Brandgeruch lag in der Luft, durchzogen von einer leicht süßlichen Note. Die Polizeibeamten begrüßten mich, sie hatten bereits auf mich gewartet. Krüger, der Kriminaltechniker, lotste mich gleich ins Schlafzimmer. Die Küche sei zwar auch von den Rauchgasen in Mitleidenschaft gezogen worden, aber sonst gebe es außerhalb des Schlafzimmers

Das Wohnhaus in Schöneiche bei Berlin, in dem der bettlägerige 80jährige Walter Brettschneider in der Nacht vom 26. auf den 27. November 1996 verstarb

nichts Auffälliges. Für ihn stünde fest, daß nur das Bett selbst der Auslöser sein konnte. »Das waren die Elektromotoren. Da bin ich mir ganz sicher.«

Ich schwieg und ließ meinen Blick schweifen. Alles in der kleinen Kammer war mit einer Rußschicht überzogen. Auch die Tapete war um einiges dunkler. Insgesamt machte das Schlafzimmer einen aufgeräumten Einruck. Auf dem Nachttisch lagen Medikamente, Brille und Fernbedienung für das Bett sowie Besteck, ein Trinkglas und zwei belegte Stullen unter einer Folie, vermutlich das unberührte Abendbrot. Daneben befand sich ein Beistelltisch mit Telefon und TV-Illustrierter, dahinter standen auf dem Boden zwei Six-Packs Schultheiß-Bier.

»Brauchen Sie mich hier?«

Ich schüttelte den Kopf. »Erst einmal nicht. Nachher möchte ich mir ganz gern die Fotos ansehen, die ihr gestern gemacht habt.«

Krüger brummelte, ich könne den Film haben, der sei aber noch nicht entwickelt. Dann ging er nach draußen.

Ich zog mein Diktiergerät aus der Tasche und sprach meine Beobachtungen auf Band. Scheinbar ungeordnet, denn was sich am Ende als wichtig und was als unwichtig erwies, würde erst die weitere Recherche zeigen. Zu Hause flossen diese Notizen wie immer in Kapitel 3.1 des Gutachtens ein. Das hieß stets: »Feststellungen am Ereignisort«. Dabei berücksichtigte ich bereits die Auskünfte über den Zustand des Toten, die ich von Appel bekommen hatte.

»Es fällt auf, daß die beschichtete Holzplatte, mit der das Kopfteil des Bettes ausgefüllt ist, oben rechts eine flächenhafte Einbrennung aufweist. Auffällig ist auch, daß unterhalb dieser Einbrennung zunächst ein unbeeinflußter Bereich vorhanden ist, während am oberen rechten Rand der Liegefläche (Kopfteil neben dem Kissen) vergleichsweise starke Wirkungen offensichtlich sind, die sich in Brandmerkmalen an der Tischdecke fortsetzen. Das Kopfkissen weist einen Schattenbereich auf, der mit der ursprünglichen Liegeposition des Toten übereinstimmt. Beachtenswert ist auch, daß der Handgriff der Aufrichthilfe auf dem Bett liegt.

An der Wand hinter dem Kopfende haben sich Rußfahnen und -schleier gebildet. Die obere Metallstange hat sich als Schatten an der Wand abgebildet. Das Gestänge des Galgens (Aufrichter) trägt eine Rußschicht, und die Zugschnur fehlt. Im Bereich des Fußteils ist die Matratze vollständig durchgebrannt.

An der Fensterseite befindet sich ein Nachtschrank, auf dem die Fernbedienung für die Stellmotoren des Bettes abgelegt ist. Auf dem Fußboden vor den 6er-Bierpackungen liegt eine Leseleuchte. Diese Leuchte mit Klemmvorrichtung ist bestückt mit einer 40-Watt-Kerzenlampe. Brandeinwirkungen sind in Form oberflächlicher Kontamination insbesondere auf dem Glaskolben der Lampe feststellbar. Gehäuse, elektrischer Anschluß und Zuleitungen sind unauffällig.

Die Fernbedienung liegt wie normal abgelegt auf dem Nachtschrank. Sie ist gleichmäßig berußt und weist keine Berührungsstellen in Form von Rußschatten auf.

Unter dem Toten ist die Matratze verbrannt. Insbesondere die Rückenpartie unterhalb des Kopfkissens ist stark betroffen. Im Beinbereich haben ebenfalls Durchbrennungen stattgefunden.

Die Aufzehrung von Matratze und Bettzeug hat sich als Glimm- bzw. Schwelbrand unter dem Körper vollzogen.

In die Steckdose, die sich gegenüber dem Fußende an der Wand links neben der Tür zur Küche befindet, ist der Netzstecker des Bettes eingesteckt.

Unter dem Bett sind Abtropf- und Abrinnspuren am Bettgestell festzustellen. Der Fußboden ist mit Brandrückständen bedeckt. Die Dielenbretter sind nur oberflächlich geschwärzt. Es gibt keine Einbrennungen ins Holz.

Zwischen den verbrannten und den unverbrannten Bettfedern gibt es eine ölige, klebrige Substanz, vermutlich Rückstände einer Bettunterlage (Gummimatte oder ähnliches).

Auf dem Fußboten mitten unter dem Bett liegt der Stellmotor für die Rückenlehnenverstellung. Der Motorblock für die Höhenverstellung des Scherenmechanismus, an dem sich auch der Steckdosenkasten mit dem Netztrafo und dem Steuerteil befindet, ist relativ unbeeinflußt.

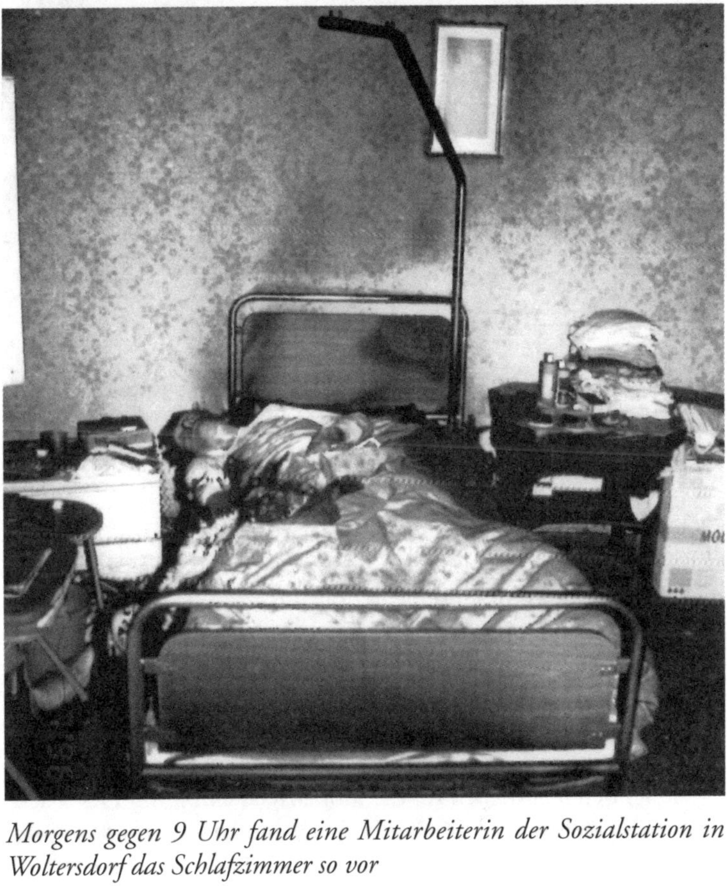

Morgens gegen 9 Uhr fand eine Mitarbeiterin der Sozialstation in Woltersdorf das Schlafzimmer so vor

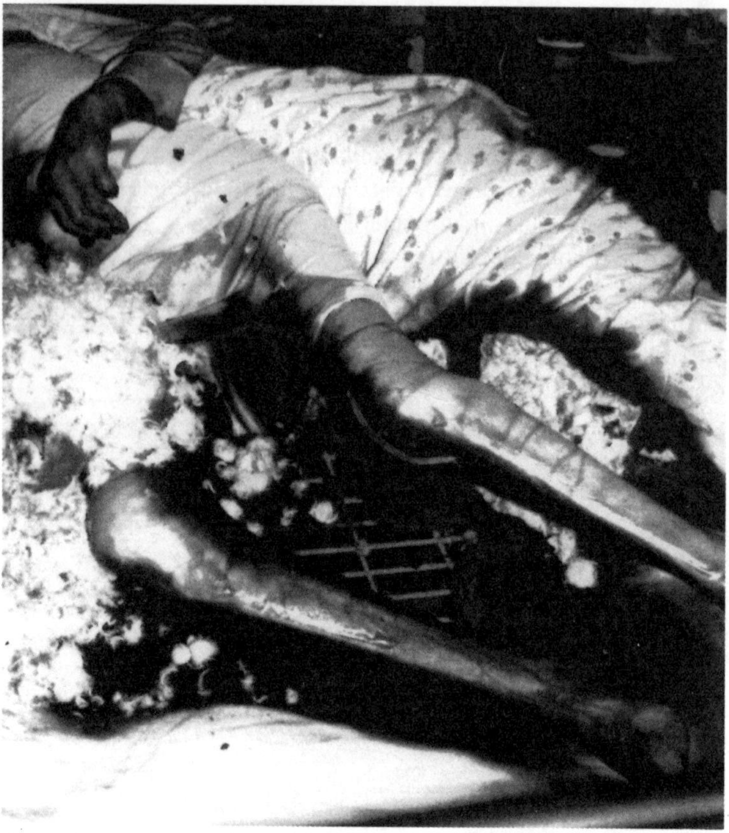

Die Matratze unter dem Toten ist vollständig verbrannt, seine Extremitäten sind erkennbar geschädigt

Das zweiadrige Euronetzkabel der Stromversorgung, das längs unter dem Bett Richtung Fußende liegt, weist auf einer Länge von ca. 1 Meter eine verbrannte Isolierung auf.

Die Untersuchung des Scherengitters ergibt, daß zur Montage des Bettes nicht überall die üblichen glatten Bolzen mit Splint, sondern Gewindebolzen (Schrauben) mit gekonterten Muttern verwendet worden sind. Deformationen des Rahmens oder der Gelenkverbindungen sind nicht festzustellen.

Außer den Stelltrieben für die Höhenverstellung von Liegefläche und Rückenlehne sind am Bett keine weiteren elektrischen Komponenten (Heizung oder dergleichen) vorhanden.

Im Umfeld des Bettes sind keine Tabakwaren und Zündmittel zu entdecken.«

Ich schaltete das Diktiergerät ab und ließ es in die Tasche meiner grünen Kombi rutschen. Das war's erst einmal.

Draußen stand Krüger bei seinen Kollegen. Sie erregten sich darüber, daß gestern zeitgleich mit der Feuerwehr und der Polizei eine Reporterin einer Berliner Zeitung aufgekreuzt sei. Vermutlich gehörte sie zu jenen, die den Funkverkehr abhörten. Es sei immer dasselbe. Natürlich habe man sie nicht mit der Kamera ins Haus gelassen, dort lag schließlich der Tote. Man habe sie abwimmeln können mit der Feststellung, die Untersuchungen zur Brandursache liefen noch. Sie solle sich an die Pressestelle des Polizeipräsidiums Frankfurt/Oder wenden, gab man ihr mit auf den Weg. Man wollte schließlich nicht als unhöflich erscheinen.

Ich mußte stören. »Wissen Sie etwas über das Bett? Bezeichnung, Hersteller und so weiter.«

Krüger blätterte in seiner Kladde. »Es handelt sich um ein gebrauchtes Heimpflegebett vom Typ X 51, Hersteller ist eine ›Markwart Gesellschaft für medizinische Produkte mbH‹ in Korschenbroich. Liegt irgendwo tief im Westen, hat 'ne Postleitzahl, die mit 4 beginnt. Die Registriernummer bei der AOK lautet 96-013612.«

Ich winkte ab. Solche Daten interessierten mich nicht. »Danke.«

»Sind Sie fertig?«

»Ja, ich denke schon. Tschüß dann.«

Die Farbaufnahmen von der angekohlten Leiche, die ich im Fotolabor abholte, waren schockierend. Der Mann schien regelrecht geröstet worden zu sein. Auch als Nichtmediziner sah ich sofort, daß ihn nicht der Brand getötet hatte. Hätte er bei vollem Bewußtsein eine aufsteigende Hitze bemerkt, hätte er sich notfalls aus dem Bett rollen können. Da dies unterblieb, mußte er bereits vorher tot, mindestens aber bewußtlos gewesen sein. Vogelfedern setzen beim Verglimmen Blausäure frei. Das Kopfkissen war gut mit Enten- oder Gänsedaunen gestopft gewesen. Die eigentliche Todesursache aber würde die Gerichtsmedizin feststellen können. Inzwischen lag der Tote bereits bei Dr. Kopetz auf dem Seziertisch in Bad Saarow.

Im Internet fand ich einen Betrieb im Osten, der das Heimpflegebett aus Korschenbroich vertrieb. Also würde ich keine so weite Reise auf mich nehmen müssen. Ich rief bei der Firma »Jürgen Conrad Orthopädie-Technik« in Dessau an und bekam gleich den Juniorchef ans Telefon. Ich schilderte ihm mein Problem. Er verstand sofort. Allerdings bekäme er erst Anfang des neuen Jahres wieder Betten herein. Markwart sei im November konkurs gegangen, eine Firma aus Mönchengladbach setze die Produktion mit den gleichen Zulieferern fort, lege aber wert auf die Feststellung, nicht Rechtsnachfolger der Fa. Markwart zu sein. Die Metallteile des Bettes kämen aus Polen, die Räder aus Wermelskirchen, die Motoren aus Kirchlengern und die Gasdruckfedern aus Koblenz. Ehe das wieder alles am Laufen wäre, gingen ein paar Tage ins Land.

Wir verabredeten uns für den 22. Januar 1997 in seinem Betrieb in Dessau. Ich hatte keine Eile. Mein Gutachten war erst Ende Februar fällig.

Am vereinbarten Datum machte ich mich nach dem Frühstück auf den Weg in die Bauhaus-Stadt. Ich fand nach einigem Suchen das mittelständische Unternehmen in der Teichstraße. Dessau war während des Krieges schwer zerstört worden. Die Junkers-Werke, in denen Flugzeuge hergestellt wurden, hatten die alliierten Bomberverbände angezogen. Noch immer klafften riesige Lücken in den Häuserzeilen, und gab es verräterische Grünflächen. Die DDR hatte es nicht vermocht, die Lücken wieder zu schließen. Und heute wanderte die Jugend Richtung Westen ab, die Bevölkerungszahlen gingen wie überall zurück. Da reichten die Häuser, die standen.

Viel passierte hier offenbar nicht. Man schien für jede Abwechslung dankbar. Ich war eine. Denn bei der Begrüßung durch den Chef wurden mir zwei weitere Herren vorgestellt, die offenkundig meinetwegen aus Sachsen-Anhalts Hauptstadt angereist waren. Der eine kam vom Landesamt für Arbeitssicherheit, der andere von der Staatlichen Gewerbesicherheit. Großer Bahnhof für ein kleines Experiment.

Ich wußte nicht, was die beiden eigentlich hier wollten. Doch wegschicken konnte ich sie nicht. Warum auch?

Zunächst wollte ich experimentell feststellen, ob die installierten Elektromotoren heißlaufen könnten, wenn irgendwelche Umstände verhinderten, daß die Matratze in die Höhe gefahren oder das Kopfteil aufgerichtet wurde.

Conrad hatte bereits ein Bett bereitgestellt, wir konnten also umgehend mit dem Versuch beginnen.

Die beiden 24-Volt-Motoren entwickelten eine beachtliche Kraft. Es gelang mit normaler Körperkraft nicht, die Bewegung des

Fabrikneues elektromechanisch verstellbares Heimpflegebett in der Firma Conrad in Dessau, das zu Experementierzwecken aufgebaut und getestet wurde

Scherengitters, mit dem die Matratze hochgefahren wurde, kurzzeitig aufzuhalten oder gar zu stoppen. Das gleiche galt auch für die Rückenlehne. So sehr wir auch gemeinschaftlich gegenhielten und drückten: Die beiden Motoren arbeiteten ohne jede Einschränkung.

Allerdings fiel mir auf, daß der kleinere Motor zur Verstellung der Rückenlehne unterschiedlich eingebaut werden konnte. Zwar war nur eine Form der Anbringung vorgeschrieben und zulässig – es waren jedoch noch drei andere Varianten denkbar. Ich spielte alle Einbaumöglichkeiten durch und fand, daß nur eine tatsächlich Probleme bereitete: Das untere Rahmenelement der Rückenlehne

Experiment: Der Motor für die Rückenlehne wurde mit einem Kissen bedeckt, der Endabschalter demontiert und der Knopf auf der Fernbedienung mit einer Bierflasche blockiert. Der Motor lief heiß, die Motorwicklung brannte durch – aber das Kissen nicht an

stieß bei Variante 4 beim Aufrichten an den Getriebeblock, bevor der obere Abschaltpunkt erreicht war. Drückte man den Bedienknopf dennoch weiter, lief der Motor heiß. Allerdings nicht derart, daß er einen Brand hätte auslösen können. Normalerweise.

(Wie sich nach Monaten zeigte, löste ich mit dieser eher beiläufigen Feststellung hektische Betriebsamkeit bei allen Krankenkassen und Betreibern solcher Betten aus. Die beiden Herren aus Magdeburg schlugen nämlich, wie ich später erfuhr, Alarm und ordneten eine Überprüfung an. Alle umlaufenden Betten mußten untersucht werden, ob dieser Motor »richtig« eingebaut worden war. Vermutlich wurde zugleich eine Vorschrift erlassen, wie sie künftig generell einzubauen sind.)

Sodann nahm ich ein zweites Experiment vor. Es sollte die Frage beantworten, was geschähe, wenn der Daumen zu lange auf dem Knopf der Fernbedienung bliebe? Die beiden Motoren steuerte der Patient mit vier Druckknöpfen, also jeweils auf und ab. Der Motor schaltete sich ab, wenn man den Finger vom Knopf nahm oder wenn der Totpunkt erreicht war. Ich packte den Motor der Rückenlehnenverstellung unter ein Kissen, entfernte den Endabschalter und stellte eine Bierflasche auf die Fernbedienung. Beim Endpunkt blockierte naturgemäß die Lehne – der Motor summte aber weiter, weil die Bierflasche auf dem Knopf der Fernbedienung stand. Ich maß beim Beginn des Blockierens netzseitig eine Stromstärke von 0,5 Ampere, die bald auf 1 Ampere anstieg. Nach 90 Sekunden waren es 1,5 Ampere. Der Motor wurde immer heißer, der hellgraue Kunststoff des Motorgehäuses begann sich stellenweise bereits zu verformen und zu verfärben, Rauch stieg auf.

Nach etwa 20 Minuten sprang die interne Gerätesicherung an. Es handelte sich um eine sogenannte Poly-Switch-Sicherung, die sich nach Unterbrechung des Stromkreises selbst wieder aktivierte. Die Netzsicherung mit 10 Ampere hingegen reagierte nicht.

Wie sich zeigte, war die Motorwicklung durchgebrannt.

Allerdings hatte auch diese Hitze nicht die Temperatur, um ein Kopfkissen anzusengen.

Ich war mir jetzt ziemlich sicher, daß sich das Bett nicht selbst »entzündet« haben konnte. Der Dessauer Vertreiber gab sich erleichtert. Ich wollte seine Euphorie ein wenig dämpfen und meinte beim Abschied, daß ich noch im Labor einige technische Untersuchungen an den Motoren vornehmen würde. Vor allem halte ich für bedenklich, daß die interne Gerätesicherung relativ spät anspräche.

Conrad verstand das, doch ingesamt konnte er in der Tat mit dem Resultat zufrieden sein.

Was aber hatte den Brand nun wirklich ausgelöst? Ich hatte zwar die von der K vermutete Ursache ausschließen können. Doch damit war mein Auftrag noch nicht erledigt.

Auf der Autobahn zermarterte ich mir das Hirn. Wieder und wieder ließ ich die Bilder vor meinem geistigen Auge vorüberziehen. Hatte ich etwas Wesentliches übersehen? War mir ein Detail entgangen? Was hatte es zum Beispiel mit dieser dunklen, verschmauchten Stelle am Kopfteil auf sich? Weshalb war nicht das ganze Brett gleichmäßig angerußt. sondern nur dieser eine Teil?

Plötzlich blendete mich das Blitzlicht einer Geschwindigkeitskontrolle am rechten Straßenrand, grell war es aufgeflammt. Verärgert schaute ich auf den Tacho. Ich konnte nur 10 km/h überm Limit gewesen sein. Abzüglich 10 Prozent Toleranz machte es wahrscheinlich 30 Euro. Naja, das ging ja noch.

Moment. Was war mit der Lampe, die ich neben dem Bett gesehen hatte? Gehörte die dorthin? Könnte es nicht sein, daß sie am Bett angebracht gewesen war und erst später, etwa beim Entfernen der Leiche, heruntergerissen wurde und zu Boden fiel? Sie hatte doch, wenn ich mich richtig erinnerte, so eine Klemme als Fuß. Und unter der Lampe hatte es auf dem Fußbodenbelag keine Brandstelle gegeben. Oder doch?

Mein rechter Fuß senkte sich automatisch auf das Gaspedal. Der Wagen nahm Fahrt auf. Ich wollte so schnell wie möglich nach Hause, um mir noch einmal die Fotos und die Lampe genau anzuschauen. Es wäre nicht das erste Mal, daß eine heiße Glühbirne einen Brand ausgelöst hatte.

Über Handy versuchte ich jemanden beim Johanniter-Pflegedienst zu bekommen. Nach einigen längeren Telefonaten hatte ich endlich die Mitarbeiterin, die am Morgen vor zwei Monaten Walter Brettschneider gefunden hatte. Ich stellte mich vor und erklärte den Grund meines Anrufes. Ob sie sich noch an die Leselampe erinnern könne?

Rosemarie Doering, eine Frau in den 40ern, war bei der Sozialstation in Woltersdorf beschäftigt und wohnte selbst in Schöneiche.

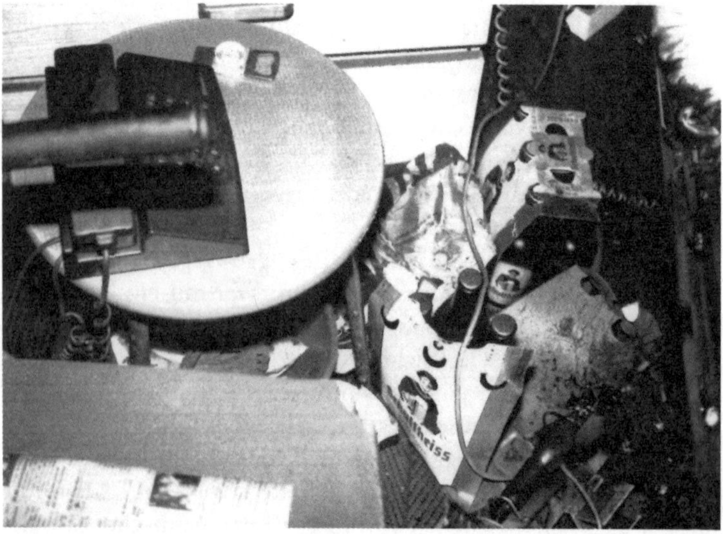

Rechts unten die zu Boden gefallene Leselampe mit Steckschuh

Ja, meinte sie sofort, an die Lampe könne sie sich noch erinnern. Die hätte Herr Brettschneider schon an seinem alten Bett gehabt. Als sie ihn umgebettet hätten, habe er darauf bestanden, sie wie gehabt am Kopfende anzubringen. So könne er besser lesen. Das habe man dann auch gemacht.

Ob ich denn inzwischen wisse, was den Brand ausgelöst habe, fragte Frau Doering schließlich.

Nein, antwortete ich ausweichend. Ich sei noch immer am Suchen. »Vielen Dank, Sie haben mir sehr geholfen.«

Wenig später versenkte ich mich daheim in die Bilder. Nach dem, was ich inzwischen über die Technik des Bettes in Erfahrung gebracht hatte und was ich nun sah, schien alles klar.

Die Leuchte war an der Stirnseite angebracht worden. Dem, der es tat, kann Fahrlässigkeit nicht vorgeworfen werden: Sie (oder er) wußten nicht, welche verhängnisvollen Folgen das eventuell haben konnte.

Was war passiert?

Das ausgebrannte Bett, rechts oben an der Stirnseite die von der Leselampe angesengte Stelle. Von dort fraß sich der Schwelbrand durch die Matratze. Als die Arretierung verbrannt war, fiel auch das aufgestellte Kopfteil wieder in die Waagerechte. Das erklärt, weshalb die untere Hälfte der Stirnseite nicht versengt worden war

Das Kopfkissen kam beim Hochfahren der Rückenlehne der heißen Lampe zu nahe, hat sie vielleicht sogar bedeckt, ohne daß Brettschneider es bemerkte. Es gab einen Wärmestau, der schließlich zum Schwelbrand wurde. Dieser breitete sich in Stunden in der Matratze aus.

Das Opfer muß zu diesem Zeitpunkt zweifellos schon ohnmächtig gewesen sein.

Die Matratze schwelte, die Glut fraß sich weiter. Die Hitze zerstörte schließlich die Aufhängung des Unterteils, wodurch es nach unten fiel. Dabei klappte auch die Rückenlehne in die Waagerechte zurück. So wurde der unbeschädige Teil der Rückfront frei. Vielleicht flog dabei die Lampe zu Boden.

Und die thermischen Verformungen an der Steckdose? Die Hitze beschädigte das Netzkabel. Dadurch lockerte sich die Klemmverbindung in der Dose ein wenig, wodurch immer eine intensive Wärmeentwicklung erfolgt.

Damit war für mich der Fall geklärt. Es gab keinen Schuldigen, den das Gericht hätte belangen können. Es war, wie meist, eine Verbindung unglücklicher Umstände, die eine Kausalkette herstellte.

Am 27. Februar 1997 richtete ich an Staatsanwalt Tegge mein Gutachten. Es zählte sechs Seiten. Beigefügt waren 36 Fotografien und vier Skizzen sowie ein Video, auf dem ich meine Experimente mit den beiden Stellmotoren dokumentiert hatte. Am Ende zog ich wie üblich meine Schlußfolgerungen.

»1. Der Brand im Schlafzimmer des Herrn Brettschneider entwickelte sich als Schwelbrand, der am Kopfende des Bettes seinen Ausgang nahm. Er fraß sich vom Kopfkissen in die Matratze und erfaßte insbesondere die Bereiche, die durch Körperwärme vorgewärmt waren.

2. Der Brand wurde durch den Wärmestau einer technischen Wärmequelle ausgelöst.

2.1 Die Stellmotorik der Rückenlehnenverstellung hat mit der Brandentstehung allerdings nichts zu tun. Alle festgestellten Brandmerkmale besitzen Sekundärcharakter, d. h. sie sind in Brandfolge entstanden.

2.2 Die mit einer 40-W-Kerzenlampe bestückte Leseleuchte (gehört nicht zur Ausstattung des Bettes), die an der Holzplatte des Kopfteils befestigt war, wurde bei aufgerichteter Rückenlehne durch das Kopfkissen abgedeckt. Dadurch kam es zum Wärmestau, der einen Schwelbrand des Kissens, des Bettzeugs und der Matratze auslöste.«

Die meisten Menschen sterben im Bett.

Aber auf diese Weise wie in Schöneiche sollte es nicht geschehen.

Der Fall Melchow

Das Jahr 1996 fing nicht gerade freundlich an. Der Frost ließ dicke Blumen an den Fenstern wachsen, der kalte Wind aus dem Osten trieb die Temperaturen in den Keller. Ein grauer Morgen dämmerte herauf. Nur wer unbedingt mußte, ging bereits seinem Tagwerk nach. So auch Kriminalhauptkommissar Rainer Höhne, Leiter des 1. Kommissariats des Polizeipräsidiums Eberswalde. In seinem Dienstbereich hatte es zwei Tote und einen Schwerverletzten zu Neujahr gegeben. Die Todesursache konnten die Ärzte leicht bestimmen: CO-Intoxikation, was in der Umgangssprache hieß: Rauchvergiftung – Ersticken durch Kohlenmonoxid. Dafür war die Mordkommission zuständig.

Der Kalender zeigte Mittwoch, den 3. Januar, als Höhne bei mir anrief. Die Toten habe man gestern in ihrer Wohnung aufgefunden. Ob ich mir das Haus einmal anschauen könne? Es gebe da offenbar Probleme mit einer neuen Heizanlage. Die Staatsanwältin Köhler habe den Verdacht der fahrlässigen Tötung gemäß § 222 StGB und lasse in diese Richtung ermitteln.

Ich ließ mir die Adresse geben und machte mich anderentags mit meinem Werkzeug auf den Weg nach Melchow, einem Dorf zwischen Biesenthal und Eberswalde. Hans-Gustav Creydt, ein ehemaliger Major der K, dann Kriminalrat und jetzt Spezialist für Brände und Explosionen, begleitete mich. In den 70er Jahren war er Torwart beim BFC Dynamo und 1985/86 am Kriminalistischen Institut der Deutschen Volkspolizei in Berlin mein Ausbilder gewesen. Dort hatte er mich im Einjahreslehrgang zum »Sehr gut« geführt. Nun arbeitete er auf Honorarbasis gelegentlich für mein Büro. Das war bestimmt ein Fall, bei dem er mir behilflich sein konnte.

Bei der Adresse handelte es sich um ein einzelnes, auf einer Anhöhe stehendes repräsentatives Gebäude, eine Villa aus den 20er Jahren wohl, die aber zu DDR-Zeiten in ein sogenanntes Mehrfamilienhaus verwandelt worden war. Das Souterrain lag zum Teil unter der Erde, darüber gab es eine erste und eine zweite Etage. Insgesamt wohnten drei Parteien, wie es im Amtsdeutsch heißt, in dem Haus.

Die beiden Toten hatte es im Hochparterre gegeben, Rico und Rita Strache, Sohn und Mutter. Bei dem Schwerverletzten handelte es sich um Frank Scharafanski. Der Jugendliche aus der Souterrain-Wohnung lag mit schweren Vergiftungserscheinungen im Krankenhaus. Es sei noch unklar, so hatte mir Höhne am Telefon gesagt, ob es ohne bleibende Schäden abginge. Durchblutungsstörungen im Hirn hatten mitunter schreckliche Folgen. Im Obergeschoß wohnte Kramers, die offenkundig nicht in Mitleidenschaft gezogen worden waren.

Ich parkte meinen Wagen neben dem Haus, wo bereits einige Fahrzeuge standen. Der Weg zum Eingang war mit Eis überzogen und nicht gestreut. Ich griff meinen Fotoapparat, um zunächst aus der Distanz einige Aufnahmen zu machen. Es kam, wie es kommen mußte. Nach ein paar Schritten rutschte unter meinen Füßen der Boden weg. Die teure Kamera, dachte ich nur, und klammerte mich an ihr fest. Hart schlug ich auf den gefrorenen Boden. ›Hoffentlich ist die Kamera ist heilgeblieben …‹ Creydt half mir auf die Beine.

»Alles in Ordnung?«

Ich nickte.

Das Gebäude gehörte nunmehr einem Westdeutschen. Ob er es käuflich erworben hatte oder ob es ihm rückübertragen worden war, entzog sich meiner Kenntnis. Für das, was mich zu interessieren hatte, war es auch unerheblich. Der Eigentümer hatte vor drei Jahren, wie eine große Tafel an der Eingangstreppe auswies. mit der Modernisierung begonnen. Diese vollzog sich in kleinen Schritten:

Das Haus in Melchow, in dem zwei Menschen an einer Rauchvergiftung am Jahreswechsel 1995/96 starben

Das Haus warf in Gestalt von drei Wohnungsmieten vermutlich nicht allzuviel ab.

Die Mieter quittierten die Baumaßnahmen nicht unbedingt mit Zustimmung. Sie fürchteten nach deren Abschluß mit höheren Mietforderungen belastet zu werden und verhielten sich mehr oder minder reserviert. Straches weigerten sich sogar, sich an die neue Heizanlage anschließen zu lassen. Demonstrativ setzten sie die Heizkörper in ihrer Wohnung außer Betrieb und installierten einen alten Dauerbrandofen aus DDR-Produktion. Dazu öffneten sie den alten, im Zuge der Rekonstruktion zugemauerten Rauchabzug in der Wand, durch den sie das Rohr ihres Raumheizers schoben.

Wir inspizierten ihre überschaubare Wohnung. Es war ein kleines Quartier, in das ich nicht freiwillig eingezogen wäre. Das Wohnzimmer maß vielleicht zwanzig Quadratmeter. Dort befanden sich auch der Ofen und die Liege, auf der Rico Strache gestern tot aufgefunden worden war. Daneben lag das ein wenig kleinere Schlafzimmer, in dem Rita Strache starb. Dann gab es eine winzige Küche und ein noch winzigeres Bad. Das war schon alles. Die Räume, durchgängig 3,30 Meter hoch, befanden sich nicht unbedingt in einem Zustand, den man als besonders gepflegt bezeichnen konnte. Im Wohnzimmer, mehr aber noch im Schlafzimmer, gab es dunkle Flecken an der Tapete. Hinter dieser Wand befand sich der Schornstein. »Das ist durchgeschlagene Feuchtigkeit«, sagte Creydt. »Ist typisch für versottete Schornsteine.«

Ich nickte und drückte auf meinen Auslöser.

Die beiden Bewohner gehörten ganz offenkundig nicht zu den Besserverdienenden. Das Mobiliar war billig und bescheiden, und wahrscheinlich hatte das Geld nicht einmal für Kohlen gelangt, denn wie mir die Nachbarn später erzählten, verfeuerten die beiden seit geraumer Zeit einen Schuppen hinterm Haus. Nach und nach zerlegten die beiden Straches die verwitterten Bretterwände und trugen sie ins Haus. Daran nahm niemand Anstoß. Das Holz gehörte keinem. Und herrenloses Gut war praktisch Eigentum aller.

Gemeinsam mit Creydt zog ich den Ofen nach vorn. Er war völlig gesäubert, der Aschekasten fehlte. Das fand ich merkwürdig. Die Toten hatten wohl kaum selbst die Feuerstelle gereinigt. Und daß hier geputzt worden war, schien offensichtlich: Die beiden Mieter hatten bestimmt nicht Silvester und Neujahr in einer unbeheizten Wohnung gesessen.

Das Ofenrohr rutschte ohne Mühe aus dem Futter in der Wand. Der Schornsteinanschluß war erkennbar älteren Datums und professionell eingesetzt. Auffällig jedoch: Zu einem Drittel war das Loch mit einer grauen Masse zugesetzt. Diese klebte auch an der Wand, sie war gleichsam aus dem Abzug herausgelaufen. Ich polkte etwas von der Mauer und rieb es zwischen den Fingern. Das war geschmolzener Kunststoff. Creydt hatte den gleichen Gedanken.

»Woher kommt der?«

Ich zuckte mit der Achsel. »Müssen wir sehen.«

Die Flamme eines Streichholzes, die ich vor das Loch hielt, flackerte merklich. »Zug hat der Ofen aber gehabt. Wenn auch nicht viel.«

»Wir sollten uns einmal die Heizung im Keller anschauen«, schlug Creydt vor.

Morgen, am Freitag, sollte es zwar eine Runde mit einem Vertreter der Herstellerfirma, dem Installateur, dem Bezirksschornsteinfegermeister, dem Brandenburger Landeswart der Schornsteinfegerinnung sowie dem Gutachter der Innung und einigen anderen Sachverständigen geben. Doch wir könnten uns schon zuvor einen Eindruck verschaffen.

Der Zugang zum Heizungskeller erfolgte an der Rückseite des Hauses. Es ging einige Stufen hinab, der Schnee war beseitigt, die Tür stand offen. Kriminalhauptkommissar Höhne hatte Vorsorge getroffen und wohl auch unser Kommen angekündig. Die im Haus tätigen Beamten hatten alle Türen für uns aufgesperrt.

Der Keller war trocken und sauber, allerdings nicht sehr aufgeräumt. An der Seite stapelten sich Farbeimer, Pinsel, Tapetenreste und anderer Müll, der sich bei der Renovierung angesammelt hatte. Der blaue Kasten, der die Wärme erzeugte, stand frei und war problemlos zugänglich. An den Wänden wandt sich ein Gewirr von Rohren. Ich dokumentierte wie üblich den Raum und die Heizungsanlage.

Es handelte sich, wie das Schild am Heizkessel auswies, um die Anlage einer Firma aus Peine mit der Bezeichnung »Veritherm«. Ich kannte diesen Typ nicht. Auch Creydt hatte ihn noch nie gesehen. Schön, es waren so viele Systeme auf dem Markt, da verlor man rasch die Übersicht.

Wie sich aber am nächsten Tag zeigen sollte, konnten wir sie auch nicht kennen. Das Gerät stellte eine völlig neue Technologie

Der Dauerbrandofen in der Wohnung der Toten. Obgleich er alle Spuren einer Benutzung aufwies, war er vollständig gesäubert, der Aschekasten fehlte hingegen

dar, die bislang weder im Westen noch im Osten groß eingesetzt worden war. Wahlweise konnte der Kessel mit Gas oder Öl befeuert werden, was nicht unbedingt neu war. Geradezu revolutionär aber war die Tatsache, daß die Abgastemperatur beim Verlassen der Anlage unter 40° C lag. Dafür benötigte die »Brennwerttherme« keinen gemauerten Schornstein. Es reichte ein Kunststoffrohr von etwa 10 Zentimeter Durchmesser, um die Abgase ins Freie zu leiten. Deshalb sprach der Hersteller auch nicht mehr von einer Feuerungsanlage. Wo jedoch ein Schornstein existierte, nutzte man diesen zur Installation des Abgasrohres. Hier auch.

Ein Rohr führte vom Kessel in den gemauerten Schornstein, ein anderes sollte ebenfalls in der Wand verschwinden, was es jedoch nicht tat. Creydt meinte, daß wäre die Luftzufuhr. Vermutlich hätte der Schornstein zwei Züge: In den einen hätten sie das Plasterohr für die Abluft geschoben, aus dem anderen zöge der Brenner die Frischluft. »Aber«, er wies auf den Stutzen, »der ist abgeklemmt. Der Brenner zieht die Luft aus dem Raum.«

Ich schaute mich um. »Das dürfte kein Problem sein. Die Kellertür hat unten den vorgeschriebenen Spalt von zwei Zentimetern, da kommt genug Frischluft hindurch.«

»Siehst du eine Prüfplakette?«

Ich umrundete die Kiste, ging in die Knie, tastete mit der linken Hand die unzugänglichen Stellen ab. Creydt hatte recht: Es gab sie nicht! Keine Frage: Die Anlage war vermutlich nicht von der entsprechenden Instanz abgenommen und zum Betrieb zugelassen worden.

Ich notierte mir auch dieses Faktum in meine Kladde und schlug vor, aufs Dach zu steigen und den Schornsteinkopf zu inspizieren. Vielleicht fanden sich dort Hinweise auf die Ursache dieser tragischen Katastrophe.

Der Schornsteinkopf war in einem ordentlichen Zustand. Der Kamin hatte, wie Creydt schon vermutete, zwei Züge. In dem linken steckte das Abgasrohr der Heizungsanlage. Es trug ein rundes Hütchen, um es vor Niederschlägen zu schützen. Ich griff danach, um daran zu rütteln. Das Rohr wackelte wie ein Lämmerschwanz. Das hatte ich nicht erwartet. Vielleicht bewegte es sich auch in der Vertikalen? Ohne Mühe ließ sich das Rohr anheben. Ich zog und zog – plötzlich hatte ich ein anderthalb Meter langes Stück in der Hand.

Mehr gab es nicht. Was darunter war, schien verbrannt, denn der Stutzen war verformt, das Teil insgesamt verrußt und schmierig.

Langsam begann es mir zu dämmern, was hier passiert war.

Der Kunststoff, der in der Strache-Wohnung aus dem Schornstein gequollen war, stammte vom Abgasrohr der Heizungsanlage.

Nur noch diese 1,60 Meter Abgasrohr steckten im Schornstein. Der Rest des Kunststoffrohres aus dem Kamin war verschwunden. Der untere Teil des Rohres wies thermische Verformungen auf

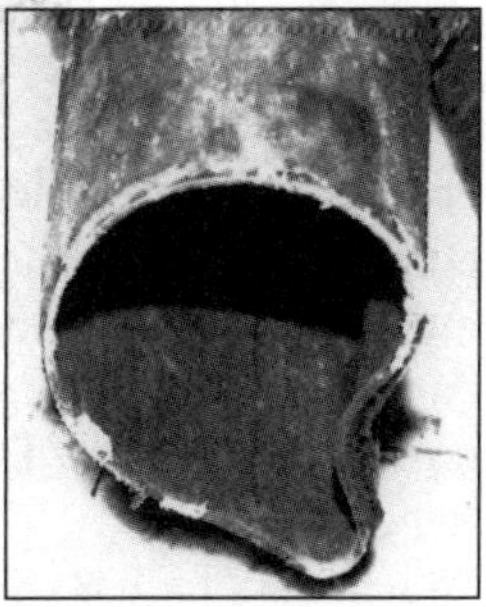

Heizungskeller mit dem neuen Heizungssystem

Creydt hatte die gleiche Idee. »Solange nur die vergleichsweise laue Abluft der Therme durch das Rohr strömt, kann nichts passieren. Den Kunststoff kenne ich, der hält Temperaturen bis 170° C aus. Erst darüber beginnt er weich zu werden und später zu schmelzen. Aber die Abluft aus dem Dauerbrandofen hat im Schnitt eine Temperatur von etwa 400° C. Muß ich noch mehr sagen?«

Nein, mußte er nicht, das war eindeutig. Straches hatten ihren Ofen an eben jenen Schornsteinzug angeklemmt, durch den das Kunststoffrohr geführt worden war. Beim Heizen hatten sie sukzessive das Plasterohr zum Schmelzen gebracht. Der Kunststoff war im Schornstein nach unten geflossen und hatte diesen nach und verstopft.

»Aber wir haben doch noch einen leichten Zug im Schornstein gehabt«, warf ich ein. »Wieso dann das Kohlenmonoxid in dieser hohen Konzentration, daß daran zwei Menschen starben?«

Creydt zuckte mit der Achsel. »Vielleicht war der Zug nicht ausreichend. Außerdem wissen wir ja noch nicht, was im Zusammenwirken mit der Heizungsanlage passiert ist. Das können wir erst morgen beim Betrieb messen.«

Wir packten ein. Das Wichtigste hatten wir wohl gesehen und

dokumentiert, wenngleich noch eine Frage offen war: Woher rührte die extrem hohe CO-Konzentration? Der Dauerbrandofen allein konnte sie nicht verursacht haben.

Am nächsten Tag fuhren wir wieder nach Melchow an der B 2. Wir wurden bereits von einer größeren Männerrunde erwartet. Vor der Treppe zum Heinzungskeller trampelten mehrere Schornsteinfegermeister in unterschiedlichen Funktionen im Schnee. Gekommen waren auch der Betriebsleiter der Scheer GmbH, Werk Schwerin, die die Heizanlage produziert, und Hans Jürgens, der sie installiert hatte. Mit Creydt und mir drängten sich schließlich neun Personen in dem kleinen Heizungskeller.

Wilfried Röpert von der Herstellerfirma erläuterte zunächst die Funktionsweise ihres Systems, das er als die Heizungsanlage mit dem derzeit höchstem Wirkungsgrad in Deutschland charakterisierte. Die Abgase bestünden aus Wasserdampf und den Schadstoffen Schwefeldioxyd, Stickoxyden und Schwermetallen, die aber durch Granulat neutralisiert würden. Dieses Kondensat könne unbedenklich der Kanalisation zugeführt werden. Brenner- und Abgassteuerung erfolgten durch einen Computer, alles wäre sehr umweltfreundlich. Er stünde also vor einem Rätsel, wie dieser Unfall passiert sein könne. Nach seiner Überzeugung müsse ihre Heizungsanlage als Ursache ausgeschlossen werden.

Ich schlug vor, daß es am sinnvollsten wäre, wir würden sie in Betrieb nehmen und anschließend die Emissionswerte messen.

Hans Jürgens., ein Handwerker aus Brieselang, der die Anlage angeschlossen hatte, versuchte den Brenner zu zünden. Dabei wirkte er reichlich nervös. Die vorhandene Brennereinstellung verändert er nicht. Jedoch: Der Brenner wollte nicht anspringen.

Röpert meinte nach einer Weile, daß es an der elektronischen Steuerung liegen könnte: Der Unterdruck sei vielleicht nicht ausreichend, dadurch schalte die Elektronik ab, bevor sie anschlagen würde. Jürgens solle einmal den Kontrolldeckel am T-Stück des Abgasrohrers entfernen und die Abgase in den Keller, statt in den Schornstein pusten.

Der Installateur tat, wie ihm geheißen.

Die Flamme sprang an. Doch sie verlosch bald wieder. Das widerholte sich einige Male, mithin: Ein stabiler Betrieb war auch unter diesen Umständen nicht möglich. Ich hielt mein Meßgerät in den Abgasstrom. Der Kohlenmonoxid-Gehalt lag bei etwa 50 ppm und sank dann sogar auf 30 ppm. Diese Konzentration war mehr als ungefährlich.

Als der Deckel wieder auf das T-Stück gesetzt wurde, schaltete sich die Anlage erneut ab.

»Gut«, meinte Röpert, »manipulieren wir also einmal die Einstellung des Unterdrucks.« Das sei aber üblicherweise nicht statthaft, die Einstellung erfolge beim Hersteller und müsse für die Dauer des Betriebes bleiben, weil sie optimiert sei.

Die Heizung sprang nicht an.

Röpert erhöhte daraufhin die Gaszufuhr des Brenners. Auch das zeigte keine erkennbaren Konsequenzen.

Die Umstehenden staunten und wunderten sich mindestens ebenso wie Röpert.

Schließlich drehte er an einer anderen Schraube. »Ich drosselte jetzt die Luftzufuhr.«

Der Brenner sprang an.

Nachdem Röper etwa zehn Umdrehungen gemacht hatte, ging – wie von mir erwartet – die Kohlenmonoxidkonzentration in die Höhe. Zunächst stieg sie bis auf 300 ppm an, dann sprang sie auf 5.000 ppm – mehr konnte unser Meßgerät nicht anzeigen.

Die Flamme aber brannte stabil.

Damit war alles klar.

Ich lief in die Wohnung der Straches und maß den CO-Wert der Luft, die dort aus der Wandöffnung ins Zimmer drang. Er bewegte sich in eben jener gefährlichen Region, die ich schon im Keller gemessen hatte.

Bei unserer Rückkehr in den Keller herrschte dort bereits helle Aufregung. Die Fachleute hatten ausgesprochen, was ich allenfalls vermutete: daß nämlich der Installateur an den Einstellungen unzulässig hantiert hatte, um die Heizungsanlage zum Laufen zu bringen.

Heinz Jürgens gab es schließlich zu.

Er hatte die Anlage zunächst mit einem 25-kW-Brenner installiert. Doch beim Eintritt des Winters beklagten sich die Mieter im Hause, daß ihre Heizkörper nicht richtig heiß würden. Jürgens schloß daraus, daß der installierte Brenner nicht ausreichte. Und als die Klagen der Mieter nach den Weihnachtsfeiertagen zunahmen, tauschte er Silvester den 25er gegen einen 70-kW-Brenner aus.

Was jedoch weder er noch irgend jemand sonst zu diesem Zeit-

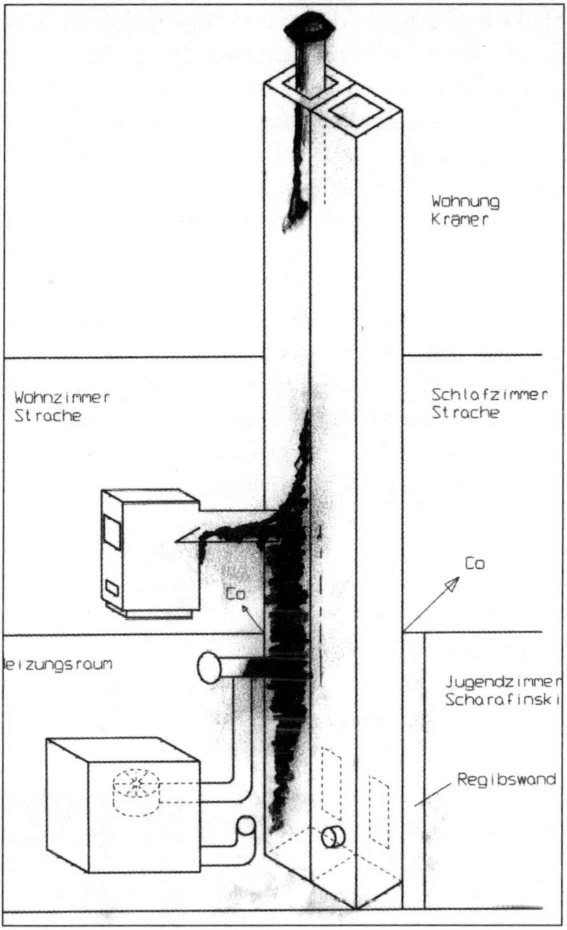

Skizze Ibendorfs im »Gutachten zur Ursache der Kohlenmonoxid-Emission im Wohnhaus Bergstr. 2 in 16230 Melchow im […] Zusammenhang mit dem Verdacht der fahrlässigen Tötung gem § 222 StGB«, das er im Auftrag der Staatsanwaltschaft Frankfurt/Oder erstellte

punkt wußte: Seit November etwa war der Schornstein durch den geschmolzenen Kunststoff bereits verstopft. Als Beleg dafür kann die Aussage von Frau Scharafanski aus der Souterrainwohnung genommen werden. Seit jener Zeit klagte ihr Sohn Frank über Kopfschmerzen. In seinem Zimmer, das an den Heizungskeller grenzte, habe es auch unangenehm gerochen, etwa wie in einer Räucherkammer, gab sie später zu Protokoll.

Daraus war zu schließen, daß einerseits zwar die 25er-Heizanlage trotz des verstopften Abzuges mit der üblichen technischen Konfiguration arbeitete. Andererseits lag es ursächlich nicht an der

Stärke des Brenners, daß es im Hause nicht richtig warm wurde. Der installierte Brenner brachte unter den gegebenen Umständen nicht seine Leitung. So einfach war das.

Da diese Zusammenhänge aber am 31. Dezember niemandem bekannt waren, unternahm Jürgens das Naheliegende: Er baute einen stärkeren Brenner ein. Und das sogar am letzten Tag des Jahres, an dem gemeinhin die Arbeit ruht. Doch als hilfsbereiter Handwerker, der seinen Kunden Gutes wollte, ließ sich Jürgens nicht vom Kalender schrecken.

»Also gut«, meinte Röpert, »Sie haben nun den stärkeren Brenner eingebaut. Was passierte dann?«

Jürgens zog die Schulter nach oben. Er wirkte nicht sonderlich intelligent, aber bauernschlau. Er wußte, daß ihm später möglicherweise jedes Wort vorgehalten werden würde. Also mußte er taktieren, um sich nach Möglichkeit nicht selbst zu belasten.

»Ging der neue Brenner an?«

Der Heizungsinstallateur schüttelte den Kopf.

»Und, was haben Sie dann gemacht?«

»Ich weiß nicht«, antwortete Jürgens, »ich habe verschiedene Sachen ausprobiert.«

»Aber Sie haben nicht nach dem Abgasrohr geschaut und geprüft, ob es eventuell am fehlenden Zug lag, daß der Brenner nicht ansprang? Wenn Sie zum Beispiel den Deckel der Sichtöffnung ab-

Im Heizungskeller: T-Stück mit Sichtöffnung. Das Verbindungsrohr zur Steigleitung im Schornstein war nahezu vollständig mit geschmolzenem Kunststoff zugesetzt (rechts)

genommen hätten, wäre Ihnen aufgefallen, daß das Abgasrohr verstopft war.«

Jürgens druckste herum. »Mich interessierte in diesem Moment nicht, ob der Abzug funktionierte, sondern wie ich die Flamme zum Brennen bringen könnte.«

»Und deshalb haben Sie so lange die Sauerstoffzufuhr gedrosselt, bis es ging«, hielt ihm der Hersteller aus Schwerin vor.

Jürgens reagierte nicht, die Anwesenden nahmen sein Schweigen als Zustimmung.

»Dann allerdings ist mir nicht klar, weshalb heute die Sauerstoffzufuhr zunächst auf Maximum stand?«

Spätestens bei dieser laut gestellten Frage Röperts merkte ich, daß er nur sehr geringe Menschenkenntnis besaß.

Für mich gab es keine Fragen mehr, und jene, die der Mann aus Schwerin zuletzt aufgeworfen hatte, war auch schon beantwortet.

Jürgens wird, als er von diesem Unfall hörte, sofort alle Verstellungen, die er am Heizkessel vorgenommen hatte, rückgängig ge-

Hinter der – hier entfernten – Rigipsverkleidung der Wand im Zimmer von Frank Scharafanski sind die beiden Blechplatten vor den Reinigungsöffnungen des Schornsteins erkennbar. Durch diese Öffnungen, die nach der Installation der neuen Heizungsanlage hätten zugemauert werden können, drang schließlich das CO ins Zimmer

macht haben. Er wußte nicht, welche Wirkung im einzelnen er mit jeder Korrektur erzielt hatte. Doch er ahnte, daß jede Abweichung von der vom Hersteller vorgenommenen Einstellung zumindest Fragen, wenn nicht sogar Vorwürfe an die Adresse des Installateurs zur Folge haben könnten. Also brachte er alle Knöpfe wieder in jene Stellung, in der sie sich ursprünglich befanden.

Deshalb konnte der Brenner heute auch nicht anspringen. Er reagierte so wie zunächst auch am 31. Dezember.

Wir hatten genug gesehen und gehört. Creydt und ich verabschiedeten uns. Die Aufgabe des Gutachters besteht nicht in der Urteilsfindung, sondern in der Beschreibung und Bewertung der vorgefundenen Umstände.

Schweigend fuhren wir durch die winterliche Landschaft zurück nach Bernau.

»Armer Kerl«, unterbrach Creydt nach etlichen Kilometern unser Schweigen. »Der wollte nur helfen – und hat plötzlich zwei Menschen auf dem Gewissen. Silvester baut der an einer Heizungsanlage, damit die Leute es zu Neujahr warm haben ...«

»Naja, das schon. Aber ich kann mir vorstellen, daß er auch rasch nach Hause wollte. Also hat er huschhusch gemacht und es unterlassen, alles zu überprüfen. Hauptsache, der Brenner funktionierte – und tschüß.«

Creydt schaute nachdenklich durchs Fenster. »Mag ja sein. Doch vergiß nicht, daß diese Heizungsanlage völlig neu und unbekannt ist. Das hätte jedem anderen auch passieren können.«

Wir schwiegen wieder einige Kilometer. Natürlich hatte Creydt recht. Aber in juristischer Hinsicht stand die Frage: Wer oder was ist ursächlich Produzent des CO gewesen, an dem diese beiden Menschen starben? Und diese Frage war eindeutig zu beantworten: die Heizungsanlage aufgrund einer unzulässigen Manipulation. Und da vor Gericht nicht Maschinen, sondern Menschen angeklagt werden, mußte dort der Mann hin, der an den Knöpfen gedrehte hatte.

Als könnte Creydt meine Gedanken lesen, nahm er die Überlegung auf. »Die eigentlichen Schuldigen sind die beiden Straches. Ohne diesen Dauerbrandofen wäre das Rohr nie geschmolzen. Jürgens' ordentliche Arbeit hätte zum gewünschten Resultat auch mit einem 25-kW-Brenner geführt, und alle wären glücklich und zufrieden gewesen. Bei einem einwandfreien Abgasrohr hätte es selbst mit der gedrosselten Luftzufuhr keine Probleme gegeben. Der Betrieb wäre zwar unwirtschaftlich gewesen, aber niemand wäre zu Schaden gekommen.«

»Stimmt«, entgegnete ich. »Straches aber haben schon für ihren Fehler gebüßt. Die kann man nicht mehr belangen.«

»Du denkst, daß man sich den Jürgens greifen wird?«

Ich nahm den Fuß vom Gas. Die Straße war hier besonders glatt, der Winterdienst hatte nicht gestreut.

»Nicht nur ihn. Den Bezirksschornsteinfeger noch dazu.«

»Den Gärtner? Der ist doch erst seit wenigen Tagen im Amt.« Creydt schüttelte den Kopf.

»Das interessiert das Gericht nicht. Formal ist er für jeden Schornstein und jede Feuerungsanlage in seinem Bezirk verantwortlich. Auch für diese.«

»Röpert aber hat doch gesagt, daß ihre Therme keine Feuerungsanlage sei: bei einer Abluft mit einer Temperatur von unter 40 Grad. Sie brauchten keinen Schornstein.«

Ich brach in homerisches Gelächter aus. »Womit die Hersteller werben, ist das eine. Das andere ist die Realität. Wenn Gas oder Öl verbrannt werden, hat man es natürlich mit Feuer zu tun. Also hat der Bezirksschornsteinfeger den Zylinder auf. Ich werde aber darauf eingehen, daß er es objektiv nicht wissen konnte.«

Das tat ich. Der letzte Absatz meines Gutachtens, welches ich am 16. April mit allen Dokumenten an die Staatsanwaltschaft sandte, lautete darum: »Ein weiterer begünstigender Aspekt für das Ereignis besteht darin, daß der zuständige Schornsteinfegermeister Gärtner den Bezirk erst unlängst übernahm. Er hätte auf das unzulässige Betreiben der Feuerstätte in der Wohnung Strache entweder nur zufällig (Beobachtung von aufsteigendem Rauch), durch Hinweis von anderen Mietern oder durch Begehung aufmerksam werden können, wenn das Betreiben des Ofens im Zeitraum seines Kehrzyklusses erfolgt wäre.«

Bei der Bewerung der Unfallursache ließ ich jedoch keinen Zweifel. »Dem Ereigniseintritt liegt eine Kausalkette zugrunde, deren Hauptkettenglied der Anschluß des Dauerbrandofens im Wohnzimmer der Wohnung Strache an ein altes, noch im Original vorhandenes Rauchrohrfutter des Schornsteins – und zwar an den für die Zentralheizungsanlage genutzten ersten Schornsteinzug – und dessen Betreiben mit festen Brennstoffen ist.«

Danach herrschte Ruhe.

Ich hatte den Fall nicht nur längst zu den Akten gelegt, sondern auch schon fast vergessen, als ich nach reichlich fünf Jahren eine Ladung vom Amtsgericht Bernau erhielt. Frankfurt hatte die Sache abgegeben und eine Nummer niedriger gehängt. Vor Ort gewann ich bald den Eindruck, als habe man sich intern darauf verständigt, die Angelegenheit irgendwie im Sande verlaufen zu lassen.

Dagegen hatte ich nichts, obwohl ich von einer Mitschuld des nunmehr angeklagten Jürgens ausging. Er hatte als Installateur fahrlässig gehandelt. Als die Automatik versagte, hätte er das nicht zum Anlaß nehmen dürfen, an der Sicherung zu manipulieren, sondern nach den Ursachen forschen müssen. Und daß er manipuliert hatte, wußte er – sonst hätte er nicht nach dem Unfall seine Spuren verwischt.

Natürlich sah ich auch, daß der Mann seither nicht sonderlich glücklich geworden war. Er lebte mit seiner Vergangenheit. Seine Firma war inzwischen in Konkurs gegangen oder er hatte sie verkauft, so erinnerlich ist mir das nicht mehr. Als Rentner lebte er im wesentlichen von der Vermietung seiner Werkstatt.

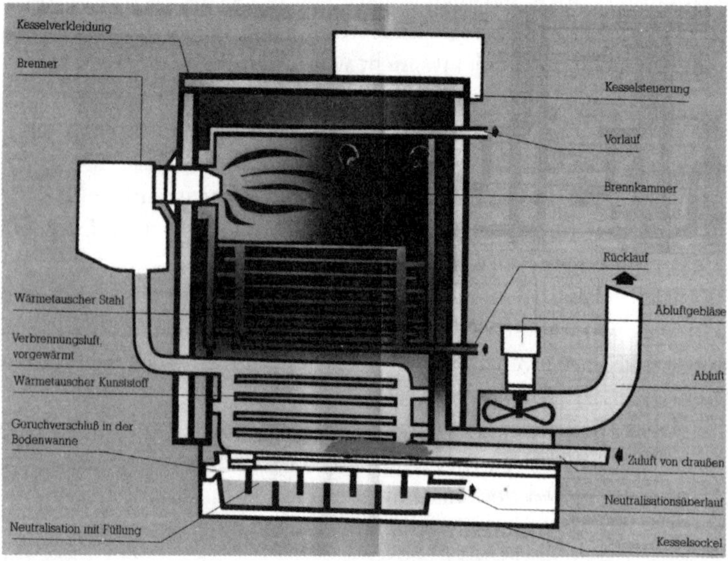

Schematische Darstellung des Heizsystems, das unter normalen Umständen nicht nur ökologisch, sonder auch ungefährlich ist

Der Vorsitzende Richter wirkte merkwürdig desinteressiert und abwesend. Die Staatsanwältin war uninformiert – sie hatte offenkundig die Akten nur sehr oberflächlich zur Kenntnis genommen. In einer Pause erkundigte sie sich beispielsweise bei mir nach Dingen, die sehr ausführlich in den Unterlagen erläutert worden waren.

Auch der Verlauf der Verhandlung schien ein wenig unorthodox. Üblicherweise trägt der Gutachter seine Stellungnahme nach Anhörung der Zeugen vor. Dadurch hat er die Möglichkeit, auf bestimmte Darstellungen zu reagieren. Hier warteten die Zeugen auf dem Flur, und ich durfte mich vor ihnen erklären.

Der Verteidiger des Angeklagten, dessen Name unter fast jeder zweiten Gegendarstellung in der BILD stand und der darum als Medienanwalt galt, hatte ein feines Gespür für die Stimmung im Gerichtssaal. Er führte bald Rundumschläg und brachte einen eigenen Gutachter ins Spiel, der aber letztlich nur auf der Basis meiner Untersuchungen urteilen konnte und mir in der Pause recht gab, obwohl er im Saal zuvor das Gegenteil behauptet hatte.

Der Berliner Verteidiger attackierte auch mich, indem er wiederholt durch Zwischenrufe meine Ausführungen unterbrach. Nach

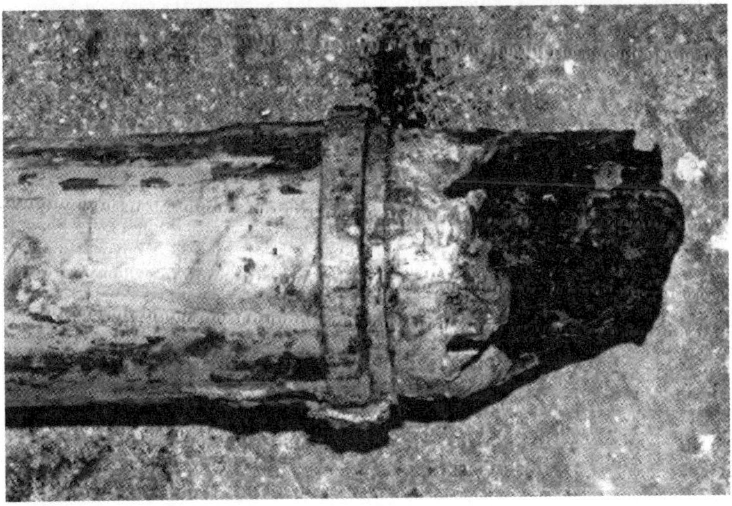

Angekohltes Kunststoffrohr, das nach dem Aufstemmen der Wände mit den anderen geschmolzenen Teilen aus dem Schornstein entfernt werden mußte

der Hälfte meines Vortrages rief er allen Ernstes: »Kommen Sie endlich zur Sache! Wir sind hier nicht im Kasperletheater.«

Seine Linie war klar auf Konfrontation und Verunsicherung gerichtet.

Dann wurde ein Gerichtsmediziner aus Potsdam zur Todesursache befragt. Er bestätigte noch einmal amtlich, daß es eine Vergiftung durch Kohlenmonoxid war.

Im Unterschied zur Staatsanwältin, die nach meinem Empfinden reichlich nebensächliche Fragen stellte, agierte der Anwalt aus der Hauptstadt sehr clever. Er fragte, ob in einem Dauerbrandofen bei ungenügender Verbrennung Kohlenmonoxid entstehen könnte – was ich natürlich mit Ja beantworten mußte. Dann fragte er, ob Kohlenmonoxid schwerer als Luft sei, was ich auch nicht widerlegen konnte. Und schließlich, ob das schwere Kohlenmonoxid durch einen Fußboden diffundieren und in einen darunterliegenden Raum eindringen könnte. Auch darauf ließ sich nur mit Ja antworten.

Voilà, sagte der Anwalt, damit sei für ihn eindeutig Straches Ofen die Ursache für den tragischen Tod der beiden und die schwerwiegende Rauchvergiftung Frank Scharafanskis.

Über die Heizungsanlage im Keller redete keiner mehr.

Sein Mandant war erfolgreich aus der Schußlinie genommen.

Ich fuhr wütend nach Hause, das Urteil wartete ich nicht ab. Ich wußte, wie es lauten würde. Aber nicht der Freispruch hatte meinen Zorn hervorgerufen, sondern das Auftreten des Verteidigers. Jürgens konnte zufrieden sein.

Ich aber war es nicht.

Der Fall Karol

Wenn ein Mensch auf ungewöhnliche Weise ums Leben kommt, kann man sicher sein, daß die Umwelt davon teilnahmsvoll Notiz nimmt. Dafür sorgen schon die Zeitungen. Handelt es sich bei dem Toten gar um ein Kind, ist die Aufgeregtheit besonders groß: Eine solche Nachricht rührt an die Gefühle aller. Denn schließlich schwingt in der Schreckensmeldung stets die Botschaft mit: Es könnte ja auch ihr eigenes Kind gewesen sein.

Eine solche Meldung ging am 17. Januar 2001, einem Mittwoch, durch die Presse. Zwei Tage zuvor war im Werner-Forßmann-Krankenhaus in Eberswalde ein 18 Monate alter Säugling in seinem Bett tragisch umgekommen. Er habe sich selbst stranguliert, erklärte der Sprecher der Staatsanwaltschaft Frankfurt/Oder.

»Die Eltern des kleinen Karol hatten den Jungen am Montagmittag ins Krankenhaus gebracht, weil er an Durchfall litt«, berichtete die *Berliner Zeitung*. »Die Ärzte entschieden, ihn zur Beobachtung zu behalten. Die Mutter verließ gegen 18 Uhr die Kinderstation. ›Gegen 20.30 Uhr wurde der Junge zwischen den Gitterstäben des Bettes gefunden‹, sagte der Sprecher der Staatsanwaltschaft. Offensichtlich wollte er aus dem Bett klettern, Beine und Körper paßten durch die Lücke zwischen den Gittern, der Kopf nicht. Die Gitterstäbe drückten ihm die Luft ab. Die Staatsanwaltschaft prüft derzeit, ob die Krankenschwestern ihre Sorgfaltspflicht vernachlässigt haben. Gleichzeitig läßt sie das Gitterbett von einem unabhängigen Gutachter untersuchen. ›Das Krankenhaus hat uns das Bett freiwillig zur Verfügung gestellt‹.

Die Staatsanwaltschaft ermittelt wegen fahrlässiger Totung. Auch ein Unfall sei nicht ausgeschlossen. Das Gutachten soll jetzt klären, ob das Kinderbett überhaupt für Kleinkinder zugelassen war, und ob es für dieses konkrete Kind das richtige Bett war.

Der Leiter der Klinik will sich derzeit zu dem Todesfall nicht äußern. ›Ich beteilige mich nicht an Spekulationen, muß erst einmal die amtlichen Ermittlungen abwarten.‹«

Die Presseberichte griffen insbesondere die menschlichen Dimensionen des Falles auf: Die Mutter war Polin, der Vater Deutscher. Der gebürtige Zwickauer hatte Theaterwissenschaften studiert und gründete nach der Wende eine Firma, die aber inzwischen pleite gegangen war. In dieser Gegend war das Interesse und die Kaufkraft für die von ihm vertriebenen noblen britischen Autos nicht ausreichend groß.

Hans-Jürgen Röhlig hatte, dienstlich unterwegs in Polen, bei einer Autopanne Dorota Skurska kennengelernt. Die Zeitung zitierte ihn mit der Bemerkung: »Sie ist ein liebenswerter Mensch. Ich war einsam. Gut vier Wochen später sahen wir uns wieder.«

Am 20. Juli 1999 wurde ihr gemeinsamer Sohn Karol geboren.

Das Blatt zitierte den verständlicherweise sehr erregten Vater mit den Worten: »Unser Karlchen hat sich gut entwickelt. Er war ein hübscher, aufgeweckter Junge mit einem sehr lautstarken Organ. Daß ihn im Krankenhaus niemand gehört haben will, kann ich einfach nicht glauben.«

Ich war bereits am Dienstag von Kriminalhauptkommissar Rainer Höhne angerufen und mit dem Sachverhalt konfrontiert

Dorota Skurska (30) und Hans-Jürgen Röhlig (50), die Eltern von Karol, der in Eberswalde im Krankenhaus starb

worden. Das Kind habe mit zwei anderen im Zimmer 121 gelegen. Als die Mutter gegen 18 Uhr gegangen sei, habe es sehr verängstigt reagiert. Es hätte geweint und sei im Bettchen umhergelaufen. Zwischen 19 und 19.30 Uhr will eine der vier diensthabenden Schwestern das Zimmer kontrolliert und festgestellt haben, daß sich Karol inzwischen beruhigt hatte. Höhne weiter: »Gegen 20.45 Uhr wurde der Junge leblos mit dem Körper außen am Kopfende des Bettes hängend vorgefunden. Der Kopf war innen zwischen einem Gitterstab und dem Eckpfosten eingeklemmt. Der Gitterstab war etwa 30 cm über der Matratze verbogen, so daß dort ein größerer Zwischenraum in Form einer Ausbauchung vorhanden war.«

Ich schniefte vernehmlich am Telefon.

»Was ist?« erkundigte sich Höhne.

»Ich bin vergleichsweise ratlos. So einen Fall hat es meines Wissens noch nie gegeben. Oder hast du schon einmal gehört, daß jemals ein Kind auf diese Weise in einem Krankenhausbett umgekommen ist?«

Höhne verneinte. »Offenkundig ist dies der erste Fall in Deutschland. Damit gehst du vielleicht in die Rechtsgeschichte ein.«

Karol Röhlig (geboren am 20. Juli 1999 in Gryfino [Greifenhagen], gestorben am 15. Januar 2001 in Eberswalde). Er wurde in Polen, im Geburtsort der Mutter, beigesetzt. Die Eltern zogen aus Eberswalde weg. »Mit Karol ist meine Zukunft gestorben«, erklärte der Vater gegenüber der Presse

Davon abgesehen, daß ich darin nicht Ziel und Lohn meiner Arbeit sehe: Jeder Gutachter geht mit jedem Fall, den er begutachtet, in die deutsche Rechtsgeschichte ein. Es ist Pflicht jedes Gerichts, seine Akten aufzubewahren, um jederzeit im Bedarfsfall darauf zurückgreifen zu können. Aber das wußte Höhne natürlich. Seine Bemerkung hatte allenfalls rhetorische Bedeutung.

»Staatsanwalt Linke in Frankfurt erwartet in vier Wochen dein Gutachten.«

»Und was soll ich begutachten? Könntest du bitte einmal präziser werden?« Natürlich hatte ich schon eine Vorstellung, was von mir verlangt wurde. Doch der guten Ordnung halber wollte ich es für die Unterlagen genau wissen.

Höhne hatte sich, wie stets, auf das Telefonat vorbereitet und trug seinen Spickzettel vor.

»Ich bzw. der Staatsanwalt möchte von dir folgende Fragen beantwortet haben:

1. Welche Normen und Rechtsvorschriften existieren in bezug auf Kinderbetten in medizinischen Einrichtungen?

2. Entspricht das sichergestellte Kinderbett diesen Vorschriften?

3. Hat die festgestellte starke Verformung eines der Gitterstäbe bereits vor dem Ereignis bestanden?

4. Welcher Kraftaufwand war erforderlich, um den relevanten Gitterstab in der festgestellten Weise zu verformen?

5. Ist ein etwa 18 Monate altes Kleinkind mit einer Körpergröße von 84 Zentimetern und einem Gewicht von 11 Kilogramm in der Lage, eine solche Verformung herbeizuführen?

6. Wie war es überhaupt möglich, daß das mit einer Windel bekleidete Kind die Gitterstäbe im angegebenen Bereich passieren konnte?«

Ich machte mir, während Höhne sprach, auf meinem Zettel Notizen. Als er endete, erkundigte ich mich, wann und wo ich das Bett zu sehen bekäme. Er würde veranlassen, daß es mir nach Schönow ins Labor gebracht würde. Danke, sagte ich.

Aus seinem Angebot schloß ich, daß es in diesem Falle nicht unbedingt gewünscht oder erforderlich sei, nach Eberswalde zu fahren.

Höhne ahnte meinen Gedanken. »Das Personal ist dort völlig durch den Wind. Die haben, als sie den kleinen Kerl so fanden, panisch reagiert. Es wurde nichts fotografiert und dokumentiert. Vermutlich haben sie ihn aus seiner Zwangslage befreit und zu reanimieren versucht. Das aber scheint mir auch sekundär. Und für deine Aufgabenstellung sind der Ort und die Zeugenaussagen auch ohne jede Relevanz.«

Höhne hatte in einem Punkt recht. Die Berichte von Augenzeugen waren, nicht nur in einem solchen Falle, stets mit entsprechender Vorsicht zur Kenntnis zu nehmen. Selbst Feuerwehrleute, denen man eigentlich eine gewisse Professionalität unterstellen sollte, machten meist irrelevante Aussagen, wenn man sie etwa fragte, was im einzelnen beim Brand passiert sei und was sie selbst wahrgenommen hätten. Das war einfach so: In Stress-Situationen registrierten die meisten Menschen Erstaunliches und verarbeiteten es auf merkwürdige Weise. Daher hielt sich unsereiner lieber an konkrete, nachweisbare Fakten und Indizien.

Am nächsten Tag bereits rollte ein Transporter auf den Parkplatz vor meinem Labor. Zwei Beamte der Eberswalder Mordkommission luden das Kinderbett aus und trugen es ins Haus. Matratze und Decke waren noch mit der bunten Kinderbettwäsche bezogen. Es mußte noch die vom Montag sein, auf der Karol erstickt war. Leicht säuerlicher Geruch wehte herüber. Das Kind hatte sich noch erbrochen, bevor es erstickte, wobei nicht feststellbar war, ob als Folge des Strangulierens oder seiner Erkrankung, deretwegen er in die Kinderklinik gebracht worden war. Für meine Untersuchungen hatte das jedoch keine Bedeutung.

Das Metallkinderbett stammte noch aus DDR-Produktion und hatte erkennbar mindestens drei Jahrzehnte auf dem Buckel. Die ursprünglich weiße Lackierung trug inzwischen Patina und ging bereits ins Cremefarbene über. An etlichen Stellen war der Lack gerissen oder geplatzt. Darunter wucherte mancherorts Rost. Etliche Gitterstäbe waren verbogen. Einer der Rastbügel für die Höhenverstellung der Seitenflächen fehlte, ein anderer war falsch montiert. Das Gitterfeld rastete bei der Absenkung aus der oberen Position nicht in halber Höhe ein, sondern fiel gleich bis nach unten durch. Die Matratze schien auch nicht die richtige zu sein: An den Rändern, insbesondere am Kopfende, war sie abgeflacht und schloß nicht bündig an den Gitterfeldern an.

Eigentlich gehörte das Bett auf den Schrott. Doch die Kinderklinik war, wie das gesamte Krankenhaus, nach der Wende in Privatbesitz übergegangen und wurde nun als GmbH geführt. Wer im einzelnen Gesellschafter war – ob die Stadt, juristische Personen der

Das Kinderbett, in dem Karol starb

Kommune oder Privatpersonen –, entzog sich meiner Kenntnis. Erkennbar allerdings war, daß das Hospital schlecht oder nur ungenügend mit finanziellen Mitteln ausgestattet zu sein schien. Anderenfalls hätte man beispielsweise solche Gitterbetten mehr als zehn Jahre nach Herstellung der deutschen Einheit nicht mehr einsetzen müssen und gegen neue getauscht. Hier blühte erkennbar keine Landschaft – einzig der Rost tat es.

Die Stäbe waren locker oben und unten arretiert und konnten daher im Streb gedreht werden. Das, so merkte ich auf den ersten Blick, war vermutlich auch die Crux. Das Bett stand auf Rädern, damit es bewegt werden konnte. Dabei, das bleibt nun einmal bei rollenden Gegenständen nicht aus, war es im Laufe seines langen Lebens wiederholt angeeckt und angestoßen, wobei sich diese oder jene Stange verbogen hatte. Weil die Stangen aber beweglich waren, konnte man auch die eingedrückten ohne Mühe so drehen, daß sie nicht nach innen ragen mußten.

So war wohl auch die Bauchung an der Stirnseite entstanden, die mich in der kommenden Zeit beschäftigen würde.

Natürlich war die von Höhne aufgeworfene Frage interessant, ob es überhaupt Normen und Rechtsvorschriften für Kinderbetten in medizinischen Einrichtungen gab. Hierzulande war alles geregelt und festgelegt. Das beschäftigte nicht nur die Beamten, die sich diese Festlegungen ausdachten. Es gab allen – Produzenten wie Nutzern – eine gewisse Rechtssicherheit. Erfüllte beispielsweise das Bett die technischen Vorschriften nicht, so konnte der Klinik kein Vorwurf gemacht werden. Dann mußte dieser an den Hersteller gerichtet werden, weil der offenkundig gepfuscht hatte.

Im Archiv stieß ich schließlich auf die TGL 38-207. TGL hießen die staatlich vorgeschriebenen Standards in der DDR und bedeuteten ausgeschrieben ***T**echnische Normen, **G**ütevorschriften und **L**ieferbedingungen.* In diesem Falle hatte 1962 die Zentralstelle für Standardisierung eine Vorschrift für ein Säuglingsbett mit verstellbarer Matratze für das Krankenhauswesen fixiert. In der Folgezeit mußten alle Säuglingsbetten so gebaut werden. Auch das in Eberswalde wies die vorgeschriebenen Maße auf.

Nun aber lebten wir schon geraume Zeit nicht mehr in der DDR. In der Bundesrepublik gibt es keine TGL, sondern DIN. Das

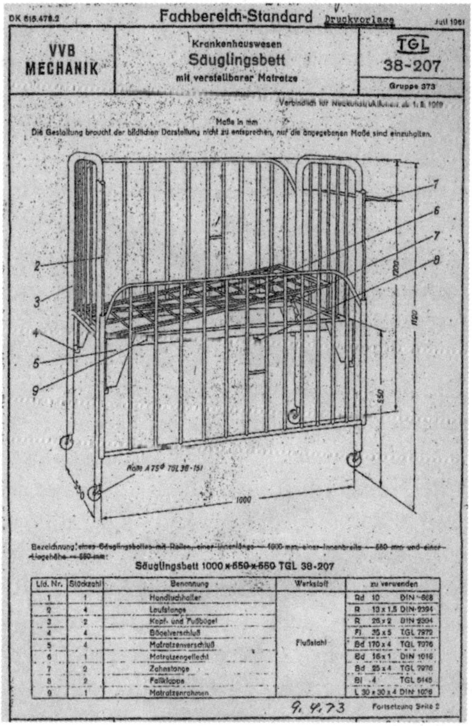

DK 615.478.2 Fachbereich-Standard Druckvorlage Juli 1961

VVB MECHANIK

Krankenhauswesen
Säuglingsbett
mit verstellbarer Matratze

TGL 38-207
Gruppe 373

Maße in mm
Die Gestaltung braucht der bildlichen Darstellung nicht zu entsprechen, nur die angegebenen Maße sind einzuhalten.

Bezeichnung: ~~eines Säuglingsbettes mit Rollen, einer Innenlänge = 1000 mm, einer Innenbreite = 550 mm und einer Liegehöhe = 550 mm~~:

Säuglingsbett 1000 × 550 × 550 TGL 38-207

Lfd. Nr.	Stückzahl	Benennung	Werkstoff	zu verwenden
1	1	Handtuchhalter	Flußstahl	Rd 10 DIN ~668
2	4	Laufstange		R 13 x 1,5 DIN 2394
3	2	Kopf- und Fußbügel		R 26 x 2 DIN 2304
4	4	Bügelverschluß		Fl 35 x 5 TGL 7972
5	4	Matratzenverschluß		Bd 170 x 4 TGL 7976
6	1	Matratzengeflecht		Bd 16 x 1 DIN 1016
7	2	Zahnstange		Bd 25 x 4 TGL 7976
8	2	Fallklappe		Bl 4 TGL 5145
9	1	Matratzenrahmen		L 30 x 30 x 4 DIN 1028

9. 4. 73 Fortsetzung Seite 2

Vorschrift der Zentralstelle für Standardisierung der DDR aus dem Jahre 1962, wie Säuglingsbetten im Gesundheitswesen auszusehen hatten (TGL 38-207)

*D*eutsche *I*nstitut für *N*ormung e. V. mit Sitz in Berlin schreibt hierzulande die Normen vor.

Wie ist das Verhältnis von TGL zu DIN?

Auch auf diesem Felde hatte die letzte DDR-Regierung vorauseilend am 4. Juli 1990 erklärt, daß ab 1. Oktober 1990 die TGL keine Rechtsvorschriften mehr seien, sondern nur noch den Status von Empfehlungen, keineswegs aber von DIN-Normen besäßen.

Daraufhin erklärte das Deutsche Institut für Normung e. V.: »Das DIN trägt keine Verantwortung für den Inhalt der TGL. Das DIN ist nicht Rechtsnachfolger des Amtes für Standardisierung, Meßwesen und Warenprüfung der DDR. Das DIN empfiehlt, TGL nicht mehr anzuwenden (siehe jedoch Abschnitt 5). Das DIN empfiehlt, generell DIN-Normen anzuwenden.«

Was besagte jedoch Abschnitt 5? Vielleicht kam das in unserem Falle in Betracht? Nein, eigentlich nicht. Es hieß dort neben anderen Ausnahmevorschriften, daß zu prüfen sei, »ob TGL oder Teile daraus unmittelbar oder durch Bezugnahme in einer Rechtsvorschrift noch verbindlich sind (dies trifft z. B. für eine größere Anzahl des Bauwesens sowie des Gesundheits-, Arbeits- und Brandschutzes zu). Gegebenenfalls sind hierzu die zuständigen Ministerien des Bundes oder der neuen Bundesländer zu befragen.«

Gegebenenfalls?

Ich erkundigte mich vorsichtshalber zunächst beim Amt für Arbeitsschutz und Sicherheitstechnik Eberswalde. Dieses verwies mich zuständigkeitshalber an ein »Sicherheitstechnisches Service- und Sachverständigenbüro« in Berlin. Dort wurde mir – gegen Zahlung eines ordentlichen Honorars – Auskunft zuteil.

Die TGL habe sich erledigt. Es gebe die DIN 66078 für Kinderbetten in der letztgültigen Fassung vom Februar 1982, die sich ausdrücklich auch auf Krankenhausbetten bezöge. Allerdings sei diese Kinderbetten-DIN 1995 zurückgezogen worden. Man habe Teile der Vorschrift ausgewechselt und unter neuer Bezeichnung im Dezember 1995 wieder erlassen – allerdings nur für den privaten Bereich. Im Januar 2000 habe man einen Entwurf einer Vorschrift für Krankenhaus-Kinderbetten aus Metall und Kunststoff (DIN 32623) nachgereicht, doch der sei bis dato noch nicht in Kraft.

Mithin: Es existiere zum gegenwärtigen Zeitpunkt keine DIN für Kinderbetten in Krankenhäusern, auf die ich mich beziehen könne.

Der Kollege ließ mich noch wissen, daß laut DIN 66078 der Gitterabstand bei Kinderbetten für den privaten Bereich 75 mm betragen dürfe.

Und die DDR-TGL 32943 vom April 1985 über Kinderbetten aus Holz und Holzwerkstoffen für den privaten Bereich habe maximal 80 mm vorgesehen. Aber dieser Standard habe ebenfalls nicht für Kinderbetten in Krankenhäusern gegolten. Die DDR habe sich in dieser Hinsicht wie die BRD verhalten: Für Kinderbetten daheim und im Hospital gab es verschiedene Vorschriften.

Über die Gründe könnte man vielleich nachträglich grübeln.

Ich tat dies nicht.

Stattdessen griff ich zum Zollstock.

Der lichte Abstand zwischen den Gitterstäben betrug im Schnitt 70 Millimeter und lag damit unterhalb der TGL- und der DIN-Norm. Lediglich jene Stelle zwischen Eckpfosten und Stab, durch die Karol gerutscht war, betrug 96 mm.

Karol wog 11 Kilo. War er physisch überhaupt in der Lage, die Stäbe zu verbiegen? Ich unternahm verschiedene Experimente und stellte mathematische Berechnungen an, um die Kraft zu ermitteln, die auf einen solchen Stab einwirken mußte, um eine dauerhafte Verformung zu erzielen, wie sie in diesem Falle vorlag.

Ich kam auf 21 Kilopond, die Karol hätte aufbringen müssen. Dazu wird das Kind wohl kaum in der Lage gewesen sein. Damit stand definitiv fest, daß die verhängnisvolle Biegung älteren Datums sein mußte.

Offen hingegen blieb unverändert die Frage, auf welche Weise Karol durch die beiden Stäbe gerutscht war. Der Abstand zwischen Eckpfosten und verbogenem Stab war etwa 30 Zentimeter über der Matratze am größten. Dieser Umstand schloß die Möglichkeit aus, daß Karol im Liegen oder beim Krabbeln dort hindurchgerutscht sein konnte. In Matratzenhöhe war der Abstand mit rund 70 mm zu gering. Das Kind maß an der Hüfte mindestens 100 mm.

Mein Kind war schon lange diesem Alter entwachsen. Bekannte unserer Familie hatten jedoch ein anderhalbjähriges Kleinkind mit den gleichen Maßen wie Karol. Dieses war zwar drei Zentimeter kleiner, aber das schien mir unerheblich.

Ich überredete die Eltern, mit ihrem Sohn an einem Experiment teilzunehmen. Natürlich war ich mir der Ambivalenz dieser Übung am 27. Januar bewußt. Doch es mußte sein. Ich breitete eine Decke

Experiment mit einem gleichaltrigen Kind: 11 Kilo schwer, 81 cm groß. Gut erkennbar die verhängnisvolle Ausbuchtung zwischen Eckpfosten und verbogenem Stab in etwa 30 cm Höhe über der Matratze

über den Bettbezug und installierte eine Videokamera. Dann stellten wir das Kind hinein.

Es passierte, was ich schon vermutet hatte: Der Junge hielt sich an der oberen Querstrebe fest und versuchte hinüberzusteigen. Das war natürlich ein aussichtsloses Unterfangen. Doch die Beinbewegungen waren eindeutig. Er wollte scheinbar hinaufklettern und versuchte mit den Füßen, auf irgendeine imaginäre Stufe zu steigen.

Dabei schlug das Kind, was natürlich keiner gewollt hatte, mit Kinn und Stirn auf das obere Rohr auf. Der Junge begann laut zu

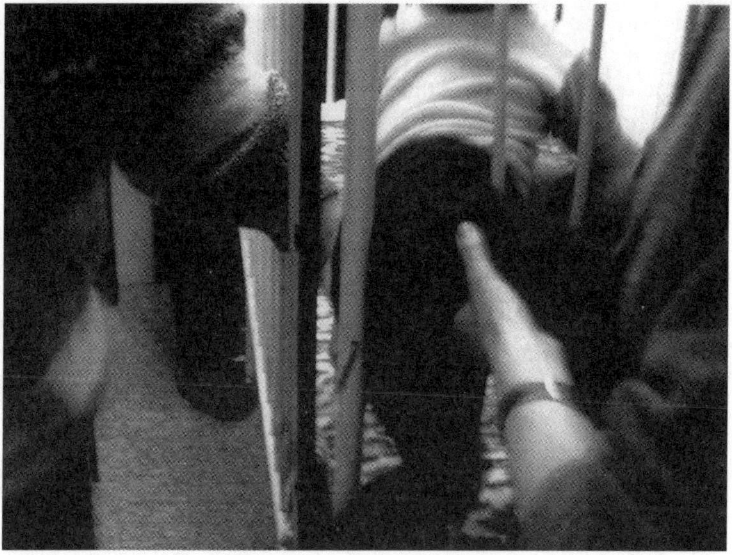

Der wohl härteste Teil des Experiments: der Versuch, das Kind durch die Öffnung zwischen Eckpfosten und Stab zu bekommen

weinen, die Mutter hob ihn aus dem Bettchen und erklärte kategorisch: »Schluß, das reicht. Wir gehen jetzt!«

In meiner Brust rührten sich zwei Seelen. Natürlich verstand ich sie. Es war schon ein wenig makaber, an diesem Bett mit einem Kind zu experimentieren. Auf der anderen Seite mußte ich herausfinden, auf welche Weise der Unfall geschehen war. Ich redete mit Engelszungen auf die Mutter und auch den Vater ein, becircte die beiden geradezu, damit sie der entscheidenden Übung doch noch zustimmten. Ich wollte das Kind mit der Figur von Karol versuchsweise durch die beiden Stäbe zwängen, um definitiv auszuschließen, daß er im Liegen hindurchgerutscht war.

Denn laut Auskunft der Schwester hatte sich Karol bei ihrer Kontrolle beruhigt, was ja wohl bedeutete, er lag auf der Matratze. Ob nun auf oder unter der Bettdecke, war egal. Wenn dies aber zutraf, war es eher unwahrscheinlich, daß Karol wenig später wieder im Bett gestanden und gestrampelt hatte.

Ergo: Er müßte im Liegen oder beim Krabbeln hindurchgerutscht sein.

Wir probierten dies mit dem Kleinkind aus.

Es war wie erwartet: In Matratzenhöhe paßte das Gesäß nicht hindurch.

Doch wenn man den Jungen hinaufhob in die Höhe der größten Ausbuchtung kam er hindurch – bis zum Kopf.

Für mich war in diesem Augenblick klar, daß Karol beim Herumhampeln im Stehen vom Matratzenrand abgerutscht, dabei zwischen Pfosten und Stab geraten und hindurchgerutscht war. Sein Gewicht zog ihn zu Boden. Der Körper glitt mit einer seitlichen Drehung nach unten, wo es schmaler war, Schließlich blieb er mit dem Kopf hängen, dieser paßte nicht hindurch. Die Füße schwebten wenige Zentimeter über dem Boden. Karol hatte keine Möglichkeit, mit eigener Kraft wieder zurück ins Bett zu gelangen …

So wird er denn geraume Zeit gestrampelt, geröchelt und sich übergeben haben.

Bis man ihn gegen 20.45 Uhr leblos fand. Mit zerbissenen Lippen, offenem Mund und nicht ganz geschlossenen Augen.

Am 20. Februar 2001 schickte ich mein Gutachten an Staatsanwalt Linke. Ich fügte 23 Fotografien und die Videokassette bei. Meine Schlußfolgerungen, die ich aus der Schilderung des Hergangs des Unfalls zog, beendete ich mit der Bemerkung: »Es müßte die Möglichkeit in Betracht gezogen werden, daß sich der Unfall bereits vor dem ersten Kontrollgang (19.00-19.30 Uhr) in der aktiven Phase ereignete und nicht, nachdem das Kind zur Ruhe gekommen war.«

Damit wollte ich signalisieren, daß einige Umstände durchaus darauf hindeuteten, daß die Kontrollen anders als vom Krankenhaus angegeben erfolgt sein könnten.

Diese Ansicht vertrat auch Karols Vater. In der Presse hatte er eine »lückenlose Aufklärung« verlangt. Offenkundig besaß er wenig Vertrauen gegenüber den Ermittlern. Auch mir schien er zu mißtrauen, was er am Telefon ungeschminkt sagte. Wir steckten doch alle unter einer Decke, ließ er mich wissen. Bei allem Verständnis für seinen Schmerz blieb mir nichts anderes übrig, als das Gespräch an dieser Stelle zu beenden, denn als Gutachter kann man sich von keiner Seite unter Druck setzen lassen.

Der Sprecher der Frankfurter Staatsanwaltschaft erklärte daraufhin öffentlich: »Wir prüfen, inwieweit Sorgfalts- und Aufsichtspflicht verletzt wurden.«

Die Prüfung war offenkundig negativ.

Es gab am Ende einen Strafbefehl über 5.000 DM an das Krankenhaus. Damit war der Fall von der strafrechtlichen Seite erledigt.

Ob der Vater seine Ankündigung wahrmachte, gegen die Klinik wegen fahrlässiger Tötung Klage einzureichen, entzieht sich meiner Kenntnis. Es stand jedenfalls nichts darüber in der Zeitung.

Wohl aber vier Wochen später auf der Wirtschaftsseite der *Märkischen Oderzeitung* ein auffälliger Bericht über einen Kinderbetten-Hersteller aus der Gegend: »Kinderbetten ›made in Pinnow‹ sind von Tokio bis Dubai gefragt. Erfolgsstory aus der Uckermark: Bachmann GmbH stattet weltweit Kliniken mit freundlichem Design aus.«

In dem Beitrag las man, daß die vorgestellte 20-Mann-Firma seit sechs Jahren Geschäftskontakte in 35 Länder unterhalte. Renner sei »Bambi«, ein Kinderbett aus Alumium für die Krankenhäuser dieser Welt. Der Bedarf sei gewaltig, hieß es. Weltweit würden jährlich 37.000 Kinderbetten ersetzt – bis 2005 strebe das Traditionsunter-

inderbetten „made in Pinnow“
nd von Tokio bis Dubai gefrag
lgsstory aus der Uckermark: Bachmann GmbH stattet weltweit Kliniken mit freundlichem Design au

STINE RÖWERT

(ddp) „Bambi“ erobert die
uf allen Kontinenten. Das
tt der Bachmann GmbH in
(Uckermark) ist derzeit der
in den Kinderkliniken von
is Dubai. Seit sechs Jahren
ch das Unternehmen in dem
n zwischen Schwedt und An-
le mit seinen Betten für
häuser und Pflegeheime so-
Ausstatter von Seniorenunter-
einen Namen in der Branche.
tete die junge Firma etwa ei-
r größten und modernsten
ntren der Welt ein, das Baku-
titut in Moskau.
Verkaufsschlager hat sich je-
las Kinderbett „Bambi“ ent-
t. Nach zwölf Monaten Ent-
ngszeit und einer Million Mark
tionen stellten die Pinnower
i“ im vergangenen Jahr auf der
eit größten Medizintechnik-
in Düsseldorf vor. Firmenchef
an Bachmann sagt: „Es war für
ine echte Herausforderung. Seit
70 Jahren gab es keine wesentli-
Neuerungen auf diesem Ge-
Die neue Generation der Kin-
tten erinnert nun nicht mehr im
ntesten an die einst weißen käfi-
gen Gebilde in kühl wirkenden

Günther Höft überprüft ein Seitengitter des neuen Kinderkrankenbettes „Bambi“ der Bachmann
Pinnow. Das neuartige Produkt mit modernem Design ist komplett aus Aluminium gefertigt und w
ganze Welt geliefert.

Klinikauf- ein tolles Gefühl, wenn die riesigen 18 Prozent Marktanteil an.
sprche einer Produktion

20. Februar 2001: Die Antwort auf den Unfall mit einem Kinderbett im Eberswalder Krankenhaus in der Märkischen Oderzeitung

nehmen aus Pinnow einen Marktanteil von 18 Prozent an, das hieße 6.000 Betten pro Jahr …

Ein Globalplayer in der Uckermark, schau an.

Vor allem das Foto hatte für alle, die den Fall in Eberswalde noch nicht vergessen hatten, etwas Bizarres: Es zeigte einen Bettenbauer mit einer Schublehre, mit der dieser den Abstand zwischen zwei Gitterstäben maß.

Der Fall Ulrike

Es war am Morgen des 8. März 2001. Ich war nach dem Frühstück und der morgendlichen Zeitungslektüre in meine Geschäftsund Laborräume ins Vorderhaus gegangen. Der Himmel war trübe und grau, das Frühjahr ließ lange auf sich warten. Ich zog eine Spur in den matschigen Schnee, der über Nacht gefallen war und nun um den Gefrierpunkt vor sich hin taute. Die Zeitungen schrieben seit Tagen und an exponierter Stelle über ein vermißtes Mädchen aus Eberswalde. Auch das Fernsehen berichtete nahezu täglich darüber. In der letzten Zeit hatten vergleichbare Fälle wiederholt die Öffentlichkeit aufgeschreckt: Kinder, zumeist Mädchen, waren unter mysteriösen Umständen verschwunden, und Tage später entdeckte man nach großen Suchaktionen ihre Leichen. Meist waren die Entführten Opfer einer sexuellen Straftat geworden. In einer solchen Stimmung einen Volksentscheid über die Wiedereinführung der Todesstrafe abzuhalten, brächte gewiß ein zustimmendes Ergebnis. In solchen Momenten bin ich ganz froh, daß man sich in diesem Land mit Plebisziten ein wenig zurückhält.

Die Folge der Berichterstattung in der Presse sind nicht selten Angst und Aktionismus. Eltern erklären vor den TV-Kameras, sie ließen ihre Kinder nun nicht mehr allein zur Schule gehen, und werfen, wie stets in solchen Fällen, »der Politik« Versagen vor.

Die vermißte Ulrike Brandt war am Nachmittag des 22. Februar verschwunden. Sie fuhr zum Handballtraining und kam nicht wieder. Ihre besorgte Mutter fand gegen 15.30 Uhr auf einem Waldweg unweit ihres Wohnhauses in Finow das Rad der Tochter. Schon bald hatte die Kriminalpolizei eine Sonderkommission, die Soko Finow, gebildet und die in solchen Fällen üblichen Maßnahmen ergriffen. Die Aufrufe erbrachten fast dreitausend Hinweise aus der Bevölkerung. Die Kriminalpolizei nahm die üblichen Speichelproben, ließ Phantomzeichnungen anfertigen und diese verteilen, druckte Aushänge und Suchanzeigen, befragte und recherchierte. Doch all die aufwendigen Aktionen führten nicht zu dem Mädchen, genauso wenig wie die spektakulären Flüge von Tornado-Kampfjets der Bundesluftwaffe. Diese suchten mit speziellen Infrarotkameras das Territorium ab, um die Zwölfjährige in einem möglichen Versteck im Wald aufzuspüren. Das Donnern der Jets und die Meldungen über den mehrtägigen Einsatz am Brandenburger Himmel erzielten allenfalls psychologische Wirkung. Doch in der Sache kam man nicht weiter. Ulrike blieb verschwunden.

Noch im Februar war unweit von Bernau, keine dreißig Kilometer von Finow entfernt, ein vollständig ausgebrannter Polo entdeckt worden. Eine ebenfalls dort aufgefundene Haarspange und Reste eines verkohlten Rucksackes legten den Schluß nahe, daß Ulrike Brandt mit in diesem Fahrzeug gewesen sein mußte. Die Eltern hatten die Teile eindeutig identifiziert.

Doch seither war man nicht weitergekommen. Weder die lebende Ulrike noch ihren Leichnam hatte man in den letzten zwei Wochen aufgespürt. Auch wenn keiner der Zuständigen es öffentlich aussprach: Niemand mehr glaubte ernsthaft daran, daß Ulrike noch lebte. Wenn es sich um klassisches Kidnapping handeln würde, wäre längst eine Forderung eingegangen. Das war nicht geschehen. Mit hoher Wahrscheinlichkeit handelte es sich also um ein Tötungsverbrechen.

Das war mein Kenntnisstand, als ich mich am Mittwochmorgen an meine Tagesarbeit machte. Ich war in diesen Fall nicht involviert, sondern nur Zuschauer. Gleichwohl, das verschweige ich nicht,

Ulrikes Fahrrad mit dem verdrehten Lenker unter frisch gefallenem Schnee, so, wie es ihre Mutter am Waldweg fand

berührte mich die Sache sehr. Jeder, und gewiß nicht nur die, die selber Kinder haben, kann nachvollziehen, welche Ängste und Qualen Mutter und Vater in solchen Situationen durchmachen. Und wenn, wie hier, die einzige Tochter offenkundig einem grausamen Verbrechen zum Opfer gefallen war, ging es nicht nur den Eltern ans Herz. Nicht zu vergessen: Es trug sich alles in meinem Landkreis Barnim zu. Die räumliche Nähe stellte eine andere Betroffenheit her. Das war nicht abstrakt und irgendwo in Hessen oder in Ostfriesland passiert, sondern praktisch vor meiner eigenen Haustür.

Das Klingeln des Telefons riß mich aus meinen Gedanken. Es war Kriminalhauptkommissar Rainer Höhne, inzwischen Leiter des 1. Kommissariats des Polizeipräsidiums Eberswalde. Wir kannten uns schon seit Jahren und waren per du. Er hielt sich nicht mit einer Vorrede auf. Der Druck, unter dem er stand, war spürbar.

»Kannst du heute um 14 Uhr nach Eberswalde kommen?«

»Warum?« Meine Reaktion war begründet. Was sollte ich in der Kreisstadt? Da mußte Höhne schon ein wenig präziser werden. Wurde er dann auch. Es gehe um das vermißte Mädchen. Er wolle eine Beratung mit einigen wichtigen Leuten abhalten. Zwar läge inzwischen ein polizeiliches Gutachten vor, doch er habe das Gefühl, daß man damit nicht sonderlich weiterkäme.

»Wo ist ihr Fahrrad?«

»In Berlin-Johannisthal.« Aha, beim Landeskriminalamt Brandenburg, Abteilung 4, dachte ich. »Das Auto auch?«

»Nee, das befindet sich in Basdorf beim LKA, Dezernat 53, du weiß schon: Tatortdienste.«

Ich schaute auf die Uhr. Berlin würde ich nicht mehr schaffen. Aber das Auto könnte ich mir einmal anschauen, ehe ich nach Eberswalde zu dieser Zusammenkunft fuhr. Ich wollte nicht nur als Zeitungsleser mit am Tisch sitzen.

»Könntest du bitte in Basdorf Bescheid sagen, daß sie mich an den ausgebrannten Polo lassen?«

»Ich schließe daraus, daß du kommen wirst«, meinte Höhne lakonisch. Seine Reaktion sollte ein wenig unterkühlt klingen. Er wußte doch, daß mich die Sache von Natur aus interessierte und ich nie auf die Idee käme abzusagen. Mit Verlaub: Einen solchen Fall bekam auch ein bundesweit arbeitender Gutachter nicht jeden Tag auf den Tisch.

Der ausgebrannte VW Polo in Basdorf

Ich machte mich mit meinem Auto auf den Weg. Basdorf liegt bei mir quasi um die Ecke. In dem Objekt in der Prenzlauer Straße war seinerzeit die Bereitschaftspolizei untergebracht. So ist das in Deutschland. Jenseits aller Umbrüche und Revolutionen gibt es eine Kontinuität, die auch etwas Beruhigendes hat.

Der Kleinwagen, oder besser: was von ihm geblieben war, stand in einer größeren Halle. Ich wurde bereits erwartet. Das Fahrzeug war vollständig ausgebrannt. Ausgeglüht bis auf das nackte Metall. Nicht mal die ursprüngliche Farbe war zu erkennen.

Ich ging mehrmals um das Fahrzeug herum. Der Kollege vom LKA beobachtete mich. Nicht ein Fitzelchen Farbe. Sonst gab es immer eine Lackecke, die von den Flammen nicht aufgeleckt worden war. Hier aber: nichts, nullkommanull. »Weiß man schon, welche Farbe das Auto einmal hatte?«

»Weiß«, sagte er. »In einer Nut haben wir noch einige unverbrannte Farbpartikel gefunden.«

Nach einer oberflächlichen Begutachtung war mir klar, daß nicht nur Benzin ins Wageninnere geschüttet, sondern auch mindestens ein Fenster geöffnet worden war. Anders ließ sich die extreme Hitze nicht erklären. Ansonsten erkannte ich auf den ersten Blick keine Besonderheiten. Ich verabschiedete mich und fuhr das kurze Stück über die Autobahn nach Eberswalde-Finow.

Die Mordkommission, offiziell 1. Kommissariat, saß noch immer in der Baracke hinter dem Finanzamt. Da hatte sich in den letzten Jahren nicht viel verändert. Ich umrundete einmal den Tisch. Zumeist kannte ich die Menschen, deren Hände ich schüttelte. Da waren Dr. Benno Schultz, ein gelernter Chemiker, Leiter der Abteilung 4 in Berlin-Johannisthal, zwei Kriminaltechniker aus Eberswalde, Höhne und ein fremder Polizeirat, der in der Dienststelle nur kurz »Staubwischen« sollte, wie mir hinterher grienend gesagt wurde.

Höhne hatte vor sich das Gutachten eines Sachverständigen aus Werneuchen liegen. Dessen Büro bearbeitete im wesentlichen Kraftfahrzeugschäden. Bereits drei Tage nach Ulrikes Verschwinden hatte er den Auftrag erhalten, ihr Fahrrad zu untersuchen. Drei Tage später wurde der Auftrag erweitert: Er sollte nunmehr auch den Polo inspizieren und feststellen, ob sich daran Spuren eines Zusammenstoßes mit dem Fahrrad oder dessen Überrollen feststellen ließen.

Am 2. März erhielt die Soko Finow ein reich illustriertes, 27 Seiten umfassendes Gutachten von ihm. Auf der letzten Seite war der Sachverständige zu folgenden Schlüssen gelangt:

»1. Am besichtigten ausgebrannten Pkw VW Polo waren aufgrund des Fahrzeugzustandes keine Spuren erkennbar, die für eine Kollision mit dem Damenfahrrad der Vermißten in Frage kommen.

2. Ein Überrollen des Damenfahrrades durch einen Pkw kann aus sachverständiger Sicht ausgeschlossen werden.

3. Eine detaillierte Fahrzeugbeschreibung über den Originalzustand des Fahrzeuges bei Auslieferung aus dem Herstellerwerk kann nur durch den Hersteller selbst gegeben werden.

Die bisherigen Feststellungen schließen jedoch nicht aus, daß der Pkw Polo mit dem Damenfahrrad kollidiert ist.

Die Spuren am Damenfahrrad können aus der Erfahrung des Sachverständigen auch durch streifende Anstöße beim Vorbeifahren (Überholen) durch einen Pkw entstanden sein.

Die technisch und physikalisch bedingte Instabilität eines Zweirades (hier Fahrrad) führt bei derartigen Schadensfällen bzw. Unfällen in der Regel nur zu geringfügigen Schäden an einem Pkw, die sich vorrangig als Schleif- und Kratzspuren im Oberflächenlack des Pkw darstellen.

Derartige Spuren sind dann an einem Pkw in dem Zustand, wie bei dem hier besichtigten ausgebrannten Pkw Polo, nicht mehr erkennbar!«

Der Sachverständige war im übrigen zu der Auffassung gelangt, daß der Wagen nicht »geknackt« worden war. Er habe kein gewaltsames Überwinden der Wegfahrsperre feststellen können, teilte er mit.

Das erwies sich als handwerklicher Schnitzer: Der Polo besitzt an der Lenksäule zwei Arretierungen – der Sachverständige ging nur von einer aus, und die von ihm untersuchte wies keine Beschädigungen auf. Die andere, die von ihm übersehene aber, so hatten wiederum die Techniker des LKA festgestellt, war gewaltsam überwunden worden. Daraus ließ sich schließen, daß der Kleinwagen gestohlen worden war.

Inzwischen hatte man auch den Halter ausfindig gemacht und festgestellt, daß der Pkw am 22. Februar, also am Tage des Verschwindens von Ulrike, am Morgen auf dem Bahnhofsvorplatz von Strausberg abgestellt worden war. Gegen 17 Uhr hatte der Eigentümer den Verlust festgestellt und den Diebstahl gemeldet. Daraufhin war die Suche nach dem Täter auf Strausberg ausgedehnt worden.

Hauptkommissar Höhne, dem der Erfolgsdruck anzusehen war, unter dem er stand, schlug mit der flachen Hand auf das Gutachten. »Damit kann ich nichts anfangen. Ich will wissen, ob das ein zufälliger Unfall war oder ein Zusammenstoß, der mit Absicht herbeigeführt wurde.«

Schultz schüttelte den Kopf. Ich kannte ihn vom Kriminalistischen Institut als freundlichen, umgänglichen Menschen. Doch als Dezernatsleiter fraget er nun in die Runde: »Warum müssen wir noch Geld für ein zweites Gutachten ausgeben?« Und das klang so, als würde er es aus seiner eigenen Tasche bezahlen müssen. »Wenn wir den Täter haben, werden wir auch erfahren, ob er mit Vorsatz und überlegt handelte, oder ob sich alles aus einem Unfall entwickelte.«

Höhne hielt sich bedeckt. Er sah aber das Fragezeichen in meinem Gesicht. Es wand sich hinter dem Satz: »Was soll ich eigentlich hier?«

Für mich war nicht klar, ob ich nun einen Auftrag erhalten hatte oder nicht. Gleichwohl bat ich ihn anschließend, mir jemanden zur Seite zu geben, der mir die Stelle zeigte, wo das Fahrrad gefunden worden war. Ich wollte den sogenannten Ereignisort einmal persönlich in Augenschein nehmen. Das mache ich immer. Ich weiß, daß sich mancher Gutachterkollege mit dem begnügt, was ihm geliefert oder vorgewiesen wird. Mich interessiert jedoch auch das

Ambiente, in dem die Tat erfolgte. Oft finden sich bislang unbeachtete oder im Polizeibericht übersehene Hinweise. Was ich sehe, habe ich gesehen und kein anderer.

Kommissar Höhne willigte ein, reichte mir aber, bevor ich mich verabschiedete, das ihm vorliegende Gutachten. Bei allen sachlichen Einwendungen: Der Kollege hatte alles sehr akribisch dokumentiert.

Mit Querner, dem Kriminaltechniker, fuhr ich zu dem unbefestigten Weg in Finow, der durch ein kleines Waldstück führte. Der Boden war aufgeweicht und matschig, an einigen Stellen neben dem Weg lagen noch Schneereste. An der nämlichen Stelle standen die Bäume nicht bis zum Wegesrand. Es gab ein Stück Wiese, an dem noch das weißrote Absperrband der Polizei flatterte.

Das Gras lag flach und faulte wie die Blätter, die darauf lagen. Und obgleich in den letzten beiden Wochen hier viele Füße herumgetrampelt waren, entdeckte ich auch eine Reifenspur, die vermutlich vom Polo stammte. Sie führte im nahezu rechten Winkel von der Unfallstelle weg. Das Gras in der Spur schien in Richtung Wald zu zeigen. Daraus schloß ich, daß der Wagen hier im Rückwärtsgang mit durchdrehenden Rädern auf die Straße zurückgefahren sei. Mithin: Der Täter könnte hier gewartet haben, und als er Ulrike kommen sah, war er mit dem Auto rasch zurückgestoßen, um das Fahrrad zu rammen und sie zu Fall zu bringen.

Das wäre dann Vorsatz gewesen.

Wir waren keine halbe Stunde am Platz, als eine Funkstreife erschien und uns kritisch musterte. Offenkundig hatte man uns aus den nahestehenden Häusern beobachtet und, inzwischen hinlänglich sensibilisiert, die Polizei gerufen. Man kennt das ja aus Krimis: Der Täter kehrt immer an den Tatort zurück …

Am nächsten Tage fuhr ich in die Pilotenstraße nach Berlin-Johannisthal, um mir das Fahrrad anzuschauen. Auf dem Weg dorthin erhielt ich einen Anruf aus Eberswalde. Man habe Ulrike Brandt gefunden. Tot. Ein 35jähriger Maschinist aus Werneuchen hätte bei einem Spaziergang ihre Leiche entdeckt. Sein Hund habe sich sehr merkwürdig verhalten, er hätte nicht auf Pfiffe und andere Kommandos gehört. Da wäre er dem Hund etwa 20 Meter von der Straße ins Unterholz gefolgt. Zunächst habe der Mann einen Verbandskasten gesehen und dann die Leiche des Kindes.

Die Zwölfjährige war, wie befürchtet, vergewaltigt und dann erdrosselt worden.

Ereignisort Waldweg. Hier wurde Ulrike Brandt vom Rad gestoßen

Es gebe Hautpartikel und Spermaspuren. Jetzt habe man den genetischen Code und damit bald auch den Täter.

In der Datenbank des Bundeskriminalamtes seien bislang nur 90.000 DNA verzeichnet, gab ich zu bedenken. Der genetische Code von Ulrikes Mörder müsse nicht zwingend darunter sein.

Nicht unbedingt erleichtert parkte ich mein Auto vorm Institutsgebäude in Johannisthal, wo sich die Abteilung 4 des LKA befand. Ich hatte mit vorgenommen, am Rad nach Details zu suchen, die bisher übersehen oder m. E. unzureichend gewürdigt worden waren. Daß dies nicht leicht sein würde, war mir schon gestern bei der Besichtigung des Ereignisortes klargeworden. Höchst unprofessionell hatte man dort hantiert. Dabei waren eventuell Spuren vernichtet und einiges übersehen worden: Ich fand beispielsweise unweit des Ortes, an dem der mögliche Zusammenstoß erfolgte, Teile eines Reflektors. Von einer gründlichen Suche am 22. Februar konnte also wohl kaum gesprochen werden.

Wie ich beim ersten Blick feststellte, stammte der Reflektor vom Vorderrad des schwarzen Junioren-Bikes der Marke »Adventul«. Ulrikes Fahrrad wies außer einer verbogenen Schutzblechstrebe auf der linken Seite des Vorderrades sowie Schleifspuren auf der linken Radmutter vorn keine Beschädigungen auf. Das Lenkrad war um 70 Grad *verdreht* – nicht *verbogen*, wie es im Gutachten geheißen hatte. Das deutete auf eine bestimmte Wechselwirkung hin. Doch wie schon anderenorts festgestellt, war auch hier ziemlich leichtsinnig bei der Spurensicherung verfahren worden. Wie ich hörte, war das Rad beim Abtransport mal eben locker auf ein Fahrzeug geworfen worden.

Dr. Schultz meinte, ein zweites Gutachten sei nunmehr wohl wirklich nicht mehr nötig. Man habe die Leiche gefunden und werde auch bald den Täter haben. Eine mikroskopische Untersuchung der Radmutter, die ich vorgeschlagen hatte, sei so überflüssig wie die Feststellung, ob die von mir bemerkte Delle an der Beifahrertür von dieser herrühre.

Ich fuhr ein wenig verärgert nach Hause. Am Abend rief ich Kriminalhauptkommisssar Höhne in Eberswalde an. Ich sagte ihm, daß nach meiner festen Überzeugung der Wagen das Fahrrad nicht gestreift, sondern gerammt habe. Die verbogene Schutzblechstrebe habe am Reifen nur eine relativ kurze Schleifspur hinterlassen. Der Lenker sei vermutlich auch nicht durch den Sturz, sondern durch eine Kollision mit dem Wagen, wahrscheinlich mit der rechten Tür, verdreht worden.

Höhne pfiff kurz durch die Zähne, was alles und nichts bedeuten konnte.

»Ich schicke dir am 14. März per Fax meinen vorläufigen Untersuchungsbericht«, sagte ich und legte auf.

Das tat ich. Danach hörte ich nichts aus Eberswalde. Da ich genügend andere Fälle zu bearbeiten hatte, registrierte ich das merkwürdige Schweigen nicht besonders.

Im Mai, so las ich in der Zeitung, wurde ein Stefan J. aus Fürstenwalde als Täter ermittelt und verhaftet. Der 25jährige war von Zeugen zweifelsfrei identifiziert worden. Und auch die biologischen Daten stimmten überein. Er war zudem geständig.

Am 17. Juli meldete sich die Staatsanwaltschaft Frankfurt überraschend bei mir. Anette Bagenda, die Staatsanwältin, gab sich entrüstet. Wieso habe ich noch immer kein Gutachten vorgelegt, rüffelte sie mich. Sie wäre von mir nicht gewohnt, daß ich so lange über meinen Schlußfolgerungen brütete.

»Heißt das, daß ich jetzt ein offizielles Gutachten ausfertigen soll?« fragte ich zurück. »Dann bitte ich darum, daß das Fahrrad von der Abteilung 4 in Johannisthal nach Basdorf gebracht wird.«

Staatsanwältin Bagenda schien ein wenig irritiert. »Wieso jetzt? Ist das noch nicht geschehen?«

»Darf ich Sie etwas fragen?«

»Bitte«, sagte sie kurz.

»Warum nun diese Eile?«

»Weil ich am 10. Oktober 2001 vorm Landgericht Klage erheben werde. Ich werde Ihnen noch heute einige Seiten Protokoll aus der Vernehmung des Beschuldigten schicken. Da werden Sie auch mein Problem erkennen. Entweder steht am Ende eine Verurteilung wegen Totschlags im Affekt oder vorsätzlicher Mord.«

Die Lektüre der mir zugestellten Passagen, die ich am 18. Juli in der Post fand, offenbarte ihr Dilemma. Stefan J. schilderte das Zusammentreffen mit Ulrike Brandt als zufällige und obendrein so von ihm nicht gewollte Begegnung. Er habe das Mädchen auf dem Weg überholen wollen und sei dabei »etwas zu schnell« gefahren. Dabei sei das Auto aufgesetzt. Zudem habe er »den dortigen Löchern und Sandhügeln ausweichen« müssen. »Vor mir waren auf einmal mehrere Löcher, denen ich ausweichen mußte und plötzlich auch ein Baum. Deshalb habe ich das Auto scharf nach rechts eingelenkt. Es war zu scharf. Plötzlich war Ulrike Brandt mit ihrem Fahrrad rechts am Auto [...] Ich bin dann wohl zu dicht an Ulrike herangefahren, und es kam zum Zusammenstoß mit der auf dem Fahrrad fahrenden Ulrike Brandt und dem von mir geführten Polo.

Frage: Schildern Sie den Zusammenstoß.

Antwort: Ich bin der Meinung, daß der Zusammenstoß im vorderen Bereich des Pkw Polo war. Es kann sein, daß es sich dabei um eine Stelle am rechten Kotflügel oder an der rechten Beifahrertür handelt. Nach dem Zusammenstoß bin ich vielleicht 2 oder 3 Meter weiter und dann nach rechts in eine Ausbuchtung hineingefahren. So habe ich das auch in meiner Skizze eingezeichnet.

Frage: Haben Sie bei dem von Ihnen geschilderten Zusammenstoß irgendwelche Geräusche oder Laute wahrgenommen?

Antwort: Ich habe derartiges nicht mitbekommen. Der Zusammenstoß selbst äußerte sich in einem weiß ich nicht so dumpfen Knall. Nachdem ich nach rechts reingefahren war, habe ich natürlich den Tattrig bekommen. Ich war aufgeregt und hatte Angst, ich hatte noch nie so einen Unfall. Der Motor des Fahrzeuges war nun aus, meiner Meinung nach abgesoffen. Ich bin ausgestiegen und nach vorn um den Polo herumgegangen zu der Stelle, wo ich Ulrike angefahren hatte.

Frage: Welche Wahrnehmungen haben Sie daraufhin gemacht?

Antwort: Ich sah, daß Ulrike in Rückenlage auf dem Erdboden lag und auf ihr das Fahrrad [...]

Ulrikes Rad in Basdorf zur technischen Untersuchung: der Lenker um 70° verdreht, der Reflektor am Vorderrad fehlt

Frage: Wie verhielt sich Ulrike Brandt?

Antwort: Ulrike Brandt lag, wie gesagt, auf ihrem Rücken, das Fahrrad auf ihr und hat keinen Ton von sich gegeben. Ihren Kopf hatte sie seitlich nach rechts gedreht. Mir ist richtig schlecht gewesen, als ich das sah. Ich habe mich über Ulrike Brandt gebeugt und gefragt, was passiert sei. Ich habe sie auch gerüttelt.

Frage: Wie?

Antwort: Ich faßte mit meinen beiden Händen an die Schulter von Ulrike und schüttelte sie. Ulrike hat keinen Ton gesagt. Ich kriege das in einer Skizze nicht hin. Als ich vor Ulrike stand, sah ich auch am linken Unterschenkel meiner Meinung nach eine Art Schürfwunde. Diese war inmitten der linken Unterschenkelaußenseite erkennbar.

Wie gesagt, Ulrike hat sich nicht gerührt und auch nichts gesagt. Nun habe ich das Fahrrad von Ulrike heruntergenommen und, ich glaube, rechts daneben abgelegt.

Frage: Welche Beschädigungen haben Sie am Fahrrad erkannt?

Antwort: Der Fahrradlenker war nach rechts oben gedreht. Das weiß ich genau. Ich weiß aber nicht mehr, ob ich den Fahrradlenker wieder in Normalstellung zurückgedreht habe oder nicht. Weitere Beschädigungen habe ich am Fahrrad nicht mehr festgestellt, ich hab auch nicht mehr danach geschaut. Ich hatte Panik.

Frage: Warum?

Antwort: Durch den Unfall.

Frage: Wie ging es weiter?

Antwort: Da sich Ulrike nicht bewegt hat und auch nichts sagte, habe ich sie unter ihren Achseln nach oben gehoben. Anschließend habe ich eine Hand losgelassen und mit dieser unter die Knie von Ulrike gefaßt, und so hatte ich Ulrike auf meinem Arm zu liegen.

Frage: Warum haben Sie Ulrike Brandt so nach oben gehoben?

Antwort: Ich habe Panik bekommen, um wegzukommen.«

Das waren die Seiten 6 bis 8 des Vernehmungsprotokolls, mehr hatte mir die Staatsanwältin nicht schicken lassen. Der Text genügte mir aber, um festzustellen, daß der Mann log. Es standen dort

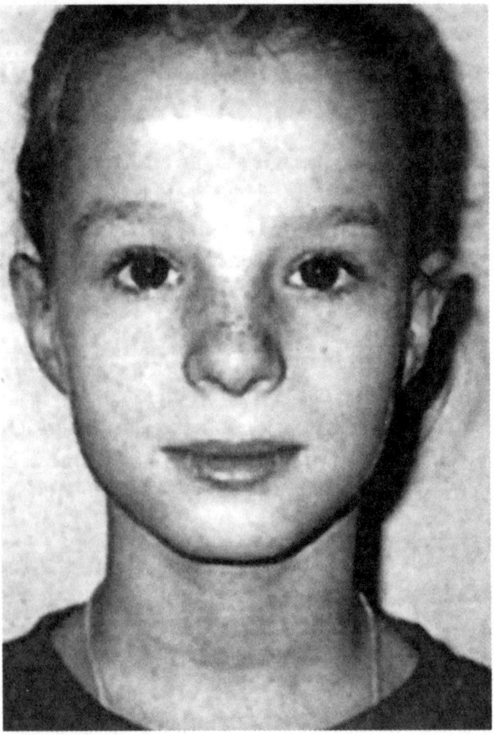

Ulrike Brandt (12), das Opfer

keine Bäume auf dem oder direkt am Weg, denen er hätte ausweichen müssen, wodurch es angeblich zum Zusammenstoß gekommen war. Es zeigte sich wieder einmal, daß es nützlich gewesen war, den Ort selbst in Augenschein genommen zu haben.

Ich war auch der Überzeugung, daß der Zusammenstoß nicht so heftig gewesen war, um Ulrike in Ohnmacht zu stürzen. Als das Mädchen ins Auto gezogen wurde, war sie bestimmt bei vollem Bewußtsein. Sie wird wohl auch geahnt haben, was sie erwartete. Denn der Verriegelungsknopf der Beifahrertür – das wußten wir damals aber noch nicht, diese Tatsache sollte erst in der Gerichtsverhandlung vom Täter selbst eingeräumt werden – war zuvor von ihm entfernt worden. Damit war das Öffnen der Tür von innen unmöglich.

Nachdem das Fahrrad nach Basdorf gebracht worden war, wurde ich dort vorstellig. Man hatte inzwischen das ausgebrannte Fahrzeug draußen abgestellt. Es war von einer rostbraunen Schicht überzogen. Und auch die verchromte Hutmutter am Vorderrad des Fahrrades, auf die es mir besonders ankam, trug nicht nur alte, sondern auch neue Schleifspuren. Wann endlich lernten die hier eingesetzten Polizisten, daß man mit Beweismitteln sorgfältig umzugehen hat?

Das Auto ruhte auf seinen vier Felgen. Wollte ich feststellen, ob die bereits bei meiner oberflächlichen Untersuchung im März entdeckte Delle in der Beifahrertür von der Radmutter stammte, mußte die Karre auf jene Höhe gebracht werden, die sie mit luftgefüllten Pneus hatte.

Die Kollegen schnauften ein wenig, als sie mir eine Vorrichtung bauten und anschließend das Wrack mit einem Kran hinaufhievten. Das mußte präzise auf den Millimeter stimmen.

Es war, wie ich es geahnt hatte. Es gab mehrere Einbuchtungen, doch eine paßte haargenau. Ich dokumentierte wie üblich die Angelegenheit per Foto. Die Delle, so schrieb ich in mein Gutachten, »ist relativ kurz von vorn nach hinten ausgebildet«.

Die zerschrammte Hutmutter nahm ich mit nach Hause in mein Labor. Dort, unter dem Mikroskop, entdeckte ich, was man mit bloßem Auge nicht erkennen konnte. Es gab eine Stauchung. Diese war die Folge einer kurzen Bewegung, die Druck auf die verchromte Stahloberfläche ausgeübt hatte. Die Richtung war eindeutig feststellbar: von hinten nach vorn.

Wie in einem Gutachten üblich, resümierte ich: »Aus den Ergebnissen der Materialuntersuchung und der Auswertung der Aussagen des Beschuldigten wird abschließend geschlußfolgert, daß der Zusammenstoß die Folge des scharfen Rechtsabbiegens des Pkw nach bzw. während eines Überholvorganges war, wobei dieser fast quer, zumindest in einem Winkel von ≥ 45° in die Fahrtrichtung des Fahrrades geriet. Dadurch erfolgte – wie durch die Spuren belegt ist – mehr ein *Aufprall* auf die Beifahrertür als ein *Streifen im Vorbeifahren.* Für dieses Fahrmanöver gab es keinen erkennbaren objektiven Grund.

Es deutet sich dagegen ein sogenanntes Wegabschneiden als Ursache für den Zusammenstoß an.«

Ich hatte zwar meine im März geäußerte Vermutung revidieren müssen, der Täter sei *rückwärts* auf die Straße gestoßen, um dem Mädchen den Weg zu versperren. Doch in der Sache machte das keinen Unterschied. Stefan J. hatte das gestohlene Fahrzeug als Prellbock benutzt, damit Ulrike mit ihrem Fahrrad zu Fall kam und er sie ins Auto ziehen konnte.

Ende September erhielt ich die Ladung zur Hauptverhandlung ins Amtsgericht Frankfurt. In der Logenstraße 13, im Saal 488 in der 4. Etage, begann 9.15 Uhr der Schlußakt. Als Gutachter hatte ich an allen Prozeßtagen präsent zu sein. Ich bekam, wie üblich, meinen Platz zugewiesen, ein Schild mit meinem Namen stand bereits da. Das öffentliche Interesse war gewaltig, entsprechend zahlreich waren die Medienvertreter erschienen. Da wollte das Gericht nichts falsch machen. Die Bilder aus dem Saal, da war man sich sicher, zeigte man gewiß auch im Fernsehen.

Die Vorsitzende Richterin, Frau Dr. Hecht, gab sich sehr korrekt und ermahnte selbst den quirligen Gregor Gysi, der mit seinem Kanzleikollegen Walter Venedey die Vertretung der Nebenklage übernommen hatte, gelegentlich zur Ruhe. Doch weder die beiden Anwälte der Eltern Brandt noch die Staatsanwältin Bagenda mußten sich groß bemühen. Der Täter hatte die Vergewaltigung und den Mord gestanden, seine beiden Verteidiger mußten da nicht mehr viel erklären.

Im Kern ging es also um den Beweis des Vorsatzes.

Der Angeklagte, ein mittelgroßer Mann mit dunklem, kurzgeschnittenem Haar, zeigte sich als Mensch von eher schlichter Denkungsart. Er antwortete kurz und meist unverständlich, wenn er ge-

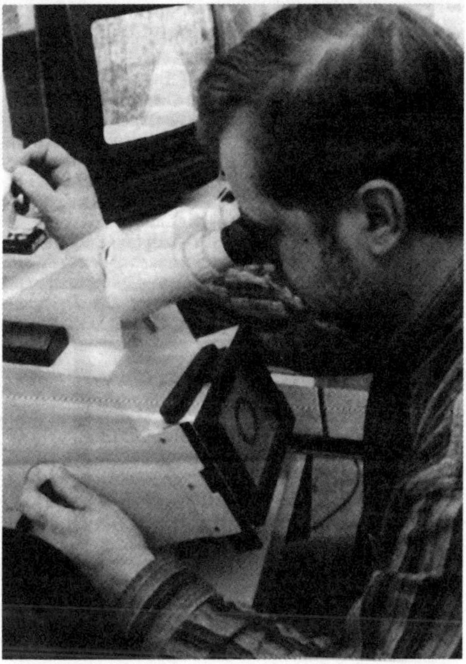

Klaus Ibendorf bei der Untersuchung der Hutmutter am Mikroskop in seinem Labor in Schönow

fragt wurde. Doch instinktiv vermied er es, sich selbst zu belasten. Als wisse er, wo die Klippen lagen, versuchte er sie zu umschiffen. Auf meine Frage etwa, ob er, nachdem er die fünf Liter Benzin aus dem Kanister ins Auto gegossen hatte, die Scheiben heruntergedreht oder eingeschlagen habe, denn nur so lasse sich erklären, warum der Wagen vollständig ausgebrannt war, antwortete er mit »Nein«. Die Scheiben seien alle geschlossen gewesen.

Nach meiner Ansicht hatte er das Mädchen auf dem Beifahrersitz erdrosselt. Dabei wehrte es sich so heftig, daß es mit den Füßen die Windschutzscheibe eintrat. Als ich ihm das auf den Kopf zu sagte, nickte er nur zur Bestätigung.

Der Täter aus Fürstenberg kannte in Eberswalde ein befreundetes Paar, das er wiederholt besucht hatte. Der Grund für seine gelegentlichen Visiten war die Frau des Hauses, was diese freimütig einräumte. Wenn ihr Freund nicht dagewesen sei, habe er sie immer »angebaggert«. Gysi, der offenkundig den Sinn der Formulierung nicht richtig verstanden hatte, fragte nach.

»Mann, der wollte immer nur poppen«, erklärte die sehr selbst-

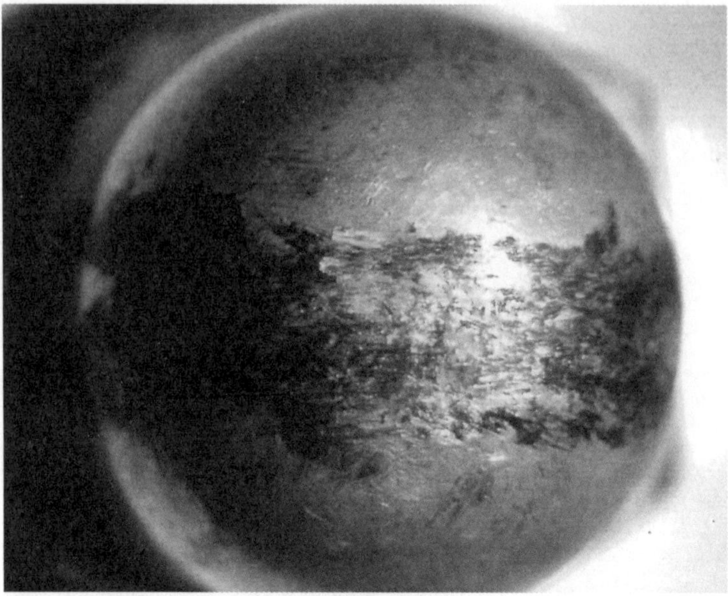

Die Hutmutter von Ulrikes Vorderrad in siebenfacher Vergrößerung. Die Schleifspur im Chrom ist deutlich zu erkennen

Die Hutmutter in 45facher Vergrößerung. In der Mitte die Stauchung im Stahl, mit der bewiesen wurde, daß der Täter mit Vorsatz das Mädchen zu Fall brachte

Vor dem Gericht in Frankfurt/O: der Mörder Stefan J. (r.) und einer seiner beiden Verteidiger

bewußte Zeugin. An jenem 22. Februar sei es dazu aber nicht gekommen. Ihr Freund war im Hause. So mußte sich Stefan J. trollen.

Vom vierten Verhandlungstag, an dem die Öffentlichkeit wieder zugelassen war, berichtete die »Berliner Zeitung« in ihrer Wochenendausgabe am 20./21. Oktober 2001:

»Für Aufsehen sorgte am Abend die Aussage des Unfall-Gutachters Klaus Ibendorf. Er sagte, Spuren an Ulrikes Fahrrad und dem vom Angeklagten angezündeten Polo wiesen darauf hin, daß Stefan J. dem radelnden Mädchen den Weg abgeschnitten habe. ›Den Spuren nach bin ich überzeugt, daß der Angeklagte das Kind mit dem Auto überholt und dann das Lenkrad nach rechts gerissen hat‹, sagte der Gutachter. Anwalt Venedey sagte: ›Die Aussage des Angeklagten, daß er Ulrike versehentlich angefahren hat, ist damit völlig haltlos.‹«

Das Gericht sah das auch so und verhängte die Höchststrafe für den Täter. Das machte Ulrike Brandt nicht wieder lebendig, aber vermittelte den Eindruck von höherer Gerechtigkeit.

Die Staatsanwältin machte mir nach der Verhandlung den Vorschlag, gemeinsam essen zu gehen. Ich hatte mit meiner Arbeit zu ihrem Erfolg beigetragen.

Ich folgte der Einladung nicht. Auch wenn das Verfahren in allen Punkten die Richtigkeit meiner Untersuchungen bestätigt hatte und ich eigentlich zufrieden sein konnte, zog ich es vor, nach Hause zu fahren.

Es gibt Erfolge, die einen nicht unbedingt glücklich machen.

Post scriptum: In jenen zwei Wochen, als die verschwundene Ulrike gesucht worden war, hatte ein Unbekannter angeboten, das Mädchen gegen Zahlung von 28.100 Euro übergeben zu wollen. Spätestens nach Auffinden der Leiche wurde klar, daß es sich um einen sogenannten Trittbrettfahrer handelte, der aus dem Leid der Eltern für sich Kapital schlagen wollte. Der angebliche Kidnapper wurde bald ermittelt und vom Landgericht Frankfurt/Oder wegen versuchter Erpressung zu einer einjährigen Bewährungsstrafe verurteilt. Die Staatsanwaltschaft, die 20 Monate gefordert hatte, legte daraufhin Berufung ein.

Im Oktober 2003, zweieinhalb Jahre nach dem Tod von Ulrike, wurde diese Berufung als unbegründet abgelehnt und das Urteil gegen den 44jährigen Mann bestätigt.

Der Fall »Beluga«

Zur selben Zeit, als fast alle Medien der Republik sich in mehr oder minder großen Schlagzeilen mit der verschwundenen Ulrike aus Eberswalde beschäftigten, erhielt ich Kenntnis von einem anderen Unglücksfall. Dieser hatte drei Menschen das Leben gekostet. Im März 1999 war ein Fischkutter aus Sassnitz bei der Überfahrt nach Bornholm unter ungeklärten Umständen gesunken. Die Staatsanwaltschaft in Stralsund hatte die Akten geschlossen, nachdem im Oktober 1999 das Seeamt in Rostock zu der Auffassung gelangt war, daß kein Fremdverschulden vorläge. Mithin: Die drei ostdeutschen Fischer hätten den Untergang ihres Schiffes gewissermaßen selbst verursacht.

Das alles erzählt mir Lutz Riemann Anfang März 2001 am Telefon, als noch immer nach Ulrike Brandt gesucht wurde. Der ehemalige Schauspieler, bekannt als Oberleutnant Zimmermann (nach der Wende »Oberkommissar«) aus dem »Polizeiruf 110«, arbeitete seit einiger Zeit als Reporter für den NDR. Gemeinsam mit seinem Freund und Kollegen Michael Schmidt verfolgte er den Fall der gesunkenen BELUGA von Anfang an. Wiederholt berichteten beide darüber im NDR. Doch bei ihren Recherchen stießen sie wiederholt auf taube Ohren oder gar Ablehnung. Namentlich die Bundesmarine, die mit anderen NATO-Schiffen zur fraglichen Zeit im betreffenden Gebiet Manöver abgehalten hatte, verweigerte jede Auskunft. Angeblich, so Lutz Riemann ziemlich aufgebracht, seien alle Aufzeichnungen inklusive der elektronischen vernichtet worden. Die Hardthöhe weise jegliche Zuständigkeit von sich.

Riemann hatte seine Theorie. Selbst die Tatsache, daß es ihnen bisher nicht gelungen war, das Thema von der regionalen auf die Bundesbühne zu heben, hielt er für mehr als nur für journalistische Ignoranz. Offenkundig handelte es sich um einen Skandal größten Ausmaßes, der nicht nur das Militär und die Justiz betreffen würde, sondern auch die Politik …

Das könne ja alles sein, versuchte ich zaghaft seinen für einen Norddeutschen nicht gerade typischen Redeschwall zu stoppen.

Doch ich sei Gutachter, und als solcher konzentrierte ich mich ausschließlich auf die technische Seite eines Problems – politische Hintergründe und Zusammenhänge haben mich dabei nicht zu interessieren. Natürlich teilte ich seine Empörung, wenn drei ertrunkene Fischer die deutsche Öffentlichkeit weniger zu beschäftigen schienen als etwa der verschwundene Hund des Bundespräsidenten. Und vielleicht sei auch seine Vermutung nicht ganz unbegründet, daß ostdeutsche Nachrichten in den westdeutschen Redaktionen grundsätzlich weniger Aufmerksamkeit fänden. Doch das alles werde wohl kaum der Anlaß für seinen Anruf sein.

Nein, natürlich nicht, meinte der engagierte Fernsehreporter und machte zum ersten Male eine längere Pause. Er habe einen anderen Grund. Bei ihren Recherchen seien sie auch beim Landeskriminalamt in Schwerin gewesen. Dr. Monika Böhme, die Chefin der Kriminaltechnik, habe sie an mich verwiesen.

Es traf zu: Ich war beim LKA Mecklenburg-Vorpommern kein Unbekannter. Wiederholt hatte man mich als Gutachter bei verschiedenen Fällen hinzugezogen. Ich erinnerte mich an den Ausbruch von einigen Häftlingen in Bützow, die mit einem Messer die Gitterstäbe durchtrennt hatten. Oder da gab es den Verrückten, der in der Schwimmhalle des Hotels »Neptun« in Rostock-Warnemünde eine Wasserleitung angebohrt hatte. Und nicht weniger kurios war jener Fall eines auf dem absteigenden Ast sitzenden Kommunalpolitikers, der sich mit einem selbstinszenierten Anschlag zurück in die Medien und in die Wählergunst bringen wollte.

»Wenn ich Sie richtig verstanden habe, ermittelt die Staatsanwaltschaft nicht mehr. Die Akten sind geschlossen?«

»Das genau ist ja das Problem«, sagte Riemann. »Rechtsanwalt Peter-Michael Diestel ist der Ansicht, daß die Ungereimtheiten bei den Ermittlungen so offensichtlich seien, daß man alles neu aufrollen müsse. Der Potsdamer Anwalt hat inzwischen das Mandat der drei betroffenen Frauen: der Witwe des Kapitäns Schneider, von Frau Gleixner und von der Mutter des ertrunkenen Lehrlings Senfft.«

»Ich habe zwar einen Bootsführerschein für Binnengewässer«, warf ich ein wenig spöttisch ein, »aber von der Seefahrt keine Ahnung. Zudem: Was sollte mein Part dabei sei?«

Lutz Riemann schniefte laut und vernehmlich. Das tun Leute mit Sendungsbewußtsein immer, wenn man ihnen zu verstehn gibt, daß einem die Geschichte nicht bekannt sei, obgleich sie anderen-

Die Besatzung der BELUGA (v.l.n.r.): Kapitän Frank Schneider (39), Maschinist Hartmut Gleixner (40) und Lehrling Martin Senfft (17)

orts schon Dutzende Male erzählt worden war. »Tut mir leid, Herr Riemann, Sie müßten schon ein wenig konkreter werden.«

Der Mann vom NDR holte weit aus, die Telekom verdiente an dem Gespräch nicht schlecht.

Am 17. März 1999, kurz vor Mitternacht, verließ die BELUGA den Sassnitzer Hafen. Die See war ruhig bei Windstärke drei bis vier, die Sicht gut. Morgens gegen 8 Uhr wollte man Nexö auf Bornholm erreichen, um dort ein neues Fischereigeschirr zu übernehmen. Die SAS 104 kam aber auf der dänischen Insel nie an. Gegen 10 Uhr riefen die Dänen in Sassnitz an und fragten nach dem Verbleib der BELUGA. Weder mit Funk noch per Handy ließ sich eine Verbindung zum Schiff herstellen.

Am Nachmittag des 18. März, exakt 15.15 Uhr, stellte ein Bundeswehrflugzeug östlich von Rügen, Südspitze Adlergrund, einen Ölfilm fest. Dieser war drei Seemeilen lang und etwa 500 Meter breit. Die Meldung wurde weitergegeben, ein Ölüberwachungsflugzeug sowie der Seenotrettungskreuzer ARKONA und das BGS-Schiff NEUSTRELITZ wurden in Marsch gesetzt. 17.52 Uhr erreichte die ARKONA die angegebene Position und entdeckte im Wasser einen versunkenen Schiffskörper. 22.09 Uhr, nachdem auch andere Schiffe vor Ort waren, darunter die DILLINGEN, wurde nach Sassnitz offiziell gemeldet, daß es sich bei dem in 20 Meter Tiefe liegenden Schiff um die vermißte BELUGA handelte. Von der Besatzung fehlte jede Spur.

Die Taucher des Jagdbootes DILLINGEN, die das Wrack untersuchten, fanden nichts Auffälliges.

Der nächste Tauchgang erfolgte zwei Tage später. Am 20. März notierten die Männer des BGS-Schiffes NEUSTRELITZ: »Personen waren in allen Räumen nicht feststellbar. Auch auf Klopfzeichen wurde nicht geantwortet. Es gab keine Beschädigungen, etwa ein Loch im Rumpf oder dergleichen. Lediglich der Kran zum Hieven der Netze war aus seiner Verankerung gerissen.«

Die BELUGA nach ihrer Bergung. Am Kran hängend wird sie auf der Pier im Sassnitzer Hafen abgesetzt

Am Nachmittag des 24. März gingen die selben Taucher des Bundesgrenzschutzes erneut hinab. Inzwischen war die BELUGA auf den Grund gesunken und lag dort mit leichter Backbord-Schlagseite. Alle Kammern und Arbeitsräume des Schiffes wurden gefilmt, der Ausleger des Bordkrans zeigte leicht nach Backbord.

Am 31. März hob der Schwimmkramm THOR die 17,5 Meter lange und 114 Tonnen schwere BELUGA. Gegen Mittag des nächsten Tages erreichten Kran und Schiff Sassnitz. Die BELUGA wurde im Hafen auf der Pier abgesetzt und aufgebockt. Mitarbeiter diverser Behörden inspizierten die Außenhaut und stiegen über eine Leiter nach oben aufs Deck. Unter den neugierigen Blicken der Schaulustigen begann die intensive Suche nach den Ursachen des mysteriösen Unterganges.

Am 25. Mai, mehr als zwei Monate nach der Katastrophe, bargen dänische Fischer eine männliche Leiche. Der völlig entstellte Körper wurde nach Kopenhagen gebracht und dort obduziert. Es war Kapitän Frank Schneider – seine Witwe erkannte die Uhr.

Am 3. August wurde ein zweiter Leichnam gefunden. Der 1. Offizier des Fährschiffes SASSNITZ entdeckte ihn vor Kap Arkona. Es waren die Überreste des 17jährigen Lehrlings Martin Senfft.

Den Maschinisten Hartmut Gleixner fanden dänische Fischer am 12. August in ihren Netzen. Die Zähne ermöglichten die Identifikation des Toten.

Warum aber das Schiff untergegangen war, konnte noch immer nicht aufgeklärt werden.

Die Kapitänswitwe Beate Schneider schrieb an den Bundesminister für Verteidigung. Am 28. Juni bat sie diesen, ihr zu erklären, ob möglicherweise ein kausaler Zusammenhang bestünde zwischen dem Untergang der BELUGA und dem zeitgleich abgehaltenen Manöver zwischen Rügen und Bornholm.

Am 20. Juli antwortete ihr Kapitän zur See Gerd Straßburger im Auftrag von Minister Scharping:

»Zum Zeitpunkt des vermutlichen Unterganges der BELUGA *(vermutlich meinte der Herr Kapitän den vermutlichen Zeitpunkt des Unterganges, denn daß die BELUGA untergangen war, galt als sichere Tatsache und war darum mehr als nur eine Vermutung – d. A.)* fand das deutsch-französische Manöver Jaguar in den Seegebieten von Nord- und Ostsee statt. Allerdings befanden sich die daran teilnehmenden Einheiten in der fraglichen Zeit in der Neustädter Bucht.

Die am 17. und 18.03.1999 im Seegebiet Pommersche Bucht operierenden Schnellboote des 5. Schnellbootgeschwaders lagen in der fraglichen Nacht von 19 Uhr bis zum nächsten Morgen um 08 Uhr in der Tromper Wieck.

In beiden Fällen kann auf Grund der unterschiedlichen Seegebiete kein Bezug zum Untergang der BELUGA hergestellt werden. Zudem haben die Untersuchungen des Wracks keine Beschädigungen ergeben, so daß die Möglichkeit einer Kollision mit Marineeinheiten als Unfallursache auszuschließen ist. Berichte der Marineeinheiten, die bei einer gefährlichen Annäherung oder einer Havarie hätten erstellt werden müssen, liegen dem zuständigen Flottenkommando nicht vor.

Ihrem Hinweis auf den Radarstützpunkt auf Bornholm, der die Schiffsbewegungen in diesem Seegebiet überwacht, bin ich noch einmal nachgegangen. Die Nachfrage bei NAVDISBORN (das ist die militärische Bezeichnung für diesen Radarstützpunk NAVal DIStrict BORNholm) hat ergeben, daß eventuelle Aufzeichnungen bereits gelöscht sind. Der Fall BELUGA war dort bekannt, besondere Wahrnehmungen waren damit jedoch nicht verknüpft worden.«

Riemann und Schmidt hatten in der Folgezeit recherchiert, daß die elektronischen Aufzeichnungen tatsächlich gelöscht worden waren – was nicht gerade üblich ist und darum gewisse Verdächte nährte. Denn gleichzeitig fanden sich auch Zeugen, die aussagten, daß außerhalb der angegebenen Zeit wie auch des gemeldeten Raumes das Seemanöver fortgesetzt worden war. Die Auskünfte der Fischer standen also im deutlichen Widerspruch zur Erklärung der Hardthöhe. Und, was noch viel bezeichnender war: Es gab auch Zeugen, die auf dem Radarbild drei Lichtpunkte gesehen haben wollten, von denen einer dann plötzlich vom Monitor verschwunden sei. Das legte den Schluß nahe, daß es einen Schleppverband gegeben hatte, unter dessen Trosse die BELUGA geraten sein konnte.

Die NDR-Journalisten gingen Hinweisen auf zivile Schleppverbände nach. Bald konnte mit ziemlicher Sicherheit ausgeschlossen werden, daß Holz- oder andere Schlepper in jenen Tagen den Adlergrund passiert hatten. Es blieb weiterhin bei dem Verdacht, daß es sich um einen Manöver-Unfall gehandelt hatte. Wenige Tage später begannen bekanntlich NATO-Einheiten in Jugoslawien zu intervenieren. Schnell machte der Satz die Runde, die drei ostdeutschen Fischer seien die ersten Toten des Kosovo-Krieges gewesen.

Unabhängig von den Spekulationen ermittelte in Rostock das Seeamt der Wasser- und Schiffahrtsdirektion Nord. Das Seeamt untersucht Schiffsunfälle und kann Sanktionen verhängen, ist aber keine Einrichtung der Justiz. Geleitet wurde das Rostocker Amt von Dieter Graf, einem Beamten aus Ostfriesland. Er kam zur Auffassung, daß die BELUGA aufgrund »technischen Versagens und menschlicher Unzulänglichkeit« untergegangen sei. Zur Begründung seines von heftigen Unmutsbekundungen der anwesenden Fischer begleiteten Spruches führte Graf an: »Da der Schiffskörper des Fischkutters BELUGA nach dem Heben keinerlei Beschädigungen aufwies, dieser Seeunfall bei besten Wetterverhältnissen eingetreten ist und auch eine Untersuchung und Durchführung einer Druckprobe des Kühlwassersystems der BELUGA keinerlei Mängel erkennen ließ, mußten die Ursachen des Unterganges im inneren Betriebsablauf auf der BELUGA gesucht werden.«

Nach seiner Auffassung sei das Schiff bei Ausfahrt mit einigen Tonnen Schmutzwasser gefüllt gewesen und hätte dadurch ein zu geringes Freibord gehabt. Weiteres Wasser sei nach und nach in die Bodenspeigatten und über die offene Fischeingabeluke in den Laderaum langsam eingedrungen. Dadurch sei das Schiff instabil geworden und schließlich gesunken. Schuld wäre zudem ein offenkundiger Konstruktionsfehler, dadurch wäre der Tiefgang unzulässig hoch gewesen.

Seltsam nur, daß Schwesternschiffe der BELUGA unter weitaus härteren Bedingungen in Nordsee und Atlantik im Einsatz waren und von diesem Konstruktionsfehler nichts spürten. Außerdem gab es Zeugen, die bestätigten, daß der Laderaum nach der üblichen Säuberung mit Wasser vorm Auslaufen gänzlich trocken gewesen sei. Zudem: Wenn das Schiff nach und nach vollgelaufen wäre, hätte es die Besatzung wohl irgendwann bemerkt.

Mithin: Der Spruch des Seeamtes schien ein wenig oberflächlich und weltfremd. Und nicht nur die Hinterbliebenen waren darüber verärgert, daß ausschließlich der Besatzung die Schuld angelastet werden sollte. Die Sassnitzer Fischereigenossenschaft legte darum sofort Widerspruch ein.

Nun begann die Staatsanwaltschaft in Stralsund wegen fahrlässiger Tötung zu ermitteln. Denn in der 16seitigen Begründung des Seeamtes hatte es geheißen, daß der zuständige Aufsichtsbeamte der Berufsgenossenschaft es versäumt habe, »die Auflage der See-BG, alle Bodenspeigatte dauerhaft zu verschließen, nicht ordnungsgemäß überprüft« habe. Das war zwar ein Nebenkriegsschauplatz, aber der inzwischen von den Hinterbliebenen beauftragte Anwalt Peter-Michael Diestel glaubte einen Hebel zu erkennen, wie man die Justiz stärker in die Aufklärung des Falles einbinden könnte.

Diestel versicherte sich der Unterstützung verschiedener Experten. Da war zum Beispiel Dr.-Ing. habil Diethard Kersandt aus Rostock, ehemals Kapitän der Deutschen Seereederei der DDR (»Große Fahrt«) und Hochschuldozent, jetzt geachteter Fachmann für Schiffsunfälle. Und Prof. Dr. Joachim Hahne, ein Dozent der abgewickelten Ingenieurhochschule für Seefahrt in Rostock-Warnemünde, der inzwischen für die Bundesrepublik in der Internationalen Maritimen Organisation (IMO) der Vereinten Nationen tätig war. Sein Spezialgebiet: Schiffssicherheit, besonders Feuer- und Leckagebekämpfung. Beide international erfahrene wie anerkannte Fachleute.

Prof. Hahne ließ den inzwischen nach Bornholm verkauften Bordkran der BELUGA dort von einem Mitarbeiter unter die Lupe nehmen. Trotz des neuen Anstriches entdeckte er markante Schleifspuren auf dem Gehäuse des Windenmotors. Hahne konzedierte in seinem

Hebelstellung aus dem Unterwasser-Video: Der Maschinenhebel steht erkennbar auf »Zurück«

abschließenden Untersuchungspapier: »Der Gutachter kommt im Ergebnis der Untersuchungen der Beschädigungen an dem Kran zu dem Schluß, daß diese Beschädigungen mit einem Stahlseil mit einem Durchmesser von ca. 15 bis 20 mm verursacht wurden.«

Hahne schilderte nach Rekonstruktion der Überfahrt die dramatischen Momente in jener Nacht, wenige Minuten vor dem Untergang. Das Schiff tuckerte normal über die See. »Plötzlich erkennt der Schiffsführer ein Hindernis, ein Seil. Er will die Kollision verhindern und führt ein Manöver durch, um von diesem Seil wegzukommen.« Frank Schneider, der vermutlich Ruder gegangen war, müsse das Hindernis kurz vorher gesehen und darauf reagiert haben. Den Beweis für Hahnes These lieferte das Unterwasservideo der BGS-Taucher. Auf den Bildern glaubte Prof. Hahne eine bemerkenswerte Entdeckung gemacht zu haben – die Steuerbordscheinwerfer des Schiffes seien eingeschaltet gewesen. Dafür gab es nur eine Erklärung: Der Schiffsführer mußte etwas bemerkt haben und machte darum Licht. Aber: »Das Schiff dreht sich, zugleich gleitet das Seil höher – bis es oben an der Spitze des Kranes festhakt. In diesem Augenblick ist das Schiff gefesselt.« Schneider legte – auch im Video erkennbar – daraufhin den Maschinenhebel auf »Zurück«.

Prof. Hahne im Gutachten weiter: Das Zurückmanöver ist eingeleitet, aber zusätzlich wirkt noch die Seilspannung. Das führt zu einer sehr schnellen Rückwärts-Beschleunigung. Die wiederum erzeugt eine enorme Heckwelle, die das Achterdeck überflutet. Die Wassermassen im hinteren Schiffsteil bringen den Kutter innerhalb von Sekunden aus dem Gleichgewicht. Diese Lage, Vertrimmung genannt, ist so erheblich, daß er hinten augenblicklich tiefer taucht und dadurch noch mehr Wasser aufnimmt. Das stürzt mit aller Gewalt durch die offene Lukentür in den Fischladeraum.

»Jetzt reißt oben an der Stelle, wo das Schiff gefesselt ist, die Hydraulikpumpe ab. Die Kräfte sind einfach zu gewaltig. Wegen der Lage des Schiffes und des Herausbrechens der Pumpe ist das Seil wieder frei und somit auch der Schleppverband – oder was immer das gewesen ist. Der Kutter aber steht inzwischen fast senkrecht und sinkt immer tiefer. Dieser Vorgang muß sehr, sehr schnell abgelaufen sein, in wenigen Sekunden.«

Die Erklärung des Seeamtes, die Schleifspuren am Kran hätte erst später die Ankerkette des BGS-Schiffes NEUSTRELITZ hervorgerufen, wies Prof. Hahne zurück. »Die Schäden sind durch die

Fesselung eines Seiles an dem Kran verursacht worden. Ein Anker oder ein Ankergeschirr kommt dafür nicht in Frage. Das muß ich zweifelsfrei ausschließen.«

Das Hahne-Gutachten nahm Rechtsanwalt Diestel zum Anlaß, am 7. April 2000 Strafanzeige gegen Unbekannt wegen des Verdachts der fahrlässigen Tötung und unterlassener Hilfeleistung zu stellen. Denn, so sagte er, wer oder was die BELUGA unter Wasser gedrückt und dies angeblich nicht bemerkt habe, mußte noch ermittelt werden. Der Spruch des Seeamtes sei falsch.

Im August 2000 kam die BELUGA, inzwischen verkauft, auf die Horn-Werft nach Wolgast. Der neue Eigner, Kapitän Max Reich, ließ es dort zu einem Salon- und Fahrgastschiff umbauen.

Zur gleichen Zeit arbeitete im Auftrag der Stralsunder Staatsanwaltschaft, die Diestels Anzeige bearbeitete, ein weiterer Gutachter an dem Fall – Volker H. K. Kusche, Kapitän und graduierter Schiffbauingenieur aus Bendestorf in Niedersachsen. Im Januar 2001 legte er sein 71seitiges Gutachten vor. Darin folgte der Verfasser der seit dem Seeamtsspruch geltenden Lesart. Folglich galt: »Mit an Sicherheit grenzender Wahrscheinlichkeit ist ein Fremdverschulden als Ursache des Seeunfalles des Fischkutters BELUGA am 18. März gegen 03.00 Uhr Ortszeit auszuschließen«.

Das Gutachten kostete die Staatsanwaltschaft 41.000 DM.

Der Stralsunder Staatsanwalt Müller schloß die Akten.

So weit, so schlecht. Lutz Riemann, dessen Bericht ich bis dahin ohne jeden Zwischenruf gefolgt war, kam nun endlich an jenen Punkt, der für mich interessant zu werden versprach.

»Monika Böhme, die Leiterin des Kriminaltechnischen Instituts, hat uns gegenüber bei Dreharbeiten erklärt, daß einige der üblichen und sogar pflichtigen Nachforschungen bisher komplett unterlassen worden seien – nämlich die wissenschaftliche Materialprüfung der Schleifspuren am Kran und an anderen Teilen des Kutters. Das wäre etwas für Sie.«

»Nichts dagegen zu sagen«, entgegnete ich. »Aber erstens benötige ich dafür einen Auftrag von Rechtsanwalt Diestel oder einer anderen Institution, und zweitens müßte ich die relevanten Teile in Augenschein nehmen.«

Lutz Riemann reagierte erfreut, daß er mich nach einer halben Stunde bereits soweit hatte. »Kein Problem. Am 5. März ist der

Der Sassnitzer Hafen im März 2001

Bordkran wieder in Sassnitz, die Dänen auf Bornholm, die ihn gekauft haben, stellen ihn gern zur Verfügung. Wenn Sie an die Küste kommen könnten ...?«

Ich sagte zu, schränkte aber gleich ein. »Wenn ich nichts finde, hat sich die Sache für mich erledigt.«

Am Morgen des 7. März machte ich mich auf den Weg nach Rügen. Ich hatte wie immer meine Fotoapparate, den Laptop, das transportable Mikroskop, diverse Werkzeuge und den Koffer mit verschiedenen Säuren, Laugen und anderen Tinkturen eingepackt. Das war mein mobiles kriminaltechnisches Labor. Damit nahm ich vor Ort erste Analysen vor. Die Digitalbilder, die ich ebenfalls anfertigte, wurden gleich im Computer gespeichert und unter Umständen vergrößert oder bei Bedarf bearbeitet.

Der Sassnitzer Hafen wirkte nicht gerade belebt, was wohl nicht nur an der Jahreszeit lag. Ich konnte mich noch an zurückliegende Jahre erinnern, als sich hier Kutter an Kutter drängte. Die Abnahme des Fanges war gesichert, der Preis für den Fisch stabil. Die Arbeit der Rügenfischer war hart, aber existenzsichernd. Das war einmal.

Unten auf der Pier warteten Riemann und Schmidt bereits. Ich kannte bis dahin die beiden nur von der Mattscheibe. Schmidt hatte in der Wendezeit die »AK 2« moderiert, ein informatives Nachrichtenmagazin im zweiten DDR-Fernsehen, vielleicht den Tagesthemen der ARD vergleichbar. Jetzt war er für den NDR auf Sendung, gelegentlich hatte ich ihn dort schon entdeckt. Riemann hingegen, der einstige Schauspieler, war zu seiner eigentlichen Rolle zurückgekehrt. Er war in Gestalt und Aussehen kaum noch von den Fischern zu unterscheiden. (Wie ich später hörte, besaß er eines dieser traditionellen Zeesboote.)

Die beiden freuten sich aufrichtig, daß ich gekommen war, stellten mich diesem und jenem vor. Ich merkte mir die Namen nicht. Dann zeigten sie mir den Kran. Er war von den neuen Besitzern blau lackiert worden, was, wie ich bald merkte, kein Problem darstellte, weil man nur eine neue Farbschicht aufgetragen und die alte zuvor nicht abgeschliffen hatte.

»Um den Auftrag noch einmal klar zu definieren«, meldete sich Michael Schmidt zu Wort und wiederholte das, was Diestel in seinem Auftrag per Fax formuliert hatte. »Sie sollen feststellen, woher die Schleifspuren am Kran rühren. Entweder – wie Seeamt und Staatsanwaltschaft meinen – von einer Ankerkette, womit die Schleifspuren für den Untergang der BELUGA ohne jede Bedeutung wären. Oder, was die Gutachter Kersandt und Hahne meinen, von einer Schlepptrosse, die dann als ursächlich für den Untergang des Schiffes und damit für denTod der drei Fischer angenommen werden muß.«

Ich nickte, das war mir bekannt. Am Kran fehlten nach oberflächlicher Betrachtung der Hydaulikmotor, wie die durchgerissenen Hydraulikschläuche verrieten. Wo er geblieben war, konnte mir weder Schmidt noch Riemann sagen. Wie sich zeigen sollte, blieb der Motor unauffindbar. Das war jedoch unwichtig. Das Getriebe und die Winde befanden sich an ihrem Platz. Auch unter der dicken Lackschicht erkannte ich die Schleifspuren am Windengehäuse mit bloßem Auge. Ich nahm eine Flasche mit Natronlauge und begann die Farbe abzulösen. Das ging ziemlich rasch. Sodann nahm ich feines Schleifpapier und eine Diamantsuspension und polierte das Metall blank. Um die Scharten im Metall noch besser sichtbar zu machen, sprühte ich ein Ätzmittel auf die Stelle.

Riemann und Schmidt schauten die ganze Zeit interessiert zu. Von See blies ein eisiger Wind, mir tropfte die Nase. »Das hebt die Verformungen und Kraftwirkungsspuren hevor«, erklärte ich. »Denn

Windengehäuse. An der vom Neuanstrich befreiten Stelle sind deutlich die Riefen zu erkennen

das Metall merkt sich die Spuren. Auf diese Weise kann man selbst die Nummer feststellen, die aus einem Automotor abgeschliffen wurde.« Ich griff nach meinem Taschentuch und dann nach meiner Kamera. Auf dem Display des Laptops vergrößerte ich die Bilder von den Schleifspuren auf das Fünf- bis Zehnfache.

»Na, das sieht doch schon ganz ordentlich aus«, sagte Schmidt anerkennend. »Sind das nun Spuren von einer Ankerkette oder von einer Stahltrosse?«

»Gemach, gemach«, bremste ich seine Neugier. »Dazu muß ich mir im Hafen erst einige Schiffe und Ankerklüsen anschauen.« Das einzige, was ich wisse, sei, daß hier mit extrem großem Druck etwas entlanggezogen worden war. »Sehen Sie hier diese Bruchstruktur, was so aussieht wie Fischschuppen? Das ist immer ein Indiz für eine extreme Krafteinwirkung. Eine Ankerkette reicht dafür kaum aus. Aber«, ich sah schon das Leuchten in Schmidts Augen, »das kann ich erst mit Bestimmtheit sagen, wenn ich das unter meinem großen Mikroskop im Labor in Schönow habe. Geht das?«

»Aber sicher«, meinte Riemann. »Ich kläre das mit der Genossenschaft, daß sie den Windenmotor abbauen sollen. Den ganzen Kran kriegen Sie ja wohl kaum in ihren Pkw.«

»Wozu auch? Mich interessiert nicht der Kran, sondern nur der Kasten.«

Nach viereinhalb Stunden hatte ich alles gesehen, was ich sehen wollte. Es begann bereits dunkel zu werden, obgleich die Uhr noch nicht einmal halb vier zeigte, der Seewind war noch um einiges kälter geworden. Ich packte meine Utensilien in den Kofferraum, es wurde Zeit, daß ich mich auf den Weg nach Hause machte. Im Auto lag schon der Windenmotor mit Gehäuse, den mir die Männer vom NDR eingeladen hatten. Bevor sie aufgebrochen waren, hatten sie zugesichert, das Ding bei mir in Schönow wieder abzuholen. So würde mir eine neuerliche Reise auf die Insel erspart bleiben. Bei der Gelegenheit könnten sie gleich bei mir im Labor drehen. Ich habe doch nichts dagegen? Inzwischen hätten sie bereits ein Dutzend kleiner Fernsehbeiträge über den Untergang der BELUGA und die Folgen produziert, zudem war man mit einem Berliner Verlag im Gespräch, der dazu ein Buch herausbringen wollte. Ich solle nur Bescheid geben, wenn ich meine Untersuchungen abgeschlossen hätte.

Am späten Abend kam ich nach Hause. Ich hatte ein gutes Gefühl. Das teilte ich am nächsten Tag auch Rechtsanwalt Diestel mit. Der saß in seiner Kanzlei in Potsdam und gab sich siegesgewiß. Wann könne er mit meinem Gutachten rechnen?

»Ich denke, daß ich in ein, zwei Wochen einen vorläufigen Bericht liefern kann, mit dem Sie operieren können.«

»So machen wir es«, sagt Diestel, den Schmidt aus der Zeit des Studiums kannte, als er an der Leipziger Universität Journalistik und Diestel dort Jura studierte. Nach einem Intermezzo als Politiker – im letzten DDR-Kabinett unter de Maizière war Diestel Innenminister und stellvertretender Ministerpräsident – kehrte er wieder in seinen Anwaltsberuf zurück. Mit einigem Erfolg. Und er hatte ein feines Gespür für medienwirksame Auftritte. Auch das wird wohl den Ausschlag für seine Entscheidung gegeben haben, sich im Fall BELUGA zu engagieren. Geld war damit kaum zu verdienen, wohl aber öffentliche Resonanz.

Am 18. März 2001 schickte ich meinen Vorläufigen Untersuchungsbericht in die Potsdamer Menzelstraße. Ich formulierte, wie üblich, eingangs den Auftrag, nannte das vorgefundene Material und dessen Zustand und verwies auf Vergleichsuntersuchungen. »Im Sas-

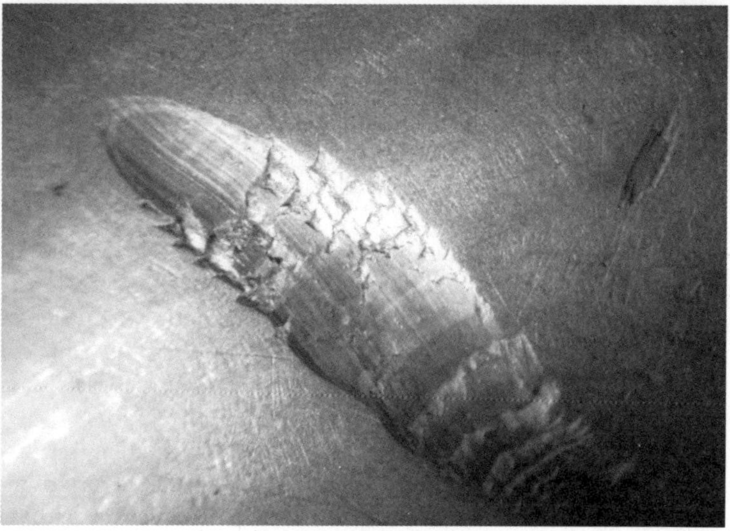

Vergrößerung der von einer Trosse am Windengehäuse hervorgerufenen Scharte

snitzer Fischereihafen wurden außerdem an 2 Fangschiffen (Museumsschiff ›Havel‹ und SAS 317 ›Eishai‹) Merkmale visuell begutachtet, wie sie im normalen Einsatz durch Ketten, Taue und Leinen an den Schiffsaufbauten verursacht werden. Diese Merkmale wurden fotografisch dokumentiert.« Als vorläufige Schlußfolgerung erklärte ich: »Die Scharten in der Kransäule, dem Befestigungswinkel und dem Windengehäuse wurden weder von einer Ankerkette noch von einem Anker verursacht.« Zur weiteren Eingrenzung des Spurenverursachers, so schloß ich das dreiseitige Papier, würden noch metallographische Untersuchungen des Mikrogefüges von Befestigungswinkel und Windengehäuse in meinem Labor erforderlich sein.

Zwei Monate später waren diese Untersuchungen abgeschlossen. Ich legte Diestel am 11. Mai mein Gutachten vor. Allerdings konnte ich es mir nicht versagen, darin auch das teure Gutachten des niedersächsischen Kollegen Kusche vom 25. Dezember 2000 kritisch zu kommentieren. Dieser hatte bekanntlich zu den Spuren auf dem Gehäuse apodiktisch erklärt, daß diese »eindeutig nicht von einem Draht, sondern von einem runden, harten Material mit einem Durchmesser von 19 mm stammen […] Auch die Verformungen an der oberen Kante des Steuerbord-Flanschstückes des Seilwinden-/Hydraulikmotorpodestes [...] zeigen deutliche Spuren des Kontaktes mit einem runden, sehr hartem Material, wobei 3 (drei) nebeneinander in etwa gleichem Anstand voneinander liegenden ca. 9 mm breiten Vertiefungen auf den Kontakt mit einer Ankerkette, die sich beim Hieven über die Kante mit dem Durchgang jedes Gliedes jeweils um 90° drehte (aber keinesfalls eines Drahtes), hinweisen.«

Ich sah das völlig anders.

Den Befestigungswinkel hatte ich sowohl makroskopisch als auch stereomikroskopisch untersucht und vermessen sowie die Stahlsorte bestimmt. Die 6,5 mm dicke Stahlplatte war auf einer Länge von 90 mm durchgebogen. In die größte Wölbung paßte ein Kreis mit einem Durchmesser von 16 mm, »der für die Gestalt des spurenverursachenden Gegenstücks steht«.

Das Getriebegehäuse bestand aus einem aushärtbarem, seewasserbeständigen Alumiumguß. »Aufgrund der guten Korrosionsbeständigkeit des Aluminums und der ohnehin fehlenden Rostbildung erschienen die Scharten nach der Bergung so frisch, als wären sie gerade in diesem Moment entstanden. Sie haben ihr Aussehen auch unter der neuen blauen Farbe kaum verändert und konnten unter Zuhilfenahme von Heißluft und 10prozentiger NaOH in ihrer ursprünglichen Gestalt sichtbar gemacht werden.«

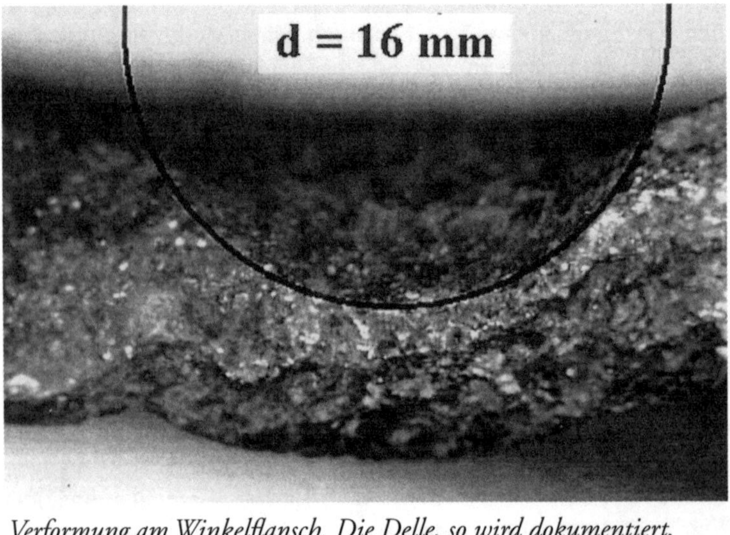

Verformung am Winkelflansch. Die Delle, so wird dokumentiert, wurde von einer 16 mm starken Trosse hervorgerufen

Weiterhin stellte ich fest: »Die Scharten sind um die Gehäusekante herumgezogen, als sei der Spurenverursacher aus einem festen, aber zugleich biegsamen Material, oder/und das Gehäuse bzw. der fragliche Gegenkörper hat seine Richtung während der Einwirkung verändert.

Der spurenverursachende Gegenkörper hat eine Relativbewegung ausgeführt, die eine gewöhnliche Riefenbildung verursachte. Er hat aber gleichzeitig durch hohen Druck auf die Oberfläche auch eine schuppenartige Materialverdrängung hervorgerufen.«

Ich hatte, um dies zu dokumentieren, im Labor ein Experiment gemacht. Über heruntergekühlte Knetmasse zog ich unter Druck ein Drahtseil über eine Kante. Dadurch entstand die gleiche Schartenstruktur wie im Metall. Die morphologische Übereinstimmung hielt ich durchaus für überzeugend, denn letztlich ist die Reaktion der meisten festen Stoffe unter diesen Bedingungen analog. Fachleuten ist das gemeinhin bekannt.

Im weiteren berechnete ich mathematisch die Kraft, die auf die Metallplatte eingewirkt hatte. Sie lag, natürlich, unterhalb der Bruchkraft, anderenfalls hätte sich der Flansch ja nicht verformt, sondern wäre gebrochen. Die Bruchkraft bei diesem Stahl lag bei 3.042 Kilopond. Und die dauerhafte Verformung bei 2.106 kp. Mithin: Auf den Kran hatte eine Kraft zwischen zwei und drei Tonnen gedrückt.

Konnte das eine Ankerkette gewesen sein? Ich verneinte und widerlegte das. Und an Kusches Adresse gewandt stellte ich fest:

»Durchschnittliches technisches Verständnis und die Zuhilfenahme einer einfachen Handlupe hätten den Gedanken an die Verursachung der Scharten am Getriebegehäuse der Winde durch eine Ankerkette erst gar nicht aufkommen lassen. Die ständige Wiederholung, daß es sich nicht um einen Draht gehandelt hätte, entbindet den Gutachter in einem Ermittlungsverfahren nicht von der Pflicht, hierfür den objektiven Beweis oder Gegenbeweis zu liefern. Das ist nicht erfolgt. Dieser Mangel führt dazu, daß die Spuren bis auf zu vernachlässigende Abweichungen richtig beschrieben, aber falsch interpretiert wurden. Das betrifft sowohl die aussagekräftigen Merkmale am Getriebegehäuse als auch am Befestigungswinkel der Winde.

Aufgrund der eigenen materialkundlichen Untersuchungen an den Kranaufbauten, der experimentellen und vergleichenden Studien, der Auswertung der Sachverhaltsangaben sowie der durchgeführten Analysen, Messungen und Berechnungen wurde geschlossen:

– Das komplexe Spurenbild an den Kranaufbauten wurde nicht

durch einen Anker oder eine Ankerkette verursacht. Auch das Bergungsgeschirr und kuttereigene Ausrüstungsteile scheiden aufgrund der Form, Anordnung und gestaltsbestimmtenden Besonderheiten der Schartenspuren im Getriebegehäuse [...] aus. [...]

– Alle festgestellten charakteristischen Gestaltsmerkmale beschreiben ein gespanntes Drahtseil außerhalb der BELUGA als Spurenverursacher. Es besteht gutachterlicherseits kein Zweifel an der Unfallrekonstruktion nach Prof. Hahne. [...]

Es haben Kräfte gewirkt, die sowohl einen erheblichen Druck von Steuerbord nach Backbord auf das Getriebegehäuse als auch von oben nach unten auf den Winkelflansch ausgeübt haben. Die aus der Verformungsgeometrie und der Stahlfestigkeit berechnete Kraft, die allein auf den Winkel einwirkte, hat rund 2,3 t betragen. Der Durchmesser des spurenverursachenden Gegenkörpers betrug 16 mm. Es muß allerdings offen bleiben, ob es sich dabei um ein separates Seil mit diesem Durchmesser oder um den Bestandteil eines aus mehreren Kardeelen gedrehten dickeren Seils gehandelt hat.«

Meinem neunseitigen Gutachten fügte ich 52 Bilder, eine Skizze, eine Tabelle und acht Videoprints bei, die ich aus dem mir von Schmidt und Riemann zur Verfügung gestellten Videos gezogen hatte. Diestel reichte mein Gutachten bei der Staatsanwaltschaft Stralsund ein. Sie nahm die Unterlagen dankend entgegen und handelte.

Sie gab ein Gegengutachten in Auftrag.

Bei Volker H. K. Kusche.

Am 8. Juli 2001 schrieb dieser nach Stralsund: »Gemäß Schreiben der Staatsanwaltschaft Stralsund vom 31. Mai 2001 soll der unterzeichnende, von der Industrie- und Handelskammer Lüneburg-Wolfsburg öffentlich bestellte und vereidigte Schiffahrts-Sachverständige in vorgenanntem Verfahren zu der Frage gutachtlich Stellung nehmen, ob die vom Sachverständigen Ibendorf getroffenen Feststellungen und Schlußfolgerungen geeignet sind, als Ursache für das Sinken der BELUGA die Einwirkung eines gespannten Drahtseils mit einem Durchmesser von ca. 16 mm als Einzelstrang oder als Kardeel eines dicheren Seils in Betracht zu ziehen. [...]

Die Feststellungen und Schlußfolgerungen im Gutachten Ibendorf sind völlig ungeeignet, als Ursache für das Sinken der BELUGA die Einwirkung eines gespannten Drahtseiles mit einem Durchmesser von 16 mm als Einzelstrang oder als Kardeel eines dickeren Seils in Betracht zu ziehen. Es ergibt sich im Gegenteil aus verschiedenen

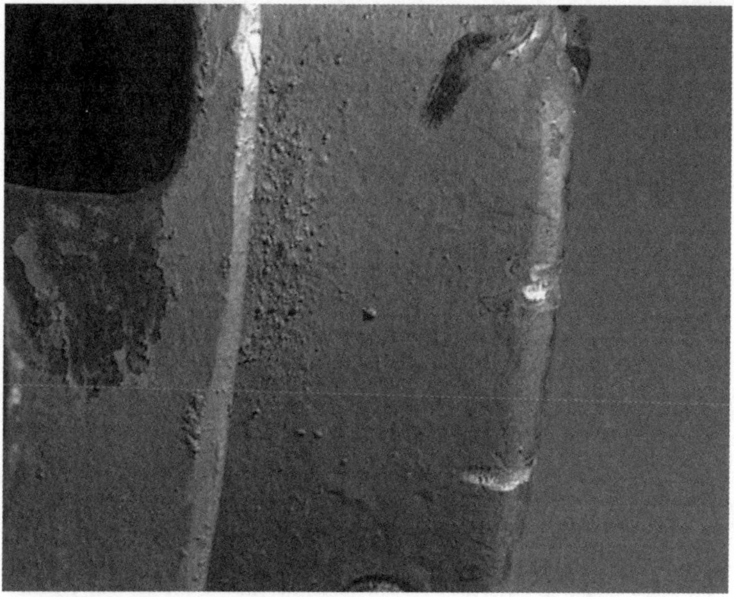

Weitere Schleifspuren am Kran

Fotos der Bildanlage dieses Gutachtens, daß nur eine Ankerkette und/oder ein Anker als Verursacher der Spuren am Hydraulikkran in Frage kommt.«

Für den Fall, daß es noch immer welche gab, die nicht an eine Ankerkette als Spurenverursacher glaubten, holte sich Kusche vorsichtshalber Beistand am Hamburger Institut für Werkstoffkunde und Schweißtechnik (IWS). In Kusches Auftrag sollte Prof. Dr. J. Happ – in Kenntnis meines Gutachtens – Stellung nehmen, ob die dokumentierten Spuren auf die Einwirkung eines Seiles oder einer Kette zurückgingen. Happ hatte meine Fotografien gesehen, die ich meinem Gutachten wie stets beigefügt hatte. Das reichte ihm für die notwendigen Korrekturen vollkommen.

Auffällig war die Geschwindigkeit, mit der Prof. Happ vorging: Am 18. Juni 2001 hatte ihm Kapitän Kusche die Aufgabe erteilt – bereits am 20. Juni wurde der Prüfbericht als erledigt abgestempelt.

»Die vorliegende Verformung kann nicht durch ein über die Kante gezogenes Seil verursacht worden sein. Ein Seil, das eine Verformung in einem Stahlteil verursacht, muß dazu vorgespannt sein. [...] Ein Seil, das über eine Kante gezogen wird, kann zwar auch zu derartigen Verformungen der Oberfläche führen. Die Oberfläche ist aber glatter, und es ergeben sich keine so ungleichmäßigen Riefen. [...] Es ist physikalisch unmöglich, durch ein Seil die in dem Winkelflansch vorhandene Verformung zu erzeugen.«

Nur ein einziger Schluß war laut Happ zulässig: Es war eine Kette. Und diese gehörte bekanntlich zum Anker der an der Bergung beteiligten NEUSTRELITZ.

Sodann setzte sich der Hamburger Professor mit mir, dem Brandenburger Würstchen, auseinander, der es gewagt hatte, das Gutachten einer Koryphäe anzuzweifeln. »Das Gutachten des Dr. Ibendorf weist Fehler und sachliche Mängel auf und ist nicht geeignet, einen Beitrag zu der gestellten Frage zu leisten.«

Diestel zeigte sich verärgert über die beiden neuen Gutachten. Ihm war durchaus bekannt, daß es Rivalitäten zwischen Gutachtern gab, schließlich waren sie Konkurrenten, und nicht jeder verhielt sich auf dem engen Markt fair und kollegial. Diese Reaktion jedoch ging ihm über die übliche Rangelei hinaus, zumal in Fachkreisen Happ als Gegengutachter bekannt und berüchtigt war. Wer ein unangenehmes Gutachten abgeschmettert haben wollte, brachte ihn ins Spiel.

Wütend schrieb Diestel an die Staatsanwaltschaft: »Am 18. März ist die BELUGA gesunken. Und sie soll jetzt ein zweites Mal versenkt werden – mit Dümmlichkeit. Die Widersprüche sind so eklatant, daß man entweder davon ausgehen muß, daß Fakten bewußt unterdrückt oder nicht verstanden werden. Beide Fälle sind in der deutschen Rechtsprechung nicht vorgesehen.«

Gut gebrüllt, Löwe. Allerdings scherte sich die Staatsanwaltschaft nicht sonderlich darum. Die Reaktion aus Stralsund an die Kanzlei Diestel ließ die drängende Absicht erkennen, einen Schlußstrich setzen zu wollen. Die gutachterliche Tätigkeit der Herren Kusche und Happ wurden außerordentlich gewürdigt, beide hätten »sich umfassend mit dem Gutachten Ibendorfs auseinandergesetzt« und im Ergebnis festgestellt, »daß weder Ihre *(d. h. Diestels – d. A.)* noch die Ausführungen des Gutachters Ibendorf geeignet sind, Anhaltspunkte für ein Fremdverschulden am Untergang der BELUGA aufzuzeigen. Weitere Ermittlungen bedarf es daher nicht.

Ich habe daher davon abgesehen, die Ermittlungen wieder aufzunehmen und habe die Akten nunmehr dem Herrn Generalstaatsanwalt zur Entscheidung über Ihre Beschwerde gegen den Einstellungsbescheid vorgelegt. Hochachtungsvoll Ketelboeter, Oberstaatsanwalt«

Die juristische Ebene interessierte mich nur bedingt. Aber den Versuch einer Demontage meines fachlichen Rufes konnte und wollte ich nicht hinnehmen. Happ hatte ja nur behauptet und war den Beweis, daß ich mich vertan hätte, schuldig geblieben. »Dr. Ibendorf hat dann einen vergleichenden Versuch unternommen, in dem er ein Drahtseil über eine gekühlte Knetmasse gezogen hat. Beim Ziehen eines Drahtseiles hat sich die Knetmasse aber ganz anders verhalten als der Al-Gußwerkstoff, wie sich aus den Verformungsstrukturen der Knetmasse ergibt. Die Knetmasse verhält sich plastisch, der Gußwerkstoff zeigt Bruchstrukturen. Vergleicht man dann die Riefen, die durch das Seil in der Knetmasse verursacht worden sind, so ist festzustellen, daß die Riefen in der Knetmasse Bild 50 deutlich feiner sind als die Riefen in Bild 43. Die Behauptung einer gleichen Morphologie im Experiment und am Windengehäuse ist schlicht falsch.«

Das von mir vorgenommene Experiment mit der Knetmasse (manche Kollegen nehmen auch weiche Metalle wie etwa Blei) wird bereits seit Jahrzehnten praktiziert. Damit dokumentiert man das geometrische Abbild und nicht, wie unterstellt, die morphologischen Veränderungen. Natürlich haben Knete und Aluminium verschiedene Strukturen, insofern reagieren sie auch auf Druck und Zug unterschiedlich. Offenkundig hielt mich Happ aber für unbedarft bzw. er versuchte den Anschein zu vermitteln, daß ich dies wäre.

Der Vorgang begann sich immer mehr vom Anlaß zu entfernen. Der Streit der Gutachter ließ offenkundig den Tod der drei Seeleute zunehmend in den Hintergrund treten. Dessen war ich mir durchaus bewußt. Gleichwohl ging es inzwischen auch um meine eigene Zukunft. Wenn man auf diese Weise als Gutachter öffentlich diskreditiert wurde, schreckten möglicherweise künftige Auftraggeber zurück.

Hahne, Kersandt und Ibendorf, die drei ostdeutschen Gutachter, waren als Dilettanten abgebürstet worden. Ich hatte wirklich angenommen, und meine bisherigen Erfahrungen mit westdeutschen Auftraggebern stützten diese Annahme, daß sich zumindest in unserer Branche mögliche Vorbehalte gegenüber der Kompetenz Ostdeutscher inzwischen erledigt hätten. Doch hier ging es offenkundig um größere Beträge: Da traten die Gegensätze offen und unverhüllt zutage. Also wollten wir einem vierten Gutachter aus dem Osten

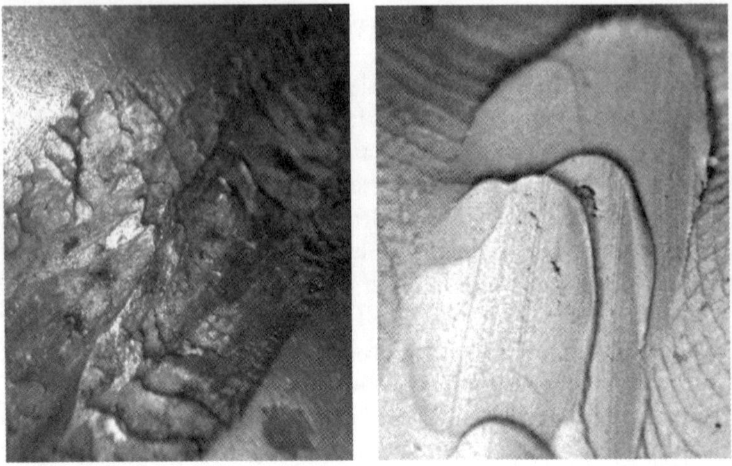

Zieht man unter hohem Druck ein Seil über eine Kante, entstehen Schuppen: links in Metall (Windengehäuse), rechts in der Knetmasse

dieses Schicksal ersparen und sahen uns nach Hilfe aus dem Westen um.

Lutz Riemann hatte von einem Ordentlichen Professor an der Fachhochschule Gießen gehört. Dort befaßte er sich mit Konstruktionstechnik, Fahrzeug- und Fertigungstechnik. Daneben leitete er ein eigenes Institut für Methodische Analysen in Bischoffen/Hessen. Prof. Dr.-Ing. Hermann W. Kurth war Inhaber mehrerer Patente und hatte an die tausend Gerichtsverfahren als Sachverständiger erfolgreich begleitet. Seine Kompetenz erwarb er sich obendrein bei der süddeutschen Autofirma mit dem berühmten Stern. Wenn das nichts war!

Riemann rief ihn kurzerhand zu Hause an. Als das Stichwort BELUGA erstmals fiel, unterbrach er Riemann. »Dazu habe ich vor einiger Zeit etwas im Fernsehen gesehen. Haben Sie damit etwas zu tun?« Damit war das Eis gebrochen.

Prof. Kurth zeigte sich sehr interessiert. Er wollte allerdings seine Mitwirkung nicht nur auf die Frage reduzieren, ob die Schleifspuren von einer Kette oder einem Seil hervorgerufen worden waren. Er ließ sich alles Material schicken, baute ein Modell im Maßstab 1:50, experimentierte im Gartenteich und auf dem Monitor.

Prof. Kurth kam zu der gleichen Auffassung. »Aus der Gesamtschau der nachprüfbaren Fakten wurde der Seeunfall des Fischkutters BELUGA – mit hoher Wahrscheinlichkeit – durch das Unterfahren der Schleppleine eines kreuzenden Schleppzuges verursacht! Alle vorstehend genannten Spuren lassen sich physikalisch, geometrisch und werkstoffkundlich einwandfrei durch den Einfluß einer Schleppleine erklären. Eine Entstehung der Spuren durch einen starren Gegenstand – ein Anker oder eine Ankerkette – scheidet aus.«

Das beigefügte Bild- und Videometerial war überzeugend. Prof. Kurth hatte seine Hypothesen an Modellen durchgespielt und jede einzelne Phase der Katastrophe dokumentiert.

Aus der tödlichen Fesselung gab es kein Entrinnen, auch wenn der Schiffsführer noch im letzten Augenblick versucht hatte, der Schleppleine auszuweichen. Auch Kurth war der festen Überzeugung, daß sich die Trosse im Kran verfangen hatte.

Nach seiner Ansicht dauerte der Untergang keine 30 Sekunden. Er kam zu schnell und für die drei Männer an Bord zu überraschend, daß sie nicht einmal mehr zu den vorhandenen Rettungsmitteln stürzen konnten.

Kurth unterzog auch die vorliegenden Untersuchungen und Gutachten einer kritischen Analyse. Für das Seeamt hatte er nur Spott übrig. »Im Spruch des Seeamtes Rostock vom 28.10.1999 wird nur eine der möglichen Ursachen beschrieben und – infolge sehr eingeengter Betrachtungsweisen und schwerer Untersuchungsmängel bzw. Ermittlungsversäumnisse – mit hoher Wahrscheinlichkeit zur Unfallursache erklärt. Für den Nachunterzeichner ist nicht nachvollziehbar, weshalb und wodurch die Ursachenermittlungen in dieser Weise – unter Vernachlässigung bzw. Nichtberücksichtigung wichtiger Spuren und Hinweise – erfolgte. Ein Ingenieurstudent, der bei seiner Ausbildung im Fach Unfallanalyse derartige Fehler begeht, erhält die Bewertung: Wegen schwerer Kenntnismängel nicht bestanden!«

Zu Kusches Expertise schrieb er nur: »Für seine Feststellungen – korrekter wäre Behauptungen – bleibt der Sachverständige die Beweise schuldig.«

Ohne es explizit festzustellen, schieden für Prof. Kurth ein ziviler Schleppverband aus. Denn dort würden die Trossen nicht in der in Frage kommenden Höhe gespannt, meinte er.

Sein 43seitiges Gutachten mit über 40 Fotos ging an die Staatsanwaltschaft in Stralsund und an den Petitionsausschuß des Deutschen Bundestages, der den Fall inzwischen auf dem Tisch hatte und

Prof. Dr.-Ing. Hermann W. Kurth vor dem Monitor mit der Computer-Animation vom Untergang der BELUGA

prüfte, inwieweit die ermittelnden Behörden korrekt und hinlänglich die ihnen aufgetragenen Aufgaben erledigt hatten.

Jetzt richtete sich das Feuer der westdeutschen Gutachter auf den Professor. Ihre Vorhaltungen reichten von der Feststellung, daß er kein Seemann sei, bis hin zum Vorwurf der Ignoranz. In der Tat hatte Prof. Kurth bestimmte Spuren dem Unfall zugeschrieben, die nachweisbar anderen Ursprungs war. Und daß er bestimmte seemännische Begriffe falsch einsetzte, machte ihn ebenfalls angreifbar. Gleichwohl hatte er hinlänglich bewiesen, daß die ostdeutschen Gutachter solide gearbeitet hatten.

Inzwischen war ein Buch von Schmidt und Riemann über den Untergang der BELUGA erschienen. Zu seiner Präsentation Ende November 2001 hatte die Stadtverwaltung Sassnitz im Rügenhotel den größen Raum gemietet. Doch der reichte nicht aus, um die vielen Menschen zu fassen. Sie konnten nicht verstehen, warum nach zweieinhalb Jahren noch immer nicht die Umstände geklärt waren, unter denen die BELUGA gesunken war. Wer war schuld am Tod der drei Männer? Diese Frage stand den fast zweihundert Menschen deutlich ins Gesicht geschrieben.

In der Woche darauf, am 3. Dezember 2001, tagte in Hamburg das Bundesoberseeamt. Ich hatte bereits im September ein Schreiben erhalten, in dem auf diese Verhandlung verwiesen wurde. Da es sich aber um keine förmliche Einladung handelte, zumindest war das Papier nicht als ein solches deklariert, war ich nicht in die Hansestadt gefahren. Das erwies sich als richtige Entscheidung. Das Oberseeamt bestätigte lediglich den Spruch der Seekammer Rostock, ohne die vorliegenden Gutachten einer Bewertung zu unterziehen. Das war durchaus nichts Ungewöhnliches, denn Expertisen, die von einer Seite in Auftrag gegeben werden, gelten als »Parteiengutachten« und darum in den Augen von Richtern als minderwertig – sie haben einen niedrigeren Stellenwert als Gutachten, die vom Gericht selbst in Auftrag gegeben werden. Nun war auch das Bundesoberseeamt kein Gericht, dennoch hielt es sich an dieses Prinzip. Die Reaktion der Betroffenen auf diesen Spruch war Enttäuschung.

Das Treffen bei Rechtsanwalt Diestel im Juni sollte einer vorläufigen Bilanz dienen, obgleich bereits in der Einladung angedeutet war, daß es auch Schlußstrichcharakter haben könnte. »Wir erlauben uns bereits vorab den sicherlich nicht unwesentlichen Hinweis, daß wir für die Weiterverfolgung der Interessen der Hinterbliebenen des BELUGA-Unfalls für dieses Arbeitstreffen über keine finanziellen Mittel verfügen und Ihre weitere Mitarbeit insoweit aus Kulanzgründen

Die Hinterbliebenen der BELUGA-Mannschaft kämpfen weiter: die Mutter des Lehrlings Martin Senfft, die Kapitänswitwe Schneider und die Frau des Maschinisten Hartmut Gleixner (v.l.n.r.)

Doppelseite in der »Bild am Sonntag« im März 2003

erfolgen müßte. Sollte Ihre weitere Mitarbeit aus diesem Grund in Frage gestellt sein, würden wir diese Entscheidung zwar bedauern, jedoch akzeptieren.« So kam es denn auch. Diestel legte sein Mandat nieder, weil er keine Chance sah, auf juristischem Wege zu obsiegen.

Allerdings gaben andere die Sache noch nicht verloren. Inzwischen liegt sie in einer Kanzlei am Berliner Kurfürstendamm. Der beauftragte Anwalt ist ein ehemaliger Marineoffizier und kennt seinen früheren Arbeitgeber.

Auch die Medien haben das Thema noch nicht beerdigt. Die »Bild am Sonntag« brachte im März 2003 eine Doppelseite, eine Produktionsfirma arbeitet, wie ich hörte, an einem Spielfilm.

Die gegenwärtigen Bemühungen zielen auf eine Klage wegen unterlassener Hilfeleistung. Der Nachweis, daß die BELUGA von einer Schlepptrosse unter Wasser gedrückt wurde, ist eindeutig geführt. Daß nur ein Schleppverband aus dem Marinebereich dafür in Frage kommt, gilt als sehr wahrscheinlich.

Nach meiner persönlichen Überzeugung ist der Schiffsführer in die Trosse hineingefahren. Unklar ist, ob der Schlepper und der Geschleppte beleuchtet waren oder nicht, ob Kapitän Schneider die Positionslichter, sofern sie geschaltet waren, gesehen hat oder nicht. Dann muß geklärt werden, was, wenn sie gesetzt waren, die Ursache für die mögliche Unaufmerksamkeit an Bord der BELUGA war.

Offen ist schließlich auch, ob und warum weder auf dem Schlepper noch auf dem geschleppten Schiff bemerkt wurde, daß man einen tonnenschweren Kutter unter Wasser drückte. Oder aber, weshalb, wenn dies doch festgestellt worden war, nicht entsprechend reagiert wurde? Dabei muß durchaus berücksichtigt werden, daß beim Schleppen auf See die Wellen dafür sorgen können, daß es ruckt und zuckelt, und in der »Hundewache« zwischen 2 und 4 Uhr naturgemäß die Aufmerksamkeit gering ist.

Computeranimation des Unglücks: Die Trosse verhakt sich am Bordkran und drückt die BELUGA achtern unter Wasser

Daß bestimmte Umstände an Bord den Untergang beschleunigt haben, scheint inzwischen auch unstreitig. Insofern ist der Kapitän nicht ganz von Fahrlässigkeit freizusprechen. Wären die Speigatten ordnungsgemäß verschlossen gewesen, hätte das Wasser nicht so rasch einströmen können. Bei ordentlichem Verschluß hätte die Luftblase im Innenraum genügt, um die BELUGA nach dem Unterwasserdrücken wieder auftauchen zu lassen.

Gleichwohl bleiben die BELUGA und ihre Besatzung Opfer. Primär lag ein Fremdverschulden vor. Zu jener Zeit und an jenem Ort hätte es keinen Schleppverband geben dürfen – das Manöver war laut Ankündigung zu Ende.

Mit meinen Untersuchungen hatte ich dazu beitragen können, die Einwirkung von fremder Seite eindeutig zu belegen. Nun hoffe ich mit allen Betroffenen und Beteiligten, daß auch endlich die flüchtigen Täter ausfindig gemacht werden.

Der Granatwerfer-Fall

Das Schreiben an sich war die Sensation. Nicht der Text. Der wand sich in den gewohnten DDR-Girlanden und Genetivketten. »In der Anzeigenprüfung wegen des unnatürlichen Todes von 3 Angehörigen der Grenztruppen der DDR infolge einer Detonation in einem 120-mm-Granatwerfer werden Sie mit der Erstattung eines Sachverständigengutachtens gemäß § 38 der Strafprozeßordnung der DDR (StPO) beauftragt.«

Das Schreiben war gerichtet an die Humboldt-Universität zu Berlin, Sektion Kriminalistik, Bereich Forensische Chemie, »z. Hd. Dr. Ibendorf«. Absender war ein Generalmajor Girke, im Briefkopf als Stellvertreter des Generalstaatsanwalts und Militäroberstaatsanwalt ausgewiesen.

Dieser hatte den Auftrag an mich am 16. November 1989 formuliert. Vor vier Wochen war Honecker abgesetzt, eine Woche zuvor in einer chaotischen Situation die Mauer geöffnet worden. Die Lage im Lande schien gleichermaßen im Fluß wie auch in Unordnung. Anders ließ sich dieser ungewöhnliche Auftrag nicht erklären. Denn: »Die bisher vorgenommene waffentechnischen und chemischen Untersuchungen in Einrichtungen der NVA und der technischen Untersuchungsstelle des MfS erbrachten keine Aussage zur Detonation.«

Mir war bisher kein Fall zu Ohren, geschweige denn auf den Tisch gekommen, bei dem einerseits das Scheitern der bisherigen Untersuchungen so deutlich erklärt worden war, und andererseits »die bewaffneten Organe« einen derart brisanten Vorgang an eine zivile Einrichtung übergeben hätten. Gab es Tote in der DDR und spielten dabei Uniformen eine Rolle, ging das immer in die Verantwortung der Staatssicherheit – und die trat sie erst wieder ab, wenn der oder die Täter rechtskräftig verurteilt waren.

Auf einem Truppenübungsplatz bei Annaburg hatte Ende August eine Granatwerferbatterie der DDR-Grenztruppen mit scharfer Munition geübt. »Jährlich stehen der Einheit 90 Granaten zur Erfüllung ihrer Gefechtsaufgabe zu«, erklärte Oberstleutnant Heinz-

Jörg Mieth, der 44jährige Artilleriechef im Grenzausbildungsregiment 40 (GAR-40) in seiner Befragung nach dem Unfall. »Von diesen 90 Granaten wurden 46 im ersten Ausbildungshalbjahr verschossen, und 44 sollten während dieser Übung verschossen werden.«

Am Morgen des 22. August ging dabei einer der Granatwerfer hoch. Drei Soldaten wurden getötet und zwei schwer verletzt.

Ein Vierteljahr später tappten die Fachleute in Uniform offenkundig noch immer im dunkeln und konnten nicht sagen, warum das geschehen war.

Weshalb nun ausgerechnet ich die bislang unbeantworteten Fragen beantworten sollte, vermochte ich mir ebenso wenig zu erklären wie die Frage nach der Ursache für die Ratlosigkeit bei den Untersuchungsorganen. Mein Grundwehrdienst bei der NVA, bei dem ich einmal als Werferführer eingesetzt gewesen war, lag lange zurück. Und bei späteren Reserveübungen hatte ich nichts mit Granatwerfern zu tun. Das alles war Geschichte. Weshalb sollte ich lange darüber grübeln, dachte ich mir. Es ist immer eine Herausforderung, eine Sache zu beenden, an der andere zuvor scheiterten. Objektiv konnte ich nur gewinnen.

Mit den inzwischen erarbeiteten Dokumenten kamen auch die Überreste des Granatwerfers in die Hannoversche Straße 6 in Berlin-Mitte, wo unser Institut seinen Sitz hatte. Ich quittierte den ordnungsgemäßen Empfang von 38 Einzelteilen, in die sich die Waffe zerlegt hatte, darunter 17 Splitter, fotografierte, vermaß und beschrieb jedes einzelne Teil. Dann studierte ich die mitgelieferten Akten.

Ein Granatwerfer ist eine simple Waffe, die wie ein mittelalterlicher Vorderlader funktioniert. Im wesentlichen besteht sie aus einer Bodenplatte und einem Rohr, in das von oben, also von vorn, per Hand die Granate eingeführt wird. Diese enthält eine Treibladung, mit der die Granate aus dem Rohr in eine elliptische Bahn geschossen wird, und eine Sprengladung, die in den gegnerischen Linien nach dem Aufschlag detoniert. Der Abschuß erfolgt entweder automatisch und sofort, indem beim Auftreffen der Granate am Rohrende die Treibladung gezündet wird. Oder die Werferbedienung zieht mittels Reißleine den Schlagbolzen.

Die Granate wurde erst während des Fluges scharf. Wenn die sogenannte Pulversicherung, die mit der Treibladung verbunden war,

Die Reste des Granatwerfers Nr. 642 nach der Detonation

verbrannte, ging beim Aufschlag (oder erst später, je nach eingestellter Zündung) die Granate hoch.

Im vorliegenden Fall war die Granate im Rohr explodiert. Angeblich hatte es das noch nie gegeben. Auf den Wahrheitsgehalt dieser absoluten Aussage wollte ich in meinem Werkstofftechnischen Forschungs- und Expertisenlabor keine Wette abschließen: Sehr viel erfuhr man ja nicht, was sich auf den Truppenübungsplätzen zwischen Wladiwostok und Ohrdruf zutrug. Militärs sind immer von der Zuverlässigkeit ihrer Waffen überzeugt. Das müssen sie schon aus Gründen des Selbstschutzes sein: Zögen sie nicht mit diesem Gefühl ins Gefecht, wäre die Schlacht schon vor ihrem Beginn verloren. In dieser Hinsicht sind alle Soldaten gleich, egal, in welcher Sprache die Befehle erteilt werden.

Weil also nicht sein konnte, was nicht sein durfte, richtete sich der Vorwurf auch weniger gegen den Granatwerfer, sondern mehr gegen die Soldaten, die ihn bedient hatten. Vielleicht hatten diese – aus Jux und Dallerei? – noch eine zweite Granate ins Rohr geschoben, um die Wirkung eines Doppeltreffers zu testen? Womöglich war einem aus der Bedienmannschaft die Armbanduhr oder etwas anderes hineingefallen, was dann die Sicherung aufgehoben hatte?

Ich ließ mich von solchen spekulativen Mutmaßungen nicht infizieren. Der Unterfeldwebel Schwuchow und die beiden Soldaten Lindner und Kaulfuß waren tot. Ihre Verwandten hatten ein Recht darauf zu erfahren, *wodurch* sie umgekommen waren. Die drei Grenzer wurden, wohl wahr, nicht dadurch wieder lebendig, daß man sie von vermeintlicher oder tatsächlicher Schuld freisprach. Doch sie leichtfertig mit einer Schuld zu belasten, nur um andere vielleicht von dieser freizustellen und weil sie sich nicht mehr dagegen wehren konnten, hielt ich für unzulässig. Nach dem Leben verlören sie somit auch noch den Respekt. Nein, das durfte nicht sein.

Verschiedene Augenzeugen hatten dem Militärstaatsanwalt präzise beschrieben, was sie gesehen hatten. Die Befragungen fanden noch am Unglückstage vor Ort statt und waren darum kaum von nachträglichen Beobachtungen und Informationen überlagert. Sie waren sehr sachlich und frei von irgendwelchen Mutmaßungen oder gar ideologischen Verrenkungen. Eben so, wie ich es von Untersuchungsprotokollen gewohnt war, egal, ob sie nun von zivilen oder militärischen Untersuchungsorganen kamen.

Unterleutnant Heiko Sittig, der am Unglückstag seinen 21. Ge-

Granatwerfer in der Stellung (bei einem späteren Experiment)

burtstag beging, gab als Batterieoffizier zu Protokoll: »Kurz vor 7.00 Uhr begann das Schießen. In Schußrichtung gesehen formierte sich die Linie der Werfer wie folgt: rechts der 1. Werfer und dann nachfolgend 2., 3. und 4. Werfer, links außen war der 5. Werfer. Der 3. Werfer, so war vom Batteriechef befohlen, wurde als sogenannter Grundwerfer (in der Mitte) zum Einschießen auf einen Einschießpunkt festgelegt. Er erhielt dazu auf Befehl des Oberstleunant Mieth 9 Granaten, die Werfer 1, 2, 4 und 5 erhielten je 2 Granaten, es waren Spl-Sp Gr./Splitterzünder *(Splitter-Spreng-Wurfgranaten – d. Verf.)*, und es wurde die 4. Ladung verschossen.

Es hatte noch kein weiterer Werfer geschossen, nur der 3. Werfer, dem dann um 07.12 Uhr der Unfall geschah. Das war, so wie ich anhand meiner Unterlagen belegen kann, die exakt 8. Granate, die im Rohr des 3. Werfers detoniert sein muß. Die vorhergehenden Granaten wurden ohne Besonderheiten durch die Bedienung des 3. Werfers verschossen. Die Explosion der 8. Granate geschah erst, als der K 3 der Bedienung vermutlich die Abzugsleine zog.

Ich bin mir eigentlich sicher, daß die Explosion erfolgte, als der K 3 an der Abzugsleine zog, da ich selbst das gesamte Feuerkommando vom Batteriechef an den 3. Werferführer weitergegeben habe, welcher daraufhin, für mich gut einsehbar, durch Flaggenzeichen

Die Stellung nach der Detonation beim Experiment

und Kommando für den 3. Werfer, feuern ließ. Ich habe also noch die unmittelbare Ausführung des Feuerkommandos gesehen, und dann erfolgte schon die Explosion. Die Granate muß also nach dem Betätigen der Abzugsleine im Rohr des Werfers detoniert sein.

Daß die Granate zu diesem Zeitpunkt ordnungsgemäß im Werfer geladen war, wurde durch den anwesenden Schiedsrichter, Hauptmann Lange, kontrolliert. Der Werferführer hatte mir zuvor durch Zuruf und Flaggenzeichen die Bereitschaft des 3. Werfers zum Feuern gegeben.

Ich war ca. 50 bis 70 m hinter dem 3. Werfer in meinem Beobachtungsstand, als die Explosion wie beschrieben erfolgte.

Das Zuladen einer Granate in den bereits geladenen Werfer kann ich als gewiß ausschließen. Dies ergibt sich aus der Zahl der verschossenen Granaten. Ich habe keine Anzeichen dafür bemerkt, daß mit der Munition etwas nicht in Ordnung ist, ich habe keine Ausbläser oder ähnliche Versager festgestellt.«

Unterleutnant Sittig, der Batterieoffizier, schloß also definitiv aus, daß eine zweite Granate ins Rohr geschoben worden sein konnte. Sein Batteriechef, der 28jährige Hauptmann Ulrich Drechsel, ließ in seiner Befragung diesen Punkt unberührt. Gleichwohl bestätigte er Sittigs Schilderung vom Ablauf des Unfalls:

»Bei dem Schuß, der dann den Unfall zur Folge hatte, habe ich zunächst wie üblich die Werte an den Batterieoffizier (BO) gegeben, dann habe ich befohlen: ›Zwei Schuß – Feuer!‹

Der Batterieoffizier wiederholte mir über Draht meine gegebenen Korrekturen, und ich hörte dann über die bestehende Drahtverbindung, wie der Batterieoffizier ›Dritter‹ rief, was für den Werferführer bedeutet, daß er abzufeuern hat.

Ich blieb deshalb über Draht mit dem BO in Verbindung, da ich die Zeit zwischen Abschuß und Einschlag der Granate mitstoppte.

Noch ehe ich aber nach dem Feuerkommando des BO und der von mir vermeintlich als Abschuß gewerteten Detonation auf einen Einschlag hätte achten können, erhielt ich unmittelbar darauf vom BO die Meldung: ›Unfall in der Feuerstellung. Sani sofort nach vorn!‹

Mehr kann ich zum Zustandekommen des Unfalls selbst nicht sagen.

Der Werfer der 3. Bedienung war technisch in jeder Weise einsatzbereit, gemeinsam mit der Waffen-Instandsetzungsgruppe des Truppenteils haben wir vor dem Feldlager am 14.8.89 die technisch-ballistische Überprüfung aller Werfer der Batterie durchgeführt, am 21.8.89 wurde am Vormittag im Zusammenhang mit der Justierung der Werfer durch Angehörige der Werfergruppe des Truppenteils auch eine nochmalige technische Überprüfung der Werfer durchgeführt. Dabei traten keine Mängel auf.«

Ein nicht minder wichtiger Zeuge war der 25jährige Soldat Lutz Merten. Der gelernte Zerspanungsfacharbeiter aus Aschersleben leistete seinen 18monatigen Grundwehrdienst bei den Grenztruppen und war der Kanonier 4 (K 4) an der Unglückswaffe. »Als K 4 habe ich die Granaten, es handelt sich um 120-mm-Splitter-Spreng-Wurfgranaten, zum Schuß vorzubereiten.« Merten war seit Anfang Mai bei den Grenztruppen und in dieser Einheit. Minutiös schilderte er seine Aufgabe:

»Ich entnehme auf Befehl die Granate der Munitionskiste, bringe die befohlene Zusatzladung am Granatenschaft an, schraube die Zünderkappe ab und stelle den Zünder ein. Dann wird die Granate auf das Kommando ›Laden!‹ meinerseits an den K 2 übergeben.

Ich muß noch hinzufügen, daß ich jede Granate visuell begutachte, ob sie irgendwie schadhaft oder verschmutzt ist. Sie wird von mir dann entsprechend gereinigt.

Das Anbringen der Zusatzladung erfolgt in der Weise, daß ich diese einzelne Zusatzladung – es können insgesamt 4 für jede Granate sein – um den Granatschaft wickle, wobei sie versetzt anzubringen sind, und jede einzelne Zusatzladung wird danach verschnürt. Diese fertiggemachte Granate wird in jedem Fall noch vor der Übergabe an den K 2 durch den Werferführer – das war Unterfeldwebel Schwuchow – bzw. durch den Feuerschiedsrichter – in diesem Fall war es Hauptmann Lange – überprüft.«

Merten versicherte, daß die Werferbesatzung jeden Handgriff beherrscht hätte (»Wir haben das 1000fach trainiert.«). Man habe auch die Sicherheitsvorschriften gekannt, diese unterschrieben und sich exakt an diese gehalten.

»Das Schießen begann heute früh ca. 6.30 oder 6.40 Uhr. Da ich nicht auf die Uhr sah, kann ich das nicht genau sagen. In unserem ausgebauten Stellungssystem, in dem der Granatwerfer entsprechend aufgestellt war, befanden sich folgende Bedienungskräfte: Ufw. Schwuchow als Werferführer – er stand links vom K 1 (in Feuerrichtung gesehen); am linken Zweibein befand sich der K 1 *(Soldat Lindner, der Richtkanonier – d. Verf.)* und am rechten der K 2 *(Soldat Kaulfuß – d. Verf.)*. Hinter dem Granatwerfer befand sich der K 3 *(Soldat Starke – d. Verf.)* in Höhe der Abzugsleine.

Ich war als K 4 auf der rechten Seite der Stellung in der Munitionsnische.

Links neben dem Werferführer stand der Feuerschiedsrichter, Hauptmann Lange.

Es ist möglich, daß der Werferführer und der Feuerschiedsrichter durch diese sich ständig wiederholenden Kontrollen ihre Plätze ab und zu wechselten.

Es wurde mit Gehörschutz geschossen, und die gesamte Bedienung hatte diesen auch auf. Außerdem trug jeder Genosse seinen Stahlhelm.

Die Verbindung unserer Bedienungskräfte, d. h. konkret der Werferführer mit dem Batterieoffizier, bestand über Funk. Der Werferführer empfängt über Funk die Kommandos und gibt sie dann mündlich weiter. Ich muß jedes Kommando wiederholen, damit für den Werferführer kontrollierbar wird, daß ich das Kommando eindeutig verstanden habe.

Insgesamt habe ich während des heutigen Schießens auf entsprechenden Befehl 9 Granaten zum scharfen Schuß vorbereitet. Jede Granate war mit 4 Zusatzladungen versehen. Ich möchte zum Ausdruck bringen, daß alle Zusatzladungen meinerseits vorschriftsmäßig angebracht worden sind. Ich habe ihre Festigkeit stets überprüft. Da auch alle Granaten durch den Werferführer bzw. Feuerschiedsrichter nochmals überprüft wurden, kann ausgeschlossen werden, daß eine Zusatzladung unvollständig oder vorschriftswidrig angebracht war.

Ebenso schließe ich aus, daß eine verschmutzte Granate zum Einsatz kam.

Bis zur Detonation einer Granate im Rohr hatten wir 7 Granaten verschossen.

Der Verschuß verlief völlig komplikationslos. Die 8. Granate habe ich genauso auf Kommando vorbereitet wie die sieben davor. Ich habe an dieser Granate keinerlei Unterschiede zu den anderen festgestellt. Ich habe sie, nachdem ich sie der Kiste entnahm, mit einem Lappen abgewischt. Ich weiß deshalb genau, daß die Granate äußerlich völlig in Ordnung war. Nach der Übergabe wurde die Granate in das Rohr des Granatwerfers eingeführt. Auf dem Rohr befand sich eine Ladesicherung, die verhindert, daß eine zweite Granate eingeführt wird.

Durch die Sicherung ist ausgeschlossen, daß zwei Granaten sich im Rohr befunden haben.

120-mm-Splitter-Spreng-Wurfgranate mit vier Zusatzladungen, die in weißen Baumwollsäckchen am Schaft befestigt wurden

Nachdem die Granate in das Rohr eingeführt war, begab ich mich wieder in Richtung meines Munitionsbunkers. Auf dem Weg dorthin hörte ich deutlich den Aufschlag der Granate auf dem Rohrgrund. Ich habe mich dann umgedreht und gesehen, daß durch K 1 und K 2 das Nachrichten des Werfers erfolgte. Diese Tätigkeit wurde vom Feuerschiedsrichter, Hauptmann Lange, kontrolliert und überprüft.

Nachdem dies erfolgt war, ist die Feuerbereitschaft gemeldet worden. Die Feuerbereitschaft wurde durch den Werferführer mit einer roten Flagge gemeldet. Ich beobachtete dann den Batterieoffizier und sah, daß er die Meldung verstanden hatte, weil auch er die rote Flagge hochhielt. Durch Senken dieser Flagge gab er dann das Zeichen zum Feuern.

Alle Bedienungskräfte hatten zu diesem Zeitpunkt ihren vorgeschriebenen Platz eingenommen und befanden sich in der Haltung, wie sie beim Schießen einzunehmen ist.

Durch den K 3 wurde dann die Abzugsleine gezogen, und unmittelbar danach erfolgte eine Detonation im Stellungssystem. Es war plötzlich alles schwarz, und es roch wie verbranntes Papier. Ich sah in diesem Staub noch den verletzten K 2 und habe mich danach fluchtartig aus dem Graben begeben.«

Die von Merten erwähnten Zusatzladungen wurden auf ziemlich primitive Weise angebracht: Der K 4 band sie mit einer Schnur am Schaft der Granate fest. Mit dieser Ladung wurde der Druck erhöht, mit dem die Granate aus dem Rohr gejagt wurde. Mit zwei Zusatzladungen flog sie maximal 2.200 Meter weit, nahm man vier, kam man bis zu 4.100 Metern.

Daß die Technologie derart simpel war, konnte auch nicht überraschen: Sie war schließlich uralt. Der Granatwerfer aus sowjetischer Produktion mit der Nr. 642, der sich beim Übungsschießen zerlegt hatte, war 1942 hergestellt und 1965 in den Bestand der DDR-Streitkräfte überführt worden. Seither war er dreimal »industriell instandgesetzt« worden, letztmalig Ende 1981. Die nächste II (»Industrielle Instandsetzung«) wäre 1990 fällig gewesen.

Die verschossene Munition – sie stammte aus polnischer Produktion – hatte im Jahr 1955/56 die Werkshalle verlassen.

Das vorgerückte Alter stellte in der Tat ein Problem dar. Darauf machte auch Oberstleutnant Heinz-Jörg Mieth schon vor dem Sommer aufmerksam. Der Artilleriechef des Grenzausbildungsregiments 40 hatte sich in dieser Sache nach Ablauf des ersten Ausbildungshalbjahres schriftlich an den Waffentechnischen Dienst des Grenzkommandos Mitte gewandt. Unter den 46 verschossenen Granaten war nahezu jede vierte ein sogenannter Ausbläser bzw. Ausbrenner, was er auf Überlagerung zurückführte. Man solle die Munition überprüfen lassen.

Ob eine Überprüfung erfolgt war oder nicht, war aus den mir zugestellten Unterlagen nicht ersichtlich. Ich vermutete jedoch, daß dies nicht geschah. Dazu kannte ich meine DDR zu gut. Aus Sparsamkeitserwägungen werden die Zuständigen gefragt und damit entschieden haben: Warum sollen wir für teures Geld neue Granaten einkaufen, bevor wir nicht die alten verbraucht haben?

Aus diesen Hinweisen schloß ich, daß das Unglück vermutlich mehr mit der Granate und dem Werfer zu tun haben mußte als mit der Bedienmannschaft.

Die beiden Verletzten – Hauptmann Siegfried Lange, der Feuerschiedsrichter, und Soldat Mike Starke, der K 3 – konnten erst später vernommen werden. Sie bestätigten die bereits protokollierten Aussagen. Lange sagte aus, »daß die Bedienung ihre Aufgabe ordnungsgemäß erfüllt hat. Ich sehe keinerlei Anhaltspunkte in dem Verhalten der Bedienung für die spätere Detonation der Granate. Ich kann auch mit Sicherheit ausschließen, daß in das Granatwerferrohr Sand oder andere Fremdkörper gekommen sind. Unmittelbar nach der Detonation der Granate, ich habe das alles mit vollem Bewußtsein verfolgt, habe ich sofort zum Ausdruck gebracht, daß es sich um einen Rohrkrepierer handelt. Davon bin ich nach wie vor überzeugt, weil ich bei allen Überlegungen keine andere Ursache für dieses tragisches Ereignis finde.

Ich weiß nicht, ob meine Aussage von Bedeutung ist, aber aus mehrjähriger Erfahrung weiß ich, daß wir während des halbjährigen Schießens immer Probleme mit den Granaten hatten, weil eine Vielzahl von Versagern darunter war. Ich kenne das Alter der Munition nicht, aber auf irgendeiner Ursache müssen die Versager beruhen.«

Der K 3 schloß ebenfalls menschliches Versagen aus. »Die gesamte Bedienung – bestehend aus Werferführer, K 1, 2, 3 und 4 – war als Team eingespielt. Jeder einzelne beherrschte seine Aufgaben.« Er selbst habe unmittelbar vor dem Schießen das Rohr gereinigt und auch im Falle der Unglücksgranate die Abzugsleine bedient. »Die *(später detonierte – d. A.)* Granate rutschte genauso normal ins Rohr

Bodenplatte des Werfers mit Abzugleine

wie jede andere. Ich habe eindeutig den Aufschlag wahrgenommen. Ich erhielt dann das Kommando ›Feuer!‹, zog die Reißleine. In dem Moment muß die Granate im Rohr detoniert sein. Bevor ich die Reißleine zog, kontrollierte ich noch, daß jedes Bedienungsmitglied ordnungsgemäß seinen Platz eingenommen hatte.

Nach der Detonation habe ich durch meine Verletzungen nur noch lückenhafte Erinnerungen. Sie sind für den Sachverhalt bedeutungslos.«

Generalmajor Wöllner, der Kommandeur des Verbandes, informierte bereits 7.50 Uhr, also knapp vierzig Minuten nach dem Unglück, den Militärstaatsanwalt. 10.40 Uhr traf dieser Oberstleutnant Melzer in Begleitung eines Majors am Ort des Geschehens ein. Es herrschte sonniges Sommerwetter, das Thermometer zeigte 27 Grad.

Major Richter protokollierte:

»Der Ereignisort ist eine waldumschlossene Freifläche nordwestlich des Schwarzen Berges auf dem Truppenübungsplatz Annaburg. Nach dem Schwarzen Berg (eingezeichnet auf topographischen Karten mit Maßstab größer als 1:25.000) wurde dieser Abschnitt des Übungsplatzes benannt. Der Boden der Freifläche ist sandig und nur geringfügig mit Gras und Sträuchern bewachsen.

Ca. 100 m vor dem nördlichen Waldrand befindet sich die Feuerstellung der Granatwerferbatterie, bestehend aus 5 einzelnen Granatwerferstellungen in Linie mit einem Zwischenraum von 30 m zwischen den einzelnen pioniermäßig ausgebauten Granatwerferstellungen. (Die Batterie schoß im Bestand von 5 Granatwerfern.)

Unmittelbar hinter dem Grundwerfer (3. Werfer) befindet sich mit ca. 50 m Abstand der ebenfalls pioniermäßig ausgebaute Stand des Batterieoffiziers, ca. 35 m hinter dem BO-Stand ist die Stellung des Funkers des BO.«

Im weiteren beschrieb Richter die Stellung des 3. Granatwerfers, wie ich sie schon aus anderen Zeugenprotokollen kannte. Dann notierte er: »In Schußrichtung links vor der Stellung befindet sich das Fahrgestell des Granatwerfers, unmittelbar vor dem Zugang zur Stellung befindet sich abgedeckt das Tarnnetz der Stellung. In den Ecken des Tarnnetzes sind noch die Stangen vom Tarnsatz befestigt. Das Zentrum der Stellung sowie das Umfeld weisen erhebliche Zerstörungen auf. Die Wände der Stellung sind teilweise eingestürzt, und in der Stellung verteilt liegt Stangenholz der ehemaligen Wandabstützungen. Die Bodenplatte des Granatwerfers, das Bodenstück und das Zweibein sind noch in der Stellung, von dem detonierten Rohr des Granatwerfers finden sich erst nach genauerem Prüfen einzelne Splitter und Bruchstücke.

Am Stellungseingang, in Schußrichtung rechts, befindet sich ein MPi-Ständer mit den 4 Maschinenpistolen der Bedienung. In Schußrichtung vor dem MPi-Ständer befindet sich eine teilweise zerstörte Holzkiste mit Werferzubehör und Schanzzeug. Neben dieser Kiste liegt ein Stahlhelm sowie eine Stange des Tarnsatzes.

Der vordere Teil der Granatwerferstellung hat nach links einen Durchgang mit ausgebauter Stellung für den Werferführer, nach rechts weist die Granatwerferstellung einen Durchgang zur Stellung des K 4 mit nachfolgender Munitionsnische auf. (Angaben in Schußrichtung)

In dem Durchgang der Stellung zur Munitionsnische befindet sich die teilweise verschüttete Leiche des K 2, Soldat Kaulfuß. Kopf und Beine des Toten weisen in Richtung des Zentrums der Werferstellung. Bauch und Unterkörper sind infolge der Detonation des Werfers erheblich zerstört, Oberkörper und Kopf des Toten weisen im wesentlichen keine erkennbaren Verletzungen auf.

Blut und menschliche Gewebeteile finden sich sowohl in der Stellung als auch im weiteren Umfeld.

Unmittelbar hinter der Leiche des Soldaten Kaulfuß befindet sich die in die Stellungswand gegrabene Nische des K 4. Diese weist kaum Beschädigungen auf. Links und rechts auf dem Wall der Stellung über der Nische des K 4 befinden sich hölzerne Granatenhalterungen aus den Munitionskisten.

Rechts neben der Nische des K 4, gleichzeitig als rechte Begrenzung der Stellung, befindet sich die Munitionsnische. In der Munitionsnische, auf dem Erdboden stehend, befindet sich eine Munitionskiste mit geöffnetem Deckel, darin eine 120-mm-Splitter-Spreng-Wurfgranate mit vier befestigten Zusatzladungen.

Außerhalb der Grantwerferstellung, rechts von der Munitionsnische, befinden sich vier leere Munitionskisten.

Rechts neben der Granatwerferstellung fand sich eine Zubehörkiste, die zur Aufnahme des Tarnsatzes vorgesehen war. Um die Stellung herum finden sich Teile der Ausrüstung der Bedienung wie Stahlhelmeinsätze, Schutzmaskenteile, Feldflaschen u. a.

Außer in der Stellung selbst wurden im Umkreis von bis zu 200 Meter Teile des Granatwerferrohres und der detonierten Splittersprengwurfgranate gefunden.«

Da in diesem nüchternen Bericht lediglich eine Leiche erwähnt

Splitter der Granate, die am Unglücksort im Umkreis von 200 Meter verstreut waren

war, konnte ich daraus schließen, daß von den beiden anderen Soldaten offenbar nichts übriggelieben war. Es muß in der Stellung wirklich verheerend ausgesehen haben.

Als nächstes beschäftigte ich mich mit den Dienstvorschriften und dem technischen Aufbau der Granate. Lichterketten wanden sich durchs ganze Land, der eine Teil meiner Landsleute demonstrierte für die Eigenständigkeit der DDR, der andere für die deutsche Einheit. Interessierte da noch, fragte ich mich besorgt, wie drei Grenzsoldaten der DDR im Sommer 1989 bei einer Übung ums Leben gekommen waren?

Ich schob die Frage zur Seite und setzte meine Arbeit fort. Der Militärstaatsanwalt drängte zur Eile. Sein Schreiben vom 16. November hatte mit einem gleichermaßen fordernden wie schwammigen Appell geschlossen: »Da es sich im vorliegenden Fall um ein äußerst schweres Vorkommnis handelt, zu dessen Zustandekommen schnellstmöglich die Ursache festgestellt werden muß und ich ausweislich der Strafprozeßordnung an Fristen gebunden bin, bitte ich Sie, das Gutachten in angemessener Frist zu erarbeiten und in dreifacher Ausfertigung an mich zu übersenden. Girke, Generalmajor«

Nach dem Studium der Konstruktionsunterlagen wußte ich nun, daß es sich bei dem 120-mm-Granatwerfer um eine Steilfeuerwaffe mit glattem Rohr handelte. Das Rohr war innen konisch erweitert und außen bundartig verstärkt. Die Stärke der Rohrwand betrug am unteren Ende 18 mm und wurde zur Mündung hin immer dünner; oben waren es dann nur noch 6 mm.

An der bundartigen Verstärkung der Rohrmündung befand sich die Ladesicherung, die mittels Klemmring und Ringmutter befestigt war. Sie verhinderte ein doppeltes Laden des Werfers. Schob man eine Granate ins Rohr, wurde die Nase des Sicherungshebels nach außen gedrückt. Über eine Welle war dieser mit einer Sicherungsklappe verbunden, die sich dadurch in den Mündungsbereich drehte und verhinderte, daß eine weitere Granate hineingeschoben werden konnte.

Das Bodenstück am unteren Ende war mittels Gewinde und Dichtungsring gasdicht mit dem Rohr verschraubt; es stellte auch die Verbindung zur sehr stabilen Bodenplatte her.

Im Bodenstück befand sich die Abfeuerungseinrichtung. Diese bestand aus Schlagbolzen-, Schlag-, Abzugs- und Feststelleinrichtung.

Die Feststelleinrichtung ließ die Einstellung des Schlagbolzens auf »frei« oder »starr« zu. Während die »freie« Stellung das Abfeuern der Granate erst durch Betätigung des Abzugshebels, an dem die Abzugleine befestigt war, möglich machte, wurde bei der »starren« Stellung die nach dem Laden im Rohr herabgleitende Granate beim Auftreffen auf die Schlagbolzenspitze sofort abgefeuert. Die Stellung des Hebels war vom K 3 vor jedem Schuß kontrolliert worden. »Ich kann mit Sicherheit aussagen, daß während des gesamten Schießens am 22.8.89 der Hebel sich immer in der Stellung ›F‹ *(frei – d. A.)* befand. Dies habe ich extra mit der Taschenlampe kontrolliert.«

Aus dem Werfer konnten Splitter-Spreng-, Nebel-, Brand- und Fallschirmleucht-Wurfgranaten verschossen werden.

In diesem Fall hatte man Splitter-Spreng-Wurfgranaten verwandt. In einem Stahlgußmantel befand sich eine Sprengladung mit dem Sprengstoff TD-50, der zu gleichen Teilen aus Trotyl und Dinitronaphtalin bestand.

Die Treibladung bestand aus der Grundladung (Nitroglyzerinpulver) und den Zusatzladungen. Die Grundladung war in den Flügelschaft der Granate eingelassen. Sie wurde über ein Zündhütchen,

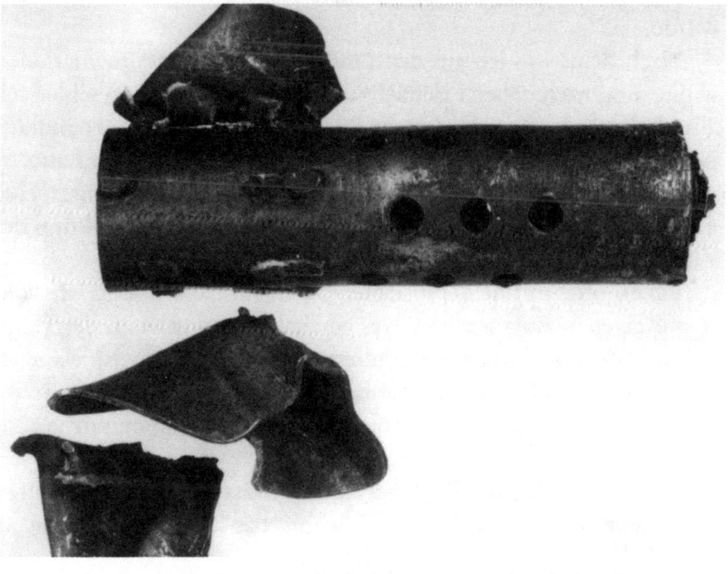

Sogenannte Feuerlöcher am Schaft der Granate, durch die die Zusatzladungen gezündet werden, sowie Splitter der Unglücksgranate

das der Schlagbolzen des Werfers einschlug, und über die Schwarzpulver-Beiladung gezündet.

Die Zusatzladungen war Nitrozellulosepulver in Baumwollsäckchen, die vom K 4 um den Flügelschaft gebunden wurden. Diese wurden durch Bohrungen im Schaft gezündet, aus denen der Feuerstrahl der Grundladung austrat.

Bei vier Ladungen – wie in unserem Falle – betrug die Treibladungsmasse 0,35 Kilogramm, die einer Granate eine Anfangsgeschwindigkeit von 221 Meter pro Sekunde verlieh. Der dadurch erzeugte Maximaldruck im Rohr wurde mit 1.030 Kilopond je Quadratzentimeter angegeben.

Die Granate besaß im Kopf einen Aufschlagzünder, der sich entweder auf »Splitter-Zünder« oder »Spreng-Zünder« einstellen ließ. In der ersten Einstellung erfolgte die Detonation beim Aufschlag. In der anderen mit Verzögerung. Die Granate drang in das Material zunächst ein und detonierte erst dann. Der Zünder war nach meinem Eindruck das komplizierteste Teil der Granate. Er enthielt nämlich auch noch eine sogenannte Pulversicherung. Diese stand mit der Treibladung in Verbindung und verbrannte mit ihr. Praktisch bedeutete dies, daß die Granate erst im Flug scharf gemacht wurde.

Nach dem, was ich aus den Protokollen und Dokumentationen wußte, und nach näherer Betrachtung der Reste des Rohres schloß ich aus, daß sich die Zusatzladung verklemmt haben konnte, Fremdkörper ins Rohr geflogen waren oder die Ladesicherung versagt hatte.

Für mich kamen theoretisch ein Materialfehler des Rohres, eine erhöhte Brisanz der Treibladung und/oder eine Überbrückung der Zündkette in Frage.

Ich erhoffte mir neue Einsichten durch ein Experiment: Ich wollte mit eigenen Augen sehen, was geschah, wenn man an der Treibladung oder am Zünder manipulierte. Denkbar wäre beispielsweise, daß die Pulversicherung gefehlt hatte. Dann wäre nämlich der Treibsatz durchgebrannt und hätte noch im Rohr den Sprengsatz gezündet.

Meine Überlegung löste bei den Militärs und den Fachleuten Heiterkeit aus. Ausgeschlossen, Unsinn, das hat es noch nie gegeben, daß die Pulversicherung gefehlt hätte.

Es gibt immer ein erstes Mal, antwortete ich, weil das vorgebrachte Argument nämlich keines war.

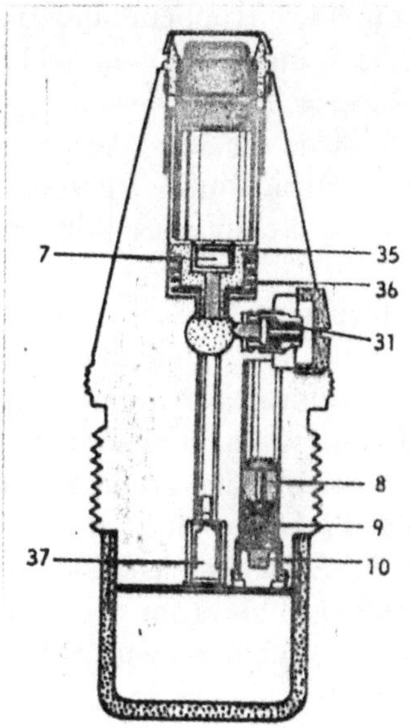

Zünder der Granate. Nach dem Abschuß entzündet die Zündkapsel (10) die Pulversicherung (31). Gleichzeitig greift die Sicherungshülse (35), die bei der Beschleunigung die Feder (36) überwindet, in das Gleitstück ein und sichert zusätzlich dessen Lage (Maskensicherheit). Erst auf der Flugbahn entspannt sich die Feder der Sicherungshülse wieder, die Pulversicherung brennt ab und und löst dabei den Sperrbolzen. Das Gleitstück wird freigegeben. Das passiert etwa 20 Meter nach Verlassen des Rohres. Die Feder schiebt das Gleitstück in die eingestellte Lage (Splitter oder verzögerte Sprengwirkung, Kanal a oder b). Es besteht somit eine durchgängige Zündkette von der Spitze bis zum Sprengstoff im Granatkörper. Beim Aufschlag wird durch Verdichtung der Luft unter dem eingedrückten Holzstößel die Zündkapsel (7) gezündet. Deren Zündstrahl durchdringt entweder Kanal a oder b, wodurch die Detonation eingeleitet wird.

Schließlich stimmte man meiner Bitte zu einem Experiment zu. Ich will nicht ausschließen, daß unsere Militärs sich nur deshalb zur Opferung eines Granatwerfers bereiterklärten, weil sich zunehmend die Vision einer massiven Abrüstung abzeichnete. Warum sollte nicht schon mal mit der Konversion eines Granatwerfers begonnen werden?

Am 8. März 1990 fuhren wir auf einen Truppenübungsplatz vor die Tore Berlins. Die Straßen waren mit Plakaten zugeklebt: Am 18. März sollte eine neue Volkskammer gewählt werden. »Freiheit statt Sozialismus« warb die CDU. Und die SED, die sich seit vier Wochen nur noch PDS nannte und sich mit »Wir sind die Neuen« vorstellte, versprach, nicht mehr die führende Rolle spielen zu wollen.

Die allgegenwärtige Konfusion machte sich auch in unserem Konvoi bemerkbar. Der Jeep, den wir benutzten, war so neu, daß niemand bemerkte, daß er noch nicht einmal ein Nummernschild besaß. Ansonsten war aber noch alles so, wie man es aus ruhigen DDR-Tagen kannte. Als der Vertreter der Militärstaatsanwaltschaft Berlin, die Stabsoffiziere des Kommandos Landstreitkräfte und der Leiter des Labors für Munition 2 der NVA auf dem Schießacker bei Beelitz eintrafen, gab es zackige Meldungen und dann erst einmal ein ordentliches Essen. Das kam aus der Feldküche, wurde aber in einem weiß ausgeschlagenen Zelt gereicht.

Das Ganze hatte für mich etwas Unwirkliches.

Nachdem man sich solcherart gestärkt hatte, schritt man heiter und gelöst zum Experiment. Der einzige, der diesem angespannt entgegenging, war offenkundig ich.

Truppenübungsplatz bei Beelitz, auf dem am 8. März 1990 das Experiment mit dem manipulierten Zünder stattfand. Im Vordergrund der Beobachtungsbunker, in dem die 35 Meter lange Abzugleine endete

Ein Granatwerfer war bereits in Stellung gebracht worden. Die Abzugleine hatte man vorsichtshalber auf 35 Meter verlängert. Sie endete im Beobachtungsbunker, in den sich bald alle drängten.

Zum Einschießen wurden vier Splitter-Spreng-Wurfgranaten durchs Rohr gejagt. Das bereitete keine Probleme.

Dann ließ ich acht weitere Granaten vorbereiten, wobei ich die letzte selbst präparierte. Ich öffnete die Schraubkappe am Zünder und entfernte vorsichtig die Pulversicherung. Dabei fühlte ich mich nicht sonderlich wohl, um es deutlich zu sagen: Mir sauste gehörig der Frack. Wenn das Ding jetzt und nicht erst, wie geplant, im Rohr hochginge?

Nachdem ich das Gleitstück herausgezogen hatte, verschloß ich mit zitternden Händen die Öffnung wieder mit der Schraubkappe. Uff, geschafft.

Nach und nach jagten wir die Granaten durchs Rohr. Während die anderen in die Knie gingen und sich die Ohren zuhielten, blieb ich stehen. Nicht, daß ich tapferer als sie gewesen wäre: Ich wollte einfach sehen, was passierte, wenn in einem fauchenden Feuerstrahl die Granate aus dem Rohr flog, in den Himmel stieg und in gehöriger Distanz am Boden explodierte. Bei dreien geschah nichts: Sie schlugen im Zielgebiet auf und verröchelten ohne zu detonieren.

Dann ging die achte Granate ins Rohr. Einer zog an der Abzugsleine. Rumms, machte es. Ich schaute mich triumphierend um. Es war genau das passiert, was ich vermutet hatte.

Wir liefen in die Stellung und sahen das Resultat: Das Rohr war oberhalb des Bodenstücks aufgeplatzt wie eine Banane. Alle Verformungen und Splitter glichen jenen, die mir vom Werfer Nr. 642 bekannt waren, dessen Reste im Institut in der Hannoverschen Straße lagen.

»Noch Fragen, Genossen ... äh, meine Herren?«

Die Umstehenden lächelten gequält.

Der Militärstaatsanwalt fand als erste seine Sprache wieder. »War das Sabotage? Oder Schlamperei, daß die Pulversicherung fehlte?«

Ich schüttelte den Kopf. »Wie wollen wir das feststellen – 33 Jahre nach der Produktion? Zumal in einem ausländischen Betrieb.«

»Sie schließen aus, daß bei uns im Munitionslager jemand unauffällig die Pulversicherung entfernt hat.«

Ausschließen könne ich das nicht, meinte ich. »Aber mir scheint das eher sehr unwahrscheinlich. Zum einen: Wozu? Und dann nur

Zerstörte Stellung nach der Detonation mit zerfetztem Werferrohr

eine einzige Granate? Für einen politisch motivierten Sabotageakt wäre das zu dürftig und für einen Schabernack zu riskant. Dafür riskierte niemand Kopf und Kragen.«

Ich bückte mich. »Fassen Sie mal mit an. Ich nehme den ganzen Schrott mit ins Institut und werde dieses oder jenes Teil noch ein wenig genauer unter die Lupe nehmen.«

Gleichwohl stand für mich die Ursache der Detonation fest, ich hatte gesehen, was ich sehen mußte. Im Gutachten schrieb ich darum: »Alle getroffenen Feststellungen belegen zweifelsfrei, daß beim Ereignis und beim Experiment der gleiche Entstehungsmechanismus der Zerstörung zugrundeliegt. Abweichungen betreffen ausschließlich die Intensität, die mit herstellungsbedingter Toleranz oder alterungsbedingter Abnahme der Brisanz der Sprengladung (bis hin zum sogenannten Ausbläser) zusammenhängt.

Die allgemein aufgestellte Version ›Überbrückung der Zündkette‹ und ihre konkrete Untersetzung ›Fehlende Pulversicherung‹ wurde durch das Untersuchungsexperiment bewiesen.«

Ich schlug als vorbeugende Maßnahme vor, sämtliche Splitter-Spreng-Wurfgranaten mit dem Aufschlagzünder GWMZ-7 vor Freigabe zum Übungsverschuß zu überprüfen. Das heißt, es sollte die

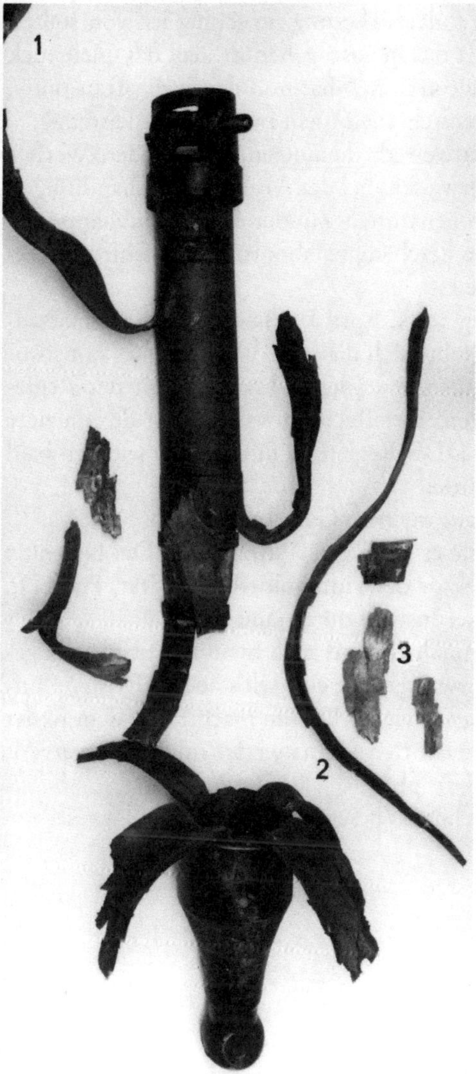

Werferrohr nach dem Experiment in Beelitz. Die Detonation der manipulierten Zündung erzielte die gleiche Wirkung wie beim Unfall in Annaburg mit dem Granatwerfer Nr. 642. Das war der Beweis für die Hypothese, daß die Pulversicherung bei der Unglücksgranate gefehlt haben mußte

Schraubkappe entfernt und nachgeschaut werden, ob der Zünder enthalten sei. Mit dem dafür üblichen Spezialwerkzeug sollte der feste Sitz kontrolliert und anschließend die Schraubkappe wieder aufgesetzt werden. Danach sollte sie mit Lack versiegelt und Befunde sollten gemeldet werden.

Zünder mit lockerer Pulversicherung, so schlug ich vor, sollten ausgesondert werden, »da davon auszugehen ist, daß das Gleitstück bereits seine Ausgangslage verlassen hat und damit die Transport-, Lade-, Rohr- und Maskensicherheit nicht mehr gewährleistet ist.

Ferner sind die Granatwerferbedienungen, insbesondere Werferführer und K 4, zu unterweisen, bei den Vorbereitungshandlungen zum Schießen mit oben genannten Zünder die Schraubkappe der Pulversicherung auf eine beschädigte, abnorme oder fehlende Versiegelung zu kontrollieren.«

Mein Gutachten ging am 4. April 1990 an den Militärstaatsanwalt. Am nächsten Tag sollte sich die neue Volkskammer konstituieren und einen Vertreter der stärksten Fraktion mit der Regierungsbildung beauftragen. Der Rechtsanwalt Lothar de Maizière (CDU) würde die neue DDR-Regierung führen, die, wie sich bald zeigte, die letzte sein würde.

Ich weiß nicht, was aus meinem Gutachten wurde.

Auf alle Fälle erreichte es noch den Auftraggeber. Der bedankte sich schriftlich beim Rektor der Humboldt-Universität, Prof. Dr. Heinrich Fink, dem unser Institut unterstand.

Als die Sektion Kriminalistik und auch mein Arbeitsplatz abgewickelt wurden und ich zwangsweise eine selbständige Existenz aufbaute, dachte ich mir, daß es vielleicht Sinn machte, aus dem Keller des Instituts auch den zerstörten Granatwerfer mitzunehmen. Als Anschauungsobjekt und Trophäe.

Der Keller indes war bereits besenrein.

Der Fall in der StäV

StäV war das Kürzel für Ständige Vertretung der Bundesrepublik Deutschland bei der DDR. Auf die Präposition »bei« legte der spitzfindige Staatssekretär Günter Gaus besonderen Wert. Er war der erste Bonner Abgesandte, der in dem Gebäude in der Hannoverschen Straße 1974 Quartier bezog. Ihm folgten Bölling und Bräutigam. Im Februar 1989 kam Franz Bertele. Dessen Amtszeit begann so, wie die seines Vorgängers endete: mit einem Zwischenfall.

In jener Zeit kam es nämlich in Mode, die Ausreise aus der DDR zu erzwingen, indem man eine diplomatische Vertretung der Bundesrepublik aufsuchte und diese trotz Aufforderung des Hausherrn nicht wieder verließ. Denn obgleich die Bundesrepublik der DDR die völkerrechtliche Anerkennung verweigerte und jedem Ostdeutschen, wenn er in die Bundesrepublik kam, einen BRD-Paß aushändigte, sofern er dies wünschte, hielt sie sich in diesem Punkte durchaus an die international üblichen Gepflogenheiten. Demzufolge fühlte sich die Vertretung ausschließlich für Bundesbürger verantwortlich und besorgte nicht die Ausreise von Ostdeutschen. Die mußten andere Wege gehen.

Das akzeptierte nicht jeder. Anfang Januar 1989 hatten sich zunächst vier DDR-Bürger in die Ständige Vertretung »geflüchtet«. Ihre Zahl stieg in Laufe der nächsten Tage auf zwanzig an. Damit hatten sowohl Bonn als auch Berlin plötzlich einen unangenehmen Mühlstein am Hals. Im Diplomatendeutsch: eine Belastung der deutsch-deutschen Beziehungen.

Die StäV wollte die ungebetenen Gäste so rasch wie machbar wieder loswerden – die DDR die Angelegenheit so still wie möglich aus der Welt schaffen. Nachrichten wie diese gingen durch die internationalen Medien und wiesen nachdrücklich darauf hin, daß die DDR ein Problem hatte: mit ihren Bürgern, die wegwollten, und mit ihren Gesetzen, die das nicht zuließen.

Die unauffälligen Unterhändler beider Seiten sollten auch diesen Fall klären. Rechtsanwalt Wolfgang Vogel sicherte in Honeckers Auftrag den Botschaftsbesetzern Straffreiheit und Ausreise zu. Das setzte – großes Aufatmen in Bonn – jedoch das freiwillige Verlassen der Ständigen Vertretung voraus. Unmittelbar danach wurden die zwanzig DDR-Verdrossenen in den Westen abgeschoben, oder wie es im Amtsdeutsch hieß: aus der Staatsbürgerschaft der DDR entlassen. Hans Otto Bräutigam konnte sein Haus ohne die ungeliebten Untermieter an Franz Bertele übergeben.

Doch ehe dieser sich häuslich eingerichtet hatte, knallte es am 16. Februar um 12.21 Uhr an seiner Einfahrt. Ein weißer »Lada« mit vier Insassen hatte die Hofschranke durchbrochen und war mit quietschenden Reifen auf das Gelände der StäV gebraust. Der Fahrer, dessen Frau und zwei Kinder waren aus dem Wagen gesprungen, als dieser zum Stehen kam, und ins Haus gerannt. »Asyl, Asyl«, hatten sie gerufen. Und nun saßen sie im Haus und rührten sich nicht von der Stelle.

Nun gut, die Schranke ließ sich reparieren.

Aber ob auch der Mann vom DDR-Wachschutz, den der Autofahrer vor der Einfahrt umgefahren hatte, gleichfalls wiederhergestellt werden konnte, stand dahin. Bertele schickte, wie sich das für einen echten Diplomaten gehörte, noch am gleichen Tage Blumen ins Krankenhaus und entschuldigte sich offiziell bei der DDR.

Allein an dieser Geste war das Schizophrene der Situation erkennbar. Der Ständige Vertreter mußte den Kopf hinhalten für einen Vorfall, den er weder gewollt noch verursacht hatte. Er hatte die Suppe nicht eingebrockt, die er nun auslöffeln durfte.

Auch die DDR verspürte wenig Neigung, den Unfall propagandistisch übermäßig aufzubauschen, man saß schließlich im Glashaus.

Gleichwohl war der Wunsch nicht zu übersehen, intern möglichst viel Papier zu füllen, um der Sache größeres Gewicht zu verleihen. Sowohl das MfS, Hauptabteilung Untersuchung, das MdI, Hauptabteilung Verkehrspolizei, als auch die Humboldt-Universität, Sektion Kriminalistik, erhielten den Auftrag, den Fall genauestens zu untersuchen.

Ich fragte Wolfgang Hagemeyer, den Leiter unseres Labors, was wir da untersuchen sollten. Das sei doch wohl eindeutig, zumal es, wie ich inzwischen wußte, Videoaufzeichnungen vom Haus gegenüber gab. Umstände wie Fahrer seien bekannt und überführt.

Hagemeyer winkte ab, ich solle doch mal überlegen.

Wenn Wolfgang mir so kam, wußte ich, daß ich um drei Ecken denken mußte. Ich mochte ihn, er war ein guter Leiter. Er hatte mich

1984, als in Karl-Marx-Stadt nach vier Jahren meine Assistentenzeit abgelaufen war, an die Humboldt-Uni geholt. Ihm verdankte ich auch den Besuch des einjährigen Speziallehrgangs bei der K in der Berliner Keibelstraße, was mir die Bekanntschaft von unzähligen Kriminalisten und Polizisten im ganzen Land eintrug – ein Kapital, von dem ich noch Jahrzehnte später würde profitieren können.

Hagemeyer, Dr. jur. und Ingenieur, war seit den 40er Jahren bei der Polizei. Inzwischen war er Oberstleutnant und Fachmann für Brände, Havarien, folgenschwere Unfälle und Schäden in der Volkswirtschaft. Mit Frau Bunde, einer Ingenieurin, bildeten wir drei das Werkstofftechnische Forschungs- und Expertisenlabor des Bereichs Forensische Chemie der Sektion Kriminalistik.

In der 3. Etage unseres Hauses gab es eine Einrichtung, die die gleichen Anlagen besaß wie das Kriminalistische Institut in der Keibelstraße. An der Tür stand »Applikations- und Forschungsgruppe Instrumentelle Analytik der Sektion Kriminalistik der Humboldt-Universität«. Dieses Schild war hauptsächlich für die Wartungstechniker aus dem Westen angeschraubt worden, die regelmäßig vorbeischauten. Sie sollten annehmen, für die Ostberliner Universität und nicht für das Ministerium für Staatssicherheit zu arbeiten, das die 3. Etage belegt hatte.

»Na, was soll ich überlegen?«

»Schau mal auf den Tatvorwurf, den der Generalstaatsanwalt formuliert hat: §§ 115 und 116 StGB, schwere Körperverletzung. Wenn man in den Westen kommen will«, Hagemeyer blinzelte hintersinnig zu mir hinüber, »mußt du angeklagt werden entweder wege Verstoßes gegen § 99 Landesverräterische Nachrichtenübermittlung oder § 100 Landesverräterische Agententätigkeit. Man muß dir § 106 Staatsfeindliche Hetze vorhalten oder § 213 Ungesetzlicher Grenzübertritt. Beliebt ist auch § 214 Beeinträchtigung staatlicher oder gesellschaftlicher Tätigkeit, § 219 Ungesetzliche Verbindungsaufnahme oder mindestens § 220 Öffentliche Herabwürdigung …«

Langsam dämmerte es mir. »Hier gibt es ein juristisches Problem. Man will den Bruchpiloten abschieben, aber die relevanten Paragraphen, die man dazu heranziehen könnte, kommen nicht in Betracht. Es reicht nicht.«

Hagemeyer freute sich merklich, daß ich den tieferen Sinn unseres Auftrags endlich begriffen hatte. »Genau. Deshalb muß aus dem

Der weiße Lada, mit dem am 16. Februar 1989 ein Mann aus Brieselang auf den Hof der Ständigen Vertretung fuhr

eher läppischen Vorfall mindestens eine schwere Körperverletzung werden. Drei dicke Mappen mit Gutachten machen mehr her als nur ein Bogen Papier.«

Es war also im Interesse des Autofahrers selbst, daß wir ihn zum schweren Jungen machten, der er objektiv nicht war. Aber nur so ließ sich seine Absicht realisieren, in den Westen zu gelangen. Die beiden Seiten wahrten die Form, indem sie sich an ihre Formeln hielten.

»Bißchen pervers, was?« Ich schaute Hagemeyer in die Augen, die nun keineswegs mehr so friedlich-freundlich strahlten, wie sie es sonst taten. Sie trugen merklich einen Hauch von Melancholie.

»Das ist eben Politik.« Er drehte hilflos seine Handflächen nach oben. »Besser ist's, nicht darüber nachzudenken ... Machen wir unsere Arbeit und gut.«

Der von der Staatsanwaltschaft gesetzte Termin war knapp und hinlängliches Beleg für die Eile, mit der die DDR die Sache aus der Welt bekommen wollte. Der »Unfall« war am 16. Februar passiert – die Verhandlung vor dem Stadtbezirksgericht Berlin-Lichtenberg be-

Fahrzeug von hinten, aufgenommen am 25. Februar 1989 in der Garage der Ständigen Vertretung

reits auf den 2. März festgelegt, Beginn 9 Uhr, Zimmer 307. In öffentlicher Sitzung sollte »in der Strafsache gegen M. wegen schwerer Körperverletzung« verhandelt werden. Ich vermutete, daß auch schon das Urteil feststand. Es würde ausreichend sein, um die Ausweisung aus der DDR zu legitimieren.

Der Generalstaatsanwalt hatte uns um die Abgabe eines »verkehrs- und kriminaltechnischen Gutachtens« ersucht. Insbesondere sollten wir zu folgenden Fragen Stellung nehmen:

»1. In welchem verkehrstechnischen Zustand befindet sich der PKW vom Typ ›Lada‹ 21011, Farbe weiß, polizeiliches Kennzeichen PN 68-09?

2. Befinden sich im obengenannten Kraftfahrzeug Beschädigungen, die dem Anfahren einer Person bzw. dem Durchbrechen eines Schlagbaumes zuzuordnen sind?

3. Können aufgrund der Beschädigungen am PKW Rückschlüsse auf die Fahrgeschwindigkeit des PKW ›Lada‹, polizeiliches Kennzeichen PN 68-09, zum Zeitpunkt des Ereignisses gezogen werden?

4. Kann auf der Grundlage der vorliegenden Videoaufzeichnun-

gen vom 16.2.1989, 12.21 Uhr, die Fahrgeschwindigkeit des PKW ›Lada‹, polizeiliches Kennzeichen PN 68-09, zum Zeitpunkt des Anfahrens des Angehörigen der DVP, Zuchold, Udo, bestimmt werden?

5. Lassen sich die Beschädigungen und Farbauflagerungen am PKW ›Lada‹, polizeiliches Kennzeichen PN 68-09, dem Anfahrprozeß des Zuchold, Udo bzw. dem Durchbrechen des Schlagbaumes zuordnen?

K., Staatsanwalt«

Der 16. Februar war ein Donnerstag – am Samstag, dem 25. Februar, durften wir den Unfallort und den PKW erstmals besichtigen. Der Lada befand sich noch immer in der Ständigen Vertretung, sollte aber unmittelbar nach der Untersuchung an die DDR zurückgegeben werden.

16.30 Uhr, das war auf der politischen Ebene vorbereitet worden, empfing uns ein Ministerialdirigent Stab an der Einfahrt zur Ständigen Vertretung. Die Begrüßung war freundlich, aber distanziert. Jeder empfand offenkundig die Aufgabe, die zu erledigen war, als unangenehm und lästig. Deshalb ging auch alles zügig und ohne große Dialoge vor sich. Wir fotografierten den abgeknickten Schlagbaum, der seit anderthalb Wochen funktionslos an seiner Befestigung hing.

Ja, erklärte einer aus der Runde auf die Frage Stabs, jetzt könne das defekte Teil demontiert und durch einen neuen Schlagbaum ersetzt werden.

Dann gingen wir über den beleuchteten Hof zu den Garagen, eine geräumige Halle, in der üblicherweise der Fuhrpark der StäV stand. Doch heute waren kaum dunkle Limousinen zu sehen. Es war Wochenende, und das Personal unterwegs. In einer Ecke wartete der 1,3er Lada. Beim Anblick schoß mir sofort durch den Kopf: »typische Angeberkarre.« Die Heckklappe trug eine zusätzliche Flosse aus Plaste, einen sogenannten Heckspoiler. Die Rückscheibe war mit einer Heckscheibenblende beklebt, vorn, über dem nicht serienüblichen Bugspoiler aus Eigenproduktion hatte der Besitzer zwei zusätzliche Nebel- und zwei Halogenscheinwerfer montiert. Auf der Motorhaube saß noch ein Ansaugspoiler.

Bis auf die Windschutzscheibe, von der Schranke sichtlich lädiert, wies das Fahrzeug kaum Schäden auf. Die Scheibe aus Mehrscheibensicherheitsglas war auf der Beifahrerseite gesplittert, doch

Windschutzscheibe mit den Spuren der Schranke

nicht aus dem Rahmen geflogen. Die Radioantenne hatte auch etwas abbekommen und wackelte in ihrer Halterung. Der linke vordere Kotflügel wies einige dunkle Streifen auf, die zweifellos von der Regenpellerine herrührten, die der angefahrene Polizist getragen hatte. Mehr nicht. Keine Verformungen, keine Delle, nichts. Das konnte an dem stabilen sowjetische Autoblech liegen – oder der Tatsache geschuldet sein, daß der Wachmann allenfalls leicht touchiert, keinesfalls umgefahren worden war.

Hagemeyer hatte beim Betrachten des Videos kopfschüttelnd und außerhalb des Protokolls gesagt: »Guck mal, wie der sich bewegt … Wenn der nur seine Flossen aus der Tasche gekriegt und sich beim Fallen abgestützt hätte, wären auch seine Knochen heilgeblieben. Dabei ist der erst 28 Jahre alt.«

Nachdem das Fahrzeug von allen Seiten fotografiert war, verabschiedeten wir uns von Stab, der uns beim Arbeiten schweigend zugesehen hatte. Warum sollte er sich anders geben als wir? Wir waren doch auch stumm wie die Fische. Als wir gingen, zeigte meine Uhr 17.30 Uhr, die Untersuchung hatte eine knappe Stunde gedauert.

Stab verabschiedete uns am Tor und winkte den Abschleppwagen auf den Hof, der bereits geraume Zeit auf der Straße wartete. Nach dem Verladen würde auch er endlich Feierabend machen können.

Am nächsten Morgen klingelte es nach 8 Uhr an meiner Wohnungstür. Ich saß noch beim Frühstück. Draußen vor der Tür stand der angekündigte Fahrer vom MfS.

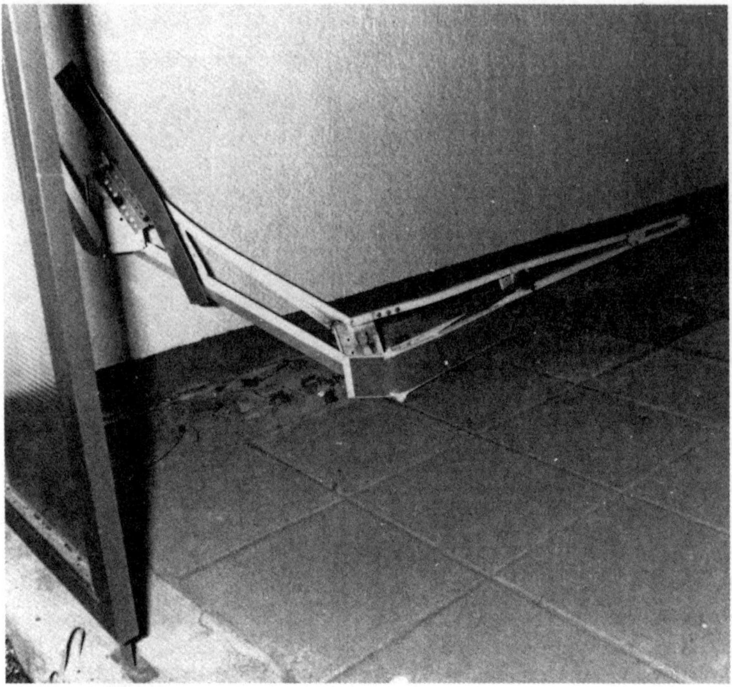

Die verbogene Schranke an der Einfahrt zur StäV

»'morgen. Wollen wir?«

Naja, von ›wollen‹ konnte keine Rede sein. Ich mußte.

9.00 Uhr sollte die Untersuchung des Wagens in der Freienwalder Straße, in einem Objekt des MfS, fortgesetzt werden. Das war ein Befehl, der auch für Zivilisten galt, wie ich einer war.

Von Pankow fuhren wir durch das sonntäglich verschlafene Berlin hinüber nach Hohenschönhausen und passierten das Tor des mit zwei hohen Maschendrahtzäunen gesicherten Objektes. Vor der Kfz.-Halle, in der sich inzwischen der Lada befand, wurde ich bereits von Hagemeyer und einem Hauptmann der VP, der sich als Ing. Gutenschwager und Kfz.-Sachverständiger des MdI, Hauptabteilung Verkehrspolizei vorstellte, erwartet. Ein Hauptmann vom MfS kam hinzu.

»Na, jetzt sind wir ja komplett«, bemerkte dieser aufgeräumt.

Die Staatsanwalt hatte uns konkrete Fragen gestellt. Diesen Fahrplan arbeiteten wir zügig und ohne Kommentar ab.

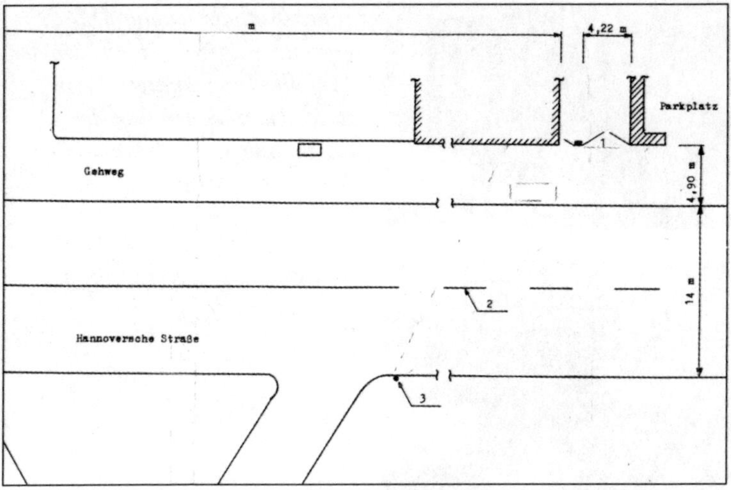

Lageskizze im Maßstab 1:250 des MfS von der StäV. Position 3 ist der Standort der verdeckten Video-Kamera, Position 1 die Einfahrt

Zunächst untersuchten wir den Zustand der Lenkung – sowohl im Stand, in Fahrt als auch auf der Hebebühne. Das Spiel bewegte sich im zulässigen Bereich, beim Fahren im Kreis und in den Kurven ließ sich das Lenkrad normal bewegen. Also alles in Ordnung.

Bei den Bremsen war auch nichts Nachteiliges feststellbar. Die Bremsbeläge reichten aus.

Die Reifen, alle runderneuert, wiesen genügend Profiltiefe auf, der gemessene Innendruck entsprach den Vorgaben. Die Elektrik inklusive Hupe: keine Mängel. Räder, Radaufhängungen, Radführungen, Achsen, Federn, Hilfsrahmen und Bodengruppe der Karosserie: ohne Befund.

Allerdings war das Mittelrohr der Auspuffanlage an zwei Stellen mit Draht befestigt, rechts hinten fehlte der vorgeschriebene Schmutzfänger, und der rechte hintere Stoßdämpfer erwies sich als undicht. Bis auf diese Mängel war der Wagen, dessen Tacho bei 89.549 Kilometer stand, gut in Schuß. »Es waren keine Mängel vorhanden, die mit dem Ereignis und dessen Verlauf in Zusammenhang zu bringen waren«, notierte ich fürs Gutachten.

Im nächsten Punkt ging es um Beschädigungen und Anhaftungen, die minutiös geschildert wurden. Diese Anhaftungen bestanden aus Abriebspuren vom Wetterschutzmantel, der uns bereits zur

Video-Aufnahmen aus dem gegenüberliegenden Haus von der Einfahrt zur Ständigen Vertretung. Zu erkennen sind der anfahrende weiße Lada und der Mann vom Missionsschutz

Der Wagen erfaßt den 28jährigen Udo Zuchold

Zuchold gerät ins Straucheln, der PKW fährt ungebremst weiter und hat eine Geschwindigkeit von 30 bis 35 km/h

Im Weiterfahren reißt das Auto den Posten zu Boden

Der Wagen durchbricht die Schranke zur Hofeinfahrt der StäV, Zuchold wird mitgeschleift. Um nicht den Standort der Videokamera zu verraten, gab es aber die Bilder offiziell nicht

Untersuchung im Labor überlassen worden war. Es handelte sich um einen ärmellosen Umhang aus einem textilen Gewebe, beschichtet mit einer grünen Gummierung – passend zur Uniform. Wir sahen einige Gummischleifspuren am Kotflügel. »An der vorderen Kante des linken Kotflügels beginnen und bis zur linken Vordertür reichend (unterhalb des Außenspiegels), wurden bei der Untersuchung des PKW unterschiedlich lange und unregelmäßig geformte, grünfarbige Substanzablagerungen festgestellt. In 160 mm Höhe von der Schwellerunterkante gemessen befindet sich die größte grünfarbige Substanzspur von 60 mm Breite und 800 mm Länge.

Oberhalb des linken Kotflügels, parallel zur Motorhaube verlaufend, befindet sich eine 12 bis 20 mm breite und 870 mm lange Schürfspur im Lack sowie eine etwa 20 x 20 mm große Lackabplatzung. Im unteren Bereich der Fahrertür liegt eine großflächige Wischspur vor, die, im Schräglicht betrachtet, eine Art Musterung eines textilen Gewebes o. ä. erkennen läßt.«

Wir entnahmen mit dem Skalpell dann verschiedene Anhaftungen – Gummi, Lackspuren von der Schranke und Autolack –, um sie im Labor auf ihre chemische Zusammensetzung, infrarot-spektroskopisch und unterm Rasterelektronenmikroskop zu untersuchen.

Inzwischen war es 14 Uhr geworden. Ich hatte Hunger, die anderen offensichtlich auch. »Machen wir Schluß«, meinte Hagemeyer laut. »Wir haben alles, was wir brauchen. Der Rest sind Hausaufgaben.«

Irgendwann hatten wir dann die 15 Seiten Gutachten gefüllt und faßten schließlich in fünf längeren Sätzen die gefundenen Antworten auf die uns vom Generalstaatsanwalt gestellten fünf Fragen zusammen:

»1. Der PKW ›Lada‹ 21011, PN 68-09, befand sich zur Zeit der Untersuchung in einem betriebs- und verkehrssicheren Zustand.

2. Sowohl mechanische Beschädigungen als auch Substanzspuren am PKW und ihre instrumentell-analytische Untersuchung belegen das Anfahren eines Körpers in grünem Uniform-Wettermantel – in Übereinstimmung mit der Videoaufzeichnung ›16.02.89 12:21‹ eines uniformierten Postens – sowie eine Kollision mit dem weiß-rot lackierten Schlagbaum auf dem Gelände der Ständigen Vertretung der Bundesrepublik Deutschland in der Deutschen Demokratischen Republik.

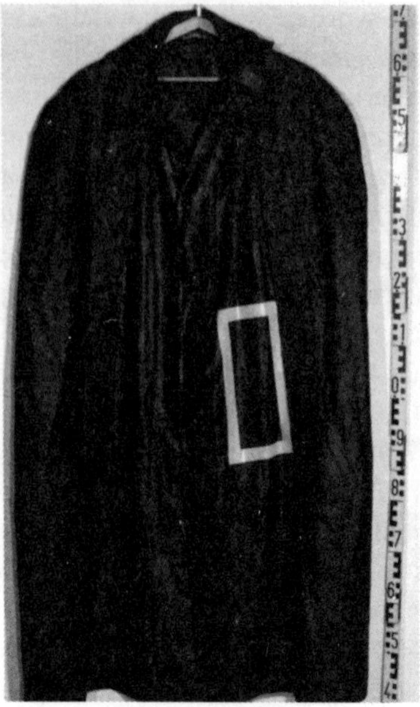

Regenumhang des Missionsschützers Zuchold. An der markierten Stelle sind Abriebspuren zu erkennen, die vom Zusammenstoß mit dem Auto herrühren

3. Sichere Rückschlüsse auf die Fahrgeschwindigkeit des PKW ›Lada‹ 21011, PN 68-09, zum Zeitpunkt des Ereignisses können aus den untersuchten Beschädigungen am PKW nicht abgeleitet werden. Der stark beschädigte Schlagbaum stand für spezielle schadensanalytische Untersuchungen nicht zur Verfügung.

4. Aus der meßtechnischen Auswertung der Videoaufzeichnung ›16.02.89 12:21‹ jedoch ergibt sich eine Geschwindigkeit von 33,4 km/h des PKW zum Zeitpunkt der unmittelbaren Annäherung ab einer Entfernung von 2,6 m bis zur Berührung des Postens.

5. Die Beantwortung dieser Frage ergibt sich aus den zu den Punkten 2 und 4 gemachten Ausführungen.

Werkstofftechnisches Forschungs- und Expertisenlabor des Bereiches Forensische Chemie der Sektion Kriminalistik.«

Wolfgang und ich setzten unsere Unterschriften darunter.

»Das war's«, sagte ich erleichtert.

»Na, abwarten«, sagte Hagemeyer.

Aber wie sich zeigte, wiesen die beiden anderen Untersuchungen auch nichts anderes aus. Wie auch. Lediglich das Gutachten vom MfS enthielt noch eine detaillierte Beschreibung des Innenraumes des Autos, mit der wir nicht aufwarten konnten. Das hatte zwar al-

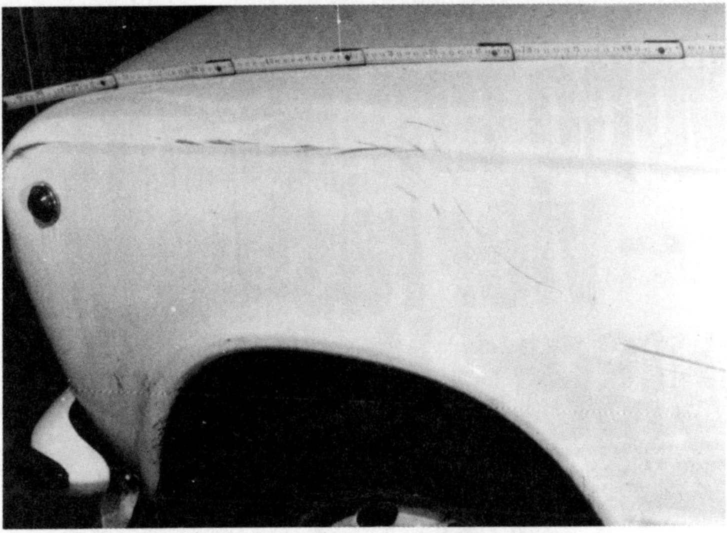

Spuren des grünen Umhangs am linken Kotflügel

les mit dem Unfall wenig bis nichts zu tun, trug aber dazu bei, was Hagemeyer prophezeit hatte: Es sah alles sehr bedeutend und gewichtig aus.

»Die roten Vorder- und Hintersitze sind mit grünen Schonbezügen mit weißen Streifen versehen. Das Kraftfahrzeug ist mit einem defekten Stereo-Autoradio von Typ ›Blaupunkt‹ ausgerüstet, dessen zwei Lautsprecher in die Innenverkleidung der Fahrer- bzw. der Beifahrertür eingebaut sind. Auf der Konsole findet sich ein Stück Papier mit der Aufschrift ›Duplo‹. Vor dem Fahrersitz liegt auf der

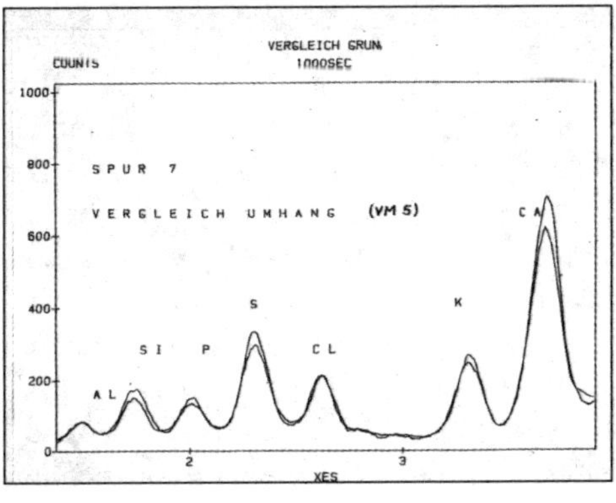

»Röntgenfluoreszenzanalytisch bestimmter Elementstatus der grünen Substanz (Spur 7) und des Wetterschutzmantels (VM 5)«. Auf deutsch: Es wurde untersucht, ob der Abrieb am Auto von der Pellerine Zuchold stammte

Ost-Berlin

Vopo umgefahren – vier rasten in unsere Vertretung

eitag, 17. Februar 1989 - 50 Pf
1/7 • BERLIN-AUSGABE • C 21 371 A ★★★★

Ost-Berlin – Dramatischer Zwischenfall an Bonns Ständiger Vertretung in der Hannoverschen Straße: Vier „DDR"-Bürger rasten Mittwoch mittag in einem „Lada" mit hoher Geschwindigkeit gegen die Schranke zum Hof der Vertretung, erfaßte einen Volkspolizisten – Klinik. Die Autoinsassen rannten in unsere Vertretung. ● Lesen Sie weiter auf der Seite 4.

Geschafft!

BILD meldete den Vorfall am 17. Februar 1989 auf der ersten Seite

Bodenmatte ein blaugrauer rechter Lederhandschuh. Auf dem Beifahrersitz wird eine Sonnenbrille mit Metallgestell aufgefunden. Unmittelbar vor dem Beifahrersitz befindet sich auf der Bodenmatte ein Scheibenwischerblatt. Nach Öffnen des Ablageklappfaches des Armaturenbrettes werden darin nachfolgend aufgeführte Gegenstände festgestellt ...« Und dann folgte eine lange Liste aller im Auto aufgefundenen Gegenstände, die solche Dinge wie »zwei Putzlappen«, »ein Stück Toilettenpapier«, »eine Zeitschrift Fliegerrevue, Heft 8/426«, »eine mehrfarbige Plastetüte mit der Aufschrift ›Echter Käse aus Holland‹ mit einem Paar brauner Wildlederhandschuhe, das verschmutzt und abgetragen ist« oder » eine 1-Pfennig-Münze der DDR« und anderes mehr akribisch auswies.

Ich schob Hagemeyer das Gutachten des MfS zurück. »Das sind natürlich alles Sachen, die man für eine Flucht in den Westen unbedingt braucht. Vor allem eine Plastetüte mit der Aufschrift ›Echter Käse aus Holland‹.«

»Hm«, knurrte Hagemeyer abweisend. »Wenn du mich fragst: Der hat das Ding mehr oder minder spontan durchgezogen, wahr-

Der Lada durchbrach Schranke – dann rannten sie in Bonner Vertretung

Vor Bonns Ständiger Vertretung an der Hannoverschen Straße in Ost-Berlin fuhren Flüchtlinge einen Vopo an.

Forts. v. Seite 1

Zwei Volkspolizisten patroullierten vor Bonns Ständiger Vertretung an der Hannoverschen Straße, als der „Lada" heranraste und einen Vopo erfaßte. Dann durchbrach das Auto die kleine Schranke zum Hof der Vertretung, blieb stehen. Die vier Insassen rannten in das Gebäude.

Mit dem Zwischenfall beginnt die Amtszeit von Bonns neuem Vertreter in Ost-Berlin, Franz Bertele, wie die seines Vorgängers Hans Otto Bräutigam geendet hatte: Anfang Januar hatten sich zunächst vier „DDR"-Bürger in die Hannoversche Straße geflüchtet, am Ende waren es 20 gewesen. Die meisten wurden inzwischen in den Westen abgeschoben.

Für den neuen Vorfall hat sich Vertretungs-Chef Franz Bertele offiziell bei der „DDR" entschuldigt. Er schickte auch dem verletzten Vopo Blumen ins Krankenhaus.

Jetzt verhandelt Bonns innerdeutscher Staatssekretär Priesnitz mit „DDR"-Anwalt Vogel über das weitere Schicksal der vier Flüchtlinge

BILD vom 17. Februar 1989, Innenteil

scheinlich als Trittbrettfahrer der Botschafts-Besetzer vom Januar. Ansonsten«, er blätterte in dem Gutachten, »wenn ich mir das so anschaue: ein Durchschnittsbürger ohne Westverwandtschaft, der seine ganzen Ersparnisse in einen gebrauchten Lada gesteckt hat. Nicht sehr ordentlich, kein Büroarbeiter.«

»Woher willst du wissen, daß er keine Verwandten drüben hat? Was ist mit dem Blaupunkt-Radio und dem Duplo-Riegel?«

»Du bist mir vielleicht ein Kriminalist. Kannst du keine Spuren lesen?« Hagemeyer wiegte seinen schweren Kopf hin und her. »Hätte er Westverwandte, besäße er kein defektes, sondern ein funktionierendes Radio. Das Ding hat er sich irgendwo für teures Geld gebraucht gekauft, und jetzt kann es ihm keiner reparieren. Und das Duplo-Papier? Den Riegel wird vielleicht eines der Kinder geschenkt bekommen haben. Hätte die Familie im Intershop gekauft, gäbe es mehr Abfall.

Und drittens: Die Flieger-Revue erscheint bekanntlich in unserem Militärverlag. Kurzum, hätte er Verwandte in Westberlin oder

Franz Bertele (rechts), der letzte Ständige Vertreter der Bundesrepublik bei der DDR, demontiert das Schild vom Haus in der Hannoverschen Straße 30, wo es seit Juni 1974 hing

in der Bundesrepublik, dann läge in der Ablage nicht die Flieger-Revue, sondern irgendeine Regenbogenpostille oder ein anderes buntes Blatt.«

Hagemeyer hatte zweifellos recht.

Die Verhandlung begann am 2. März, pünklich 9 Uhr.

Rechtsanwalt Prof. Wolfgang Vogel selbst hatte die Verteidigung von Peter M., geboren am 30. Dezember 1948, wohnhaft in B., Bezirk Potsdam, übernommen.

Ich erstattetete mein Gutachten, dann verließ ich das Gerichtsgebäude. Auf der Ladung war vermerkt: »Gerichtskosten sind mit der Gehaltszahlung abgegolten.« Da mußte ich nicht noch mehr Zeit für eine Angelegenheit verschwenden, die ohnehin abgehakt war.

Einige Wochen später wurden wir zum Sektionsdirektor bestellt. Prof. Dr. Ehrenfried Stelzer, Oberst der K, tat sehr feierlich. In blumigen Worten belobigte er uns für das gezeigte Engagement und klappte eine rote Mappe auf, aus der er einen Befehl des Mitglieds des Politbüros des ZK der SED und Minister für Staatssicherheit mit Betonung vortrug. Erich Mielke beglückwünschte und dankte uns für die hervorragende Arbeit und so weiter. Danach gab es Beifall, als wäre der Minister leibhaftig bei uns, und ich fragte Stelzer, nachdem der offizielle Teil vorüber war und die Sektgläser verteilt wurden, ob man eine Kopie des Befehls bekommen könne, für die Wand und so.

Mich traf ein strafender Blick. Hagemeyer, im Umgang mit solchen Schreiben offenkundig ein wenig vertrauter als ich, sagte: »Du bist vielleicht naiv. Der Befehl geht anschließend durch den Reißwolf. Den hat es nie gegeben. Die Sektion arbeitet doch nicht für die Staatssicherheit.«

Hagemeyer prustete los.

»Und was soll ich mit diesen kitschigen Gläsern mit Goldrand machen, die wir als Dankgeschenk erhalten haben? Auch wegwerfen, oder müssen wir die behalten?«

»Ich vermute, wenn deine Frau sie sieht, weiß sie, was sie damit zu tun hat.«

Auch in dieser Hinsicht erwies sich Wolfgang Hagemeyer als guter Beobachter und einfühlsamer Analytiker.

Inzwischen ist er schon einige Jahre tot.

Die Gläser des Ministers wurden nicht so alt.

Der Fall im »Weißen Hirsch«

Propangas ist geruchslos, sofern, wie heutzutage üblich, ihm keine Schwefelverbindungen in den roten Flaschen beigemischt werden, damit es einem notfalls in die Nase sticht. Es ist auch nichttoxisch und darum ungeeignet, sich mittels übermäßigem Konsum von der Welt zu verabschieden.

Das schien einem Lebensmüden aus Luckenwalde offensichtlich nicht bekannt gewesen zu sein. Es war in jenem Jahr, als ich mich am Kriminalistischen Institut der Deutschen Volkspolizei zur Ausbildung befand und mit der Spezialgruppe in die Kreisstadt im Spreewald gerufen wurde. Dort hatte eine Gasexplosion eine ganze Platte aus der Fassade eines Neubaublocks auf die Ludwig-Jahn-Straße befördert. Der Selbstmörder hingegen war wohlauf. Der Vorfall stellte alle Laien vor ein Rätsel, doch der Fachmann wunderte sich nicht, nachdem alles rekonstruiert war.

Der »Täter«, Günter W., hatte sich eine rote Fünf-Kilo-Flasche mit Propangas besorgt und auf den Couchtisch in seiner Wohnstube gestellt. Sodann dichtete er alle Türritzen und Fensterspalten ab und drehte zunächst die Gasflasche und dann eine Schnapsflasche auf. Denn nüchtern wollte er nicht von dieser Welt gehen. Irgendwann waren beide Flaschen leer, der Mann fiel auf dem Sofa um und schlief seinen Rausch aus.

Am Morgen erwachte er mit schwerem Kopf. Und wie er es in solchen Situationen stets zu halten pflegte, galt sein erster Griff der Zigarettenschachtel und der zweite dem Feuerzeug.

Es machte »Bumm«, und er hatte auf einmal ein Zimmer mit Ausblick. Ihm selbst war nichts passiert, denn er saß im Zentrum der Gas-Luft-Explosion. Und dort ist man bekanntlich so sicher wie in Abrahams Schoß, weil sich die Druckwellen stets nach außen wegbewegen. So will es die Physik.

Den gescheiterten Selbstmörder vertrat vor Gericht ein cleverer Anwalt. Wer wie sein Mandant alle Zimmerritzen abdichtet, will niemanden gefährden, im Gegenteil: Er erfüllte seine Sorgfaltspflicht ausreichend, argumentierte der Anwalt. Und sich in der eigenen

Wohnung eine Zigarette anzuzünden sei ja wohl nicht strafbar. Also: Freispruch für den Angeklagten.

Der Richter folgte dem Antrag der Verteidigung.

Ein Jahr später ging ein anderer Unfall mit einer Propangasflasche nicht so glimpflich ab. Ein Mann in Wittstock ließ wie stets auf der Füllstation der LPG seine Fünf-Kilo-Flasche füllen. Üblicherweise wird die Flasche nur zu 80 Prozent gefüllt, damit ein sogenanntes Gaskissen zur Sicherheit bleibt. Das flüssige Propan hat je nach Außentemperatur ein unterschiedliches Volumen. Bei 0° C läßt man eine 20prozentige Raumreserve in der Flasche. Stiege die Temperatur auf 68° C, dehnte sich das Propan aus, wäre die Reserve weg und die Flasche zu 100 Prozent gefüllt. Steigt die Temperatur weiter, platzt die Flasche.

Es war Winter und kalt, als der Mann seine Flasche in der LPG füllen ließ. Wie in der DDR üblich, tat man sich auch hier gegenseitig Gutes, denn auch das Gas war Eigentum aller, da mußte man auf den Liter nicht achten. »Ich habe dir sieben statt fünf reingemacht, da kann deine Frau ein bißchen länger kochen.« Dankbar zog der Mann von dannen. Es würde sich gewiß eine Gelegenheit finden, bei der man sich für diesen Liebesdienst würde revanchieren können. So war das: Hilfst du mir, helf ich dir.

Soweit also das Zwischenmenschliche.

Physikalisch gesehen war die Flasche mit 40 Prozent überfüllt.

Zunächst stand sie daheim im kühlen Flur in der Papenbrucher Chaussee. Denn es war, wie gesagt, Winter und kalt.

Eines Tages merkte die Hausfrau Rosemarie L. in der Küche, als sie gerade das Essen zubereitete, daß der Inhalt der benutzten Flasche seinem Ende entgegenbrannte. Deshalb ging sie nach draußen in den unbeheizten Flur und holte schon mal die volle Flasche in die warme Küche.

Es dauerte nicht lange, bis die Flasche barst.

Das Gas entzündete sich an der Herdflamme.

Vom ganzen Haus blieb nur eine einzige Wand stehen.

Die Trümmer begruben die Oma Alexandra Sp., drei weitere Menschen wurden schwer verletzt

Die Bilder, die ich 1986 in Wittstock machte, sollte ich zehn Jahre später in einem vergleichbaren Fall verwenden. Darauf komme ich gleich.

Wegen jener Toten und Verletzten in Wittstock sowie zahlreicher

Propangasflasche vom Unglück im Jahre 1986 in Wittstock. Die Flasche war überfüllt und barst, als sich das Gas bei der Erwärmung ausdehnte.
Deutlich ist das Loch zu erkennen, das beim Herausreißen des Ventils entstand. Die Gummikappe steckte noch immer auf dem Ventil.

Unfälle auf Campingplätzen, in Handwerksbetrieben und Haushalten wurde nach dem Ende der DDR die TGL 0-477, die lediglich ein einfaches Ventil ohne Sicherungseinrichtung für Propangasflaschen vorschrieb, außer Kraft gesetzt. Alle DDR-Gasflaschen mußten mit einem neuen Ventil ausgestattet werden, das gemäß DIN eine Sicherungseinrichtung besaß.

Da der Wechsel der Ventile natürlich Geld kostete, das von den Flaschenbesitzern zwangsweise eingetrieben wurde, gab es manch böses Wort. An allem hätten die Wessis was auszusetzen, hieß es wütend.

Nun ja, in diesem Falle war ihre Kritik begründet. Denn das West-Ventil ließ automatisch Druck ab, sofern sich das Gas ausdehnte. Propan wurde so lange abgeblasen, bis der Innendruck ungefährlich war.

Soweit die Theorie. Und in der Regel auch die Praxis.

Die kennt allerdings auch Ausnahmen.

Im Frühjahr 1996 erhielt ich vom Landgericht Frankfurt/Oder den Auftrag zu untersuchen, weshalb in der Gaststätte »Zum Weißen Hirsch« in Groß Schönebeck ein Flüssiggasventil versagt und die halbe Küche abgefackelt hatte.

Der Vorfall lag bereits drei Jahre zurück. Man schickte mir die vollständigen Akten mit den Aussagen der Beteiligten (bei jedem Brand wird gemäß § 153 StPO grundsätzlich ermittelt, weil eine Straftat von vornherein nicht auszuschließen ist), ein Gutachten des TÜV Bayern-Sachsen, das vom Bayerischen Staatsministerium für Arbeit und Sozialordnung, Familie, Frauen und Gesundheit (StMAS) in Auftrag gegeben worden war, sowie die Stellungnahme der Ingenieurgesellschaft AURAS in Oberursel.

Die Richterin von der Zivilkammer hatte mir auch ein Ventil zukommen lassen, doch wie ich schon auf dem ersten Blick feststellte, war es nicht das Originalventil, von dem in den Akten die Rede war, was mich am 2. Mai zum Aufsetzen eines Briefes an die Richterin zwang. »Es handelt sich hierbei um ein 1990 hergestelltes deutsches Ventil. Die prinzipielle Funktionsweise entspricht zwar der der 1993 in Italien gemäß der Bauartzulassung hergestellten Ventile der Fa. OMB Saleri Ventilgas S.R.L., aber die Ausführung der einzelnen Komponenten des Verschlußmechanismus' weicht in Gestalt und Material von der DIN-gemäßen deutschen Ausführung ab.

Um dem Beweisbeschluß objektiv und vollständig in allen Punkten entsprechen zu können, bitte ich das Gericht höflich darum, mir mitzuteilen, wo sich die Asservate (Ventil und Flasche) jetzt befinden.«

Die Flasche ließ sich nicht mehr auffinden, wohl aber das Ventil. Das sollte sich bald als äußert wichtig erweisen.

Zunächst studierte ich mich durch die vorliegenden Akten. Die Staatsanwaltschaft hatte 1993 automatisch gegen den Mann ermittelt, der an der Gasflasche hantiert hatte. Wenn es brennt, tritt stets nicht nur die Feuerwehr, sondern auch die Polizei zur Spurensicherung auf den Plan. Danach prüft der Staatsanwalt, ob die Indizien auf eine Brandstiftung (§§ 306-309 StGB) oder einen Versicherungsbetrug (§ 265 StGB) hinweisen, auf die vorsätzliche Herbeiführung einer Explosion (§ 311 StGB) oder die bewußte Zerstörung von Bauwerken (§§ 305 StGB), ob es sich um Sachbeschädigung (§§ 303, 304) oder um einen Verstoß gegen das Sprengstoffgesetz gehandelt hat.

Die Ermittlungen richteten sich gegen Ferenz S., den Freund des Gaststättenbetreibers Imre E., einem Ungarn.

Am Vormittag des 15. Mai 1993 hatte die Köchin festgestellt, daß eine Propangasflasche leer war. Es herrschte ziemliche Hektik in der Küche, da drei Reisegesellschaften zum Mittagessen erwartet wurden. Die Köchin bat darum Ferenz S., einen Flaschenwechsel vorzunehmen. S. hatte schon wiederholt in der Küche ausgeholfen, wenn er zu Besuch aus Ungarn im Hause weilte. Er kannte die Gegebenheiten.

Die 11-Kilo-Flasche war zwei Wochen zuvor aus Finowfurt geholt worden; bei der dortigen Firma FAVAGS ließ der Wirt immer seine Flaschen füllen. Fünf besaß er ingesamt, die er im steten Wechsel bei Wolfgang Behnisch ablud und wieder abholte.

S. klemmte die leere Flasche ab, so wie er es gewohnt war: Die Überwurfmutter mit Linksgewinde lösen, Geräteanschluß abziehen und fertig. Ein zweiter Herd, der von einer anderen Gasflasche gespeist wurde, war noch in Betrieb. S. hatte bereits zwischen beide Herde die volle Flasche abgestellt und begann, nachdem er die leere beiseite geschoben hatte, diese zum Anschluß vorzubereiten.

Dann wollte die Köchin laut Vernehmungsprotokoll ein Zischen gehört und Gasgeruch festgestellt haben. Ihr Chef sei aus dem Gastraum gekommen und zu S. gegangen. Sie selbst habe jedoch vorsichtshalber das Weite gesucht. Draußen auf dem Hof habe sie schließlich »ein gewitterähnliches Grollen« gehört.

Die Frau des Wirts hatte ausgesagt, daß sie mit ihrem Mann im Gastraum gewesen sei, als es in der Küche gezischt und gepfiffen

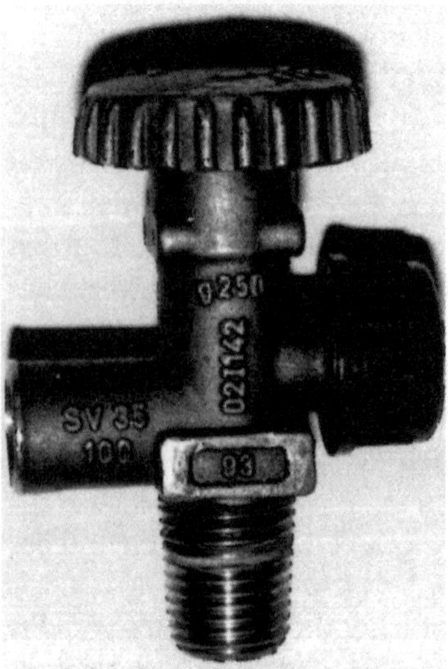

Originalventil aus italienischer Produktion

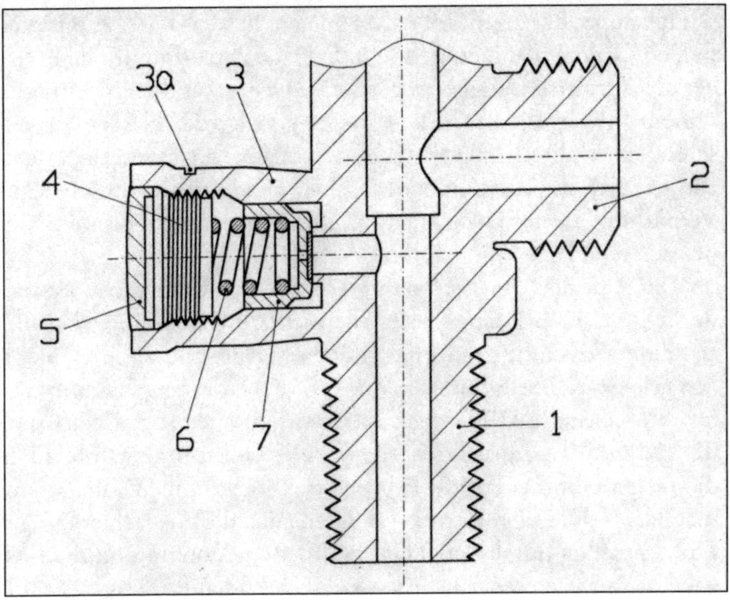

Schema eines Gasflaschenventils nach DIN-Vorschrift:
1) kegliger Gewindestutzen, mit dem das Ventil in die Flasche eingeschraubt ist; 2) Anschlußstutzen mit Linksgewinde, der beim Transport mit einer Verschlußmutter aus Kunststoff verschlossen wird;
3) Stutzen mit Sicherungsventil; 3a) Körnerschlag zum Fixieren der Spannmutter; 4) Spannmutter mit Rechtsgewinde zur Einstellung des Öffnungsdrucks; 5) rote Kunststoffkappe als Indikator; 6) Druckfeder, 7) Verschlußstück mit Dichtgummi

hätte. Sie habe nachgeschaut und S. an der Gasflasche hantieren sehen. Daraufhin wäre sie wieder beruhigt an ihre Arbeit gegangen. Als das Pfeifen jedoch nicht aufhörte, wäre ihr Mann in die Küche gegangen. Plötzlich hätte das Zischen aufgehört, dann wäre die Tür von der Durchreiche herausgeflogen, und sie habe einen Feuerschein gesehen. Unmittelbar darauf sei ihr Mann mit brennendem Hemd aus der Küche gestürzt gekommen.

Imre E. hingegen gab später – abweichend von diesen Darstellungen – an, daß er gemeinsam mit Ferenz S. den Flaschenwechsel vorgenommen habe. Er selbst wollte die alte Flasche vom Druckregler gelöst haben, während S. die neue Flasche hereingeholt und diese an ihn übergeben habe. Er selbst habe die straff sitzende Ventilschutzkappe abgezogen. Im selben Augenblick soll das Gas mit pfeifenden Geräusch ausgetreten sein. Er habe daraufhin mit dem Finger die Austrittsöffnung verschließen wollen – was die Erfrierung an seinem Finger erklärte. Als es nicht gelang, die Flasche zu verschließen, wollte E. die Flasche nach draußen tragen. Dabei entzündete sich das ausströmende Gas am Herd. Es gab zunächst eine Verpuffung. Danach brannte das Gas mit meterlanger Flamme, wobei sich die Flasche fortwährend drehte.

Das Amt für Arbeitsschutz und Sicherheitstechnik in Eberswalde stellte fest, daß diese Gasflasche nicht zum ursprünglichen Bestand der Gaststätte gehört hatte. Diese verfügte über fünf namentlich gekennzeichnete Flaschen, die – wie auch die ausgebrannte Gasflasche – alle nach DIN umgerüstet worden waren (Bauartzulassung 02 I 142 mit Überdrucksicherung). »Die Umrüstung wurde durch die Firma Günther Arndt, Fehrbellin, vorgenommen. Im Zusammenhang mit der Umrüstung erfolgten auch die Neulackierung, die Druckprüfung durch den TÜV Berlin-Brandenburg und die Freigabe bis zur nächsten 10jährig wiederkehrenden Prüfung.«

Die Kriminalpolizei stellte die Gasflasche, die Gummikappe und Teile der Überdrucksicherung sicher und übergab diese zur ersten Untersuchung an den Installateurmeister Olaf Arndt in Bernau. Der zog zwei Möglichkeiten in Erwägung. Entweder sei die Flasche überfüllt gewesen, oder bei Erschütterungen habe sich die Spannschraube der Überdrucksicherung gelöst.

Danach nahm sich das Amt für Arbeitsschutz und Sicherheitstechnik Eberwalde der Flasche an. Eine Überfüllung und ein temperaturbedingter Druckanstieg wurde gar nicht erst diskutiert. Man konzentrierte sich ausschließlich auf das Ventil.

Dabei machten die Eberswalder eine, wie mir schien, nicht uninteressante Beobachtung. Die Spannschraube der Überdrucksicherung wurde dadurch im Ventilstutzen blockiert und vor dem Herausdrehen geschützt, indem von außen drei Körnerschläge gesetzt wurden. Diese aber waren ihrer Auffassung nach nicht kräftig genug und damit nahezu wirkungslos gewesen.

Die Spannschraube, so schlossen sie, könnte sich beim Transport der Flasche gelöst haben und sei schließlich nur noch von der straff sitzenden Gummikappe gehalten worden. Als diese in der Küche abgezogen wurde, flog die Sicherung unter dem Druck des Propangases heraus.

Offenkundig schien diese Erklärung irgend jemandem nicht zu genügen, der daraufhin das Bayerische Staatsministerium für Arbeit und Sozialordnung, Familie, Frauen und Gesundheit in München anrief. Mir war unerklärlich, weshalb ausgerechnet in Bayern nachgefragt werden mußte. Es sei, so hieß es dann, »*vollkommen auszuschließen*, daß Stöße oder Vibrationen zum Lösen der Spannschraube führen können«. In jedem Falle sei dafür Werkzeug nötig. Außerdem wurde Mängeln in der Konstruktion oder Fertigstellung »nicht die geringste Wahrscheinlichkeit eingeräumt«.

Natürlich, was im Westen konstruiert und produziert worden war, galt als vollkommen.

Die Versicherung »Alte Leipziger«, die der Gaststättenbetreiber Imre E. später in Regreß nahm, hatte ihrerseits die Ingenieurgesellschaft AURAS in Oberursel um eine Stellungnahme ersucht, die ebenfalls dem Aktenbündel beilag.

Auch diese kam zur Auffassung, daß »ein nicht funktionsfähiges Sicherheitsventil als primäre Ereignisursache« angenommen werden müsse. Selbst bei überkritischem Druckanstieg würde ein solches Ventil, wenn es denn in Ordnung wäre, reagieren. Sybillinisch und nach allen Seiten offen – auch diese Neigung war mir aus einer ganzen Zahl von Gutachten mittlerweile vertraut: nur nicht festlegen und eineindeutig sein, das könnte einem vielleicht mal auf die eigenen Füße fallen – schloß man: »Als ursächliche Möglichkeiten für das Versagen des Ventils kommen falsche Handhabung beim Flaschenanschluß, ein plötzlicher Bruch der Druckfeder des Ventils (was aber nicht das Ausblasen der Spannschraube erklären würde) oder *ein nicht näher einzugrenzender sonstiger Herstellungs- oder Materialfehler* in Betracht.«

Aber immerhin schlossen sie in Oberursel nicht wie in München einen Herstellungs- und Materialfehler kategorisch aus.

Warum aber trat nun, drei Jahre nach dem Unfall, das Frankfurter Landgericht plötzlich an mich heran?

Inzwischen war das Ermittlungsverfahren wegen fahrlässiger Brandstiftung gegen S. längst eingestellt worden, denn die Erklärung seines Freundes Imre E., er habe gemeinsam mit S. die Flasche gewechselt, machte eine Anklageerhebung unmöglich. Ich vermutete, daß ihn ein cleverer Anwalt darauf gebracht hatte, daß das deutsche Strafrecht eine Mittäterschaft bei fahrlässiger Brandstiftung nicht vorsieht. Eine fahrlässige Brandstiftung kann immer nur ein einzel-

Ruine in Wittstock nach der Detonation der Propangasflasche, 1986. Vom Haus in der Papenbrucher Chaussee blieb nur noch die Giebelwand stehen. Eine Frau starb in den Trümmern, drei Personen wurden zum Teil schwer verletzt

ner begehen, sie kann nie gemeinschaftlich begangen und darum auch nicht angeklagt werden.

Doch statt froh zu sein, glücklich aus der Sache herausgekommen zu sein, wurde der Kneipenwirt dreist und strengte eine Zivilklage gegen die Firma FAVAGS in Finowfurt an, die ihm die Flasche mit Gas gefüllt hatte. Er verlangte Schadenersatz und Schmerzensgeld, denn beim Brand war er verletzt und die gesamte Küche in Mitleidenschaft gezogen worden.

Die Richterin aus der 3. Zivilkammer hatte die Klage auf dem Tisch und wollte von mir vor allem wissen, ob »eine Überfüllung der Gasflasche die Funktionsfähigkeit des Ventils« eingeschränkt oder verhindert habe. Mir war klar, worauf das zielte.

Nachdem ich mir alle zugestellten Unterlagen zu Gemüte geführt hatte, griff ich als nächstes in mein Archiv aus DDR-Tagen. Dort hatte ich Untersuchungen dokumentiert, die sich mit den Eigenschaften von Flüssiggas beschäftigten. Ich hatte in Ermangelung eines Computers mit der Hand Grafiken und Tabellen entwickelt, die die Wechselwirkung von Füllmenge, Druck und Temperatur zeigten. Doch auch ohne moderne Rechentechnik waren die ermittelten Parameter noch immer gültig.

Sodann beschäftigte ich mich intensiv mit dem Aufbau und der Funktion des Ventils, wobei ich die gravierende Veränderung an diesem Teil durch die deutsche Einheit nicht verschwieg. Es war ja nicht alles schlecht, was aus dem Westen kam.

»Flaschen für Flüssiggas werden durch Flaschenventile verschlossen, an die besondere Anforderungen gestellt werden. Flaschenventile für Kleinflaschen bis 14 kg besitzen unten einen kegligen Gewindestutzen, mit dem sie fest in den Flaschenkörper eingeschraubt sind. Der seitliche Haushaltstutzen hat zum direkten Anschluß des Druckreglers einen Weichgummiring, so daß dieser ohne Werkzeug dicht aufgeschraubt werden kann. Nur bei großen Flaschen mit Industrieanschluß wird ein metallischer Dichtring verwendet, der mittels Werkzeug anzuziehen ist.

Auf den seitlichen Haushaltanschluß gehört eine Verschlußschraube, die auch im entleerten Zustand immer aufgeschraubt werden muß, da noch mit einer Nachverdampfung von Resten zu rechnen ist.

Beim Transport wurden die Flaschenventile früher durch eine Glockenkappe, später durch eine Weichgummikappe geschützt. Neuerdings verwendet man eine steife Kunststoffkappe mit Metallspange.

Im Gegensatz zu den Ventilen nach TGL 0-477 besitzen DIN-gerechte Ventile eine Überdrucksicherung. Die Überdrucksicherung ist in einem seitlichen Stutzen untergebracht, der dem Anschlußstutzen gegenüberliegt und etwas tiefer angeordnet ist.

Ein Verschlußstück mit Gummieinlage wird durch eine Spiralfeder auf die Sicherheitsöffnung gepreßt. Der Federdruck wird werksmäßig durch eine Spannschraube eingestellt. Die Position der Spannschraube ist durch 3 von außen eingebrachte Körnerschläge, die das Innengewinde verformen, fixiert.

Den Abschluß bildet eine rote Kunststoffscheibe, die in die Stutzenöffnung eingeklipst ist und als Indikator dient. Sie wird ausgeblasen, wenn das Ventil anspricht und überschüssiges Gas herausläßt. Das Ventil schließt stets wieder, wenn der Federdruck den abgebauten Innendruck überwunden hat – als erkennbares Merkmal, daß das Ventil reagierte.«

Dadurch, daß mir irrtümlich zunächst ein falsches und erst nach meine Intervention das Originalventil zugestellt worden war, hatte ich überhaupt mitbekommen, daß sowohl deutsche als auch italie-

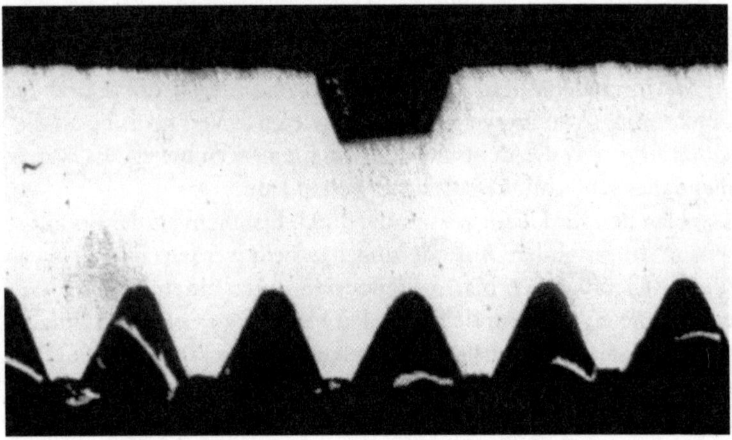

Innengewinde des italienischen Sicherheitsventils OMB im Querschliff (20fache Vergrößerung) – die Körnung ist relativ flach, die Späne im Gewinde verraten eine Benutzung der Spannmutter

nische Produkte im Einsatz waren. Der Grund wurde mir von den Fachleuten auch verraten: Die hiesigen Produzenten waren angeblich nicht in der Lage gewesen, den riesigen Ventil-Bedarf im Osten zu decken. Daraufhin war ein Betrieb jenseits der Alpen mit der Produktion beauftragt worden.

Deren Ventil (Bezeichnung OMB) war mit dem deutschen Ventil (Bezeichnung OMEGA) auf den ersten Blick absolut identisch. Ich erkannte äußerlich keine Unterschiede.

Zunächst konzentrierte ich mich auf die Aussage des Wirts, daß nach Abziehen der Gummikappe, mit der das Ventil beim Transport geschützt wurde, das Gas aus der Flasche gezischt wäre. Alle Untersuchungen, die ich vornahm, wiesen eigentlich die Unmöglichkeit nach. Diese Kappe sitzt vergleichsweise locker auf der Flasche – wenn Gas aus dem Ventil austritt, kann das von der Kappe nicht zurückgehalten werden. Man würde nicht erst nach Abzug der Kappe Gas riechen. Insofern schien auch die Behauptung (oder Annahme), das Sicherungsventil wäre *nach* Abzug der Kappe herausgeflogen (weil es bis dahin von dieser in den Stutzen gedrückt worden sei), wenig stimmig. Es war schlechterdings nicht möglich.

Sodann ging ich dem Hinweis der Kollegen im Amt für Arbeitsschutz und Sicherheitstechnik in Eberswalde nach, daß die

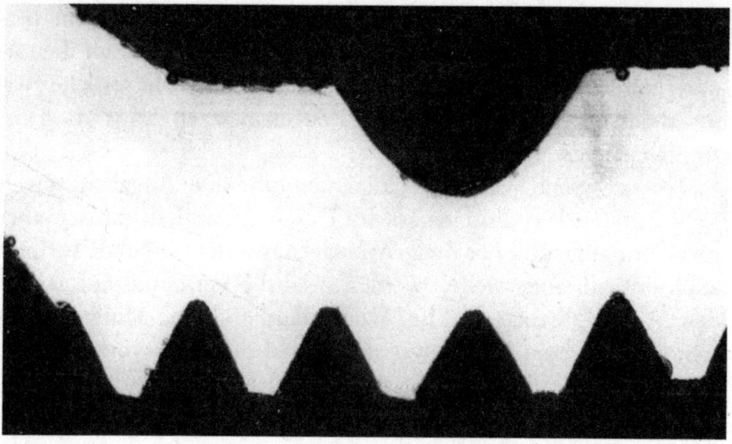

Querschliff eines Ventils aus deutscher Produktion (OMEGA). Der Körnereindruck ist erheblich tiefer und sorgt durch Verformung des Gewindes für ein Fixierung der Spannmutter

Körnungen, mit denen die Spannschraube von außen fixiert werden sollten, bei dem OMB-Ventil nicht ausreichend kräftig genug waren.

Ich fertigte von beiden Fabrikaten Querschliffe an und vergrößerte diese unterm Mikroskop auf das 20fache. Die Eberswalder hatten völlig recht: Die Schläge beim italienischen Ventil erwiesen sich als harmlos, waren allenfalls schmückende Arabeske. Formal erfüllte man die Vorschrift: Bei der optischen Kontrolle waren die drei Punkteinkerbungen deutlich zu erkennen, die Auflagen mithin erfüllt. Das aber wären sie wirklich nur, wenn sich die darunterliegende Spannschraube nur noch mit Werkzeug und unter erheblichem Kraftaufwand hätte bewegen lassen. Das jedoch war nicht der Fall – diese hier ließ sich leicht und ohne Mühe drehen.

Das war schon mal eine wichtige Feststellung.

Danach fragte ich mich, wer alles Hand an das Ventil hätte legen können. Da war

– der Hersteller in Italien
– die Firma Arndt in Ferbellin, wo es eingebaut worden war
– die Firma FAVAGS in Finowfurt, die die Flasche füllte
– der Transporteur auf dem Weg nach Groß Schönebeck
– der Mann, der die Flasche in der Küche anschließen wollte.

Nach allem, was ich inzwischen recherchiert und untersucht hatte, schieden die meisten aus. Es konzentrierte sich alles auf die unmittelbaren Vorgänge in der Küche. Zumal die Widersprüche zwischen den ersten und den späteren Zeugenaussagen des Wirts nicht zu übersehen waren.

Darauf wies ich auch im Gutachten hin. »Die Angaben, soweit sie die ersten Handlungen an der Flasche betreffen, müssen aber nicht nur aufgrund der Zeugenaussagen, sondern objektiv bedingt auch deshalb angezweifelt werden, weil die Verschlußmutter auf dem Anschlußstutzen fehlte. Wenn nämlich keine Mutter aufgeschraubt gewesen wäre – was manchmal durchaus vorkommt –, säße die Gummikappe nicht straff, sondern ginge leicht abzuziehen. Umgekehrt ist die Handlungsweise, bei plötzlichem Gasaustritt den Anschlußstutzen für den Geräteanschluß durch Abschrauben der Verschlußmutter vorzubereiten, nicht nachvollziehbar.«

E. hatte bekanntlich ausgesagt, die Kappe habe straff gesessen, und nachdem er diese – gemeinschaftlich mit S. – abgezogen habe, wäre das Gas zischend aus der Flasche gefahren. Unter diesen Umständen schien es mir höchst unwahrscheinlich, daß er dann trotzdem die Verschlußmutter am Anschlußstutzen abgeschraubt haben wollte, um die Flasche am Herd anzuschließen. Wenn man aber bei FAVAGS die Verschlußmutter vergessen hatte aufzuschrauben, dann wäre die Kappe nicht schwer, sondern leicht abzuziehen gewesen.

Wann also wurde die Verschlußmutter entfernt? Und von wem?

Die Logik der Handlungsabläufe verriet, daß die Beteiligten die Unwahrheit gesagt hatten.

Legte ich alle Puzzlesteinchen nebeneinander, ergab sich ein klares Bild. Die Tatbeteiligten waren ihre wichtigsten Belastungszeugen.

Ferenz S. wird, genau so, wie es die Köchin schilderte, die Flasche in die Küche getragen und die Kappe abgezogen haben. Dann hatte er überraschend bemerkt, daß dieses Ventil – anders als die ihm bislang vertrauten – zwei Stutzen besaß. Er wird zunächst die Verschlußmutter am Anschlußstutzen entfernt und dann aus Unkenntnis auch am zweiten Stutzen hantiert haben. Da sich aber wegen der ungenügenden Körnung die dortige Spannschraube ebenfalls bewegen ließ, hat S. auch daran gedreht – bis diese unter dem Druck des Gases herausflog.

Die Gasflasche aus der Küche im »Weißen Hirsch« unmittelbar nach dem Unglück und der Sicherstellung am Ereignisort. Die Schutzkappe am Anschlußstutzen fehlt – ein Hinweis darauf, daß sie beim Hantieren entfernt worden sein mußte, was aber von den Beteiligten bestritten worden war

Mein Gutachten beendete ich mit der definitiven Aussage: »Die Schlußfolgerung, daß es durch Manipulation am falschen Stutzen zum Lösen der Spannschraube kam, beruht auf dem Ausschluß aller anderen technischen Möglichkeiten unter den gegeben Randbedingungen. Nur so konnten sämtliche Ventilteile ausgeblasen werden.«

Und wie üblich setzte ich über meinen Dienststempel die Formel: »Ich berufe mich auf den vor dem Präsidium der Industrie- und Handelskammer Frankfurt (Oder) am 28.4.1995 geleisteten Eid, die Aufgaben eines im Sinne der §§ 404 ZPO und 73 StPO öffentlich bestellten und vereidigten Sachverständigen gewissenhaft zu erfüllen und die angeforderten Gutachten unparteiisch und nach bestem Wissen und Gewissen zu erstatten.«

Ein halbes Jahr hatte ich an der Sache gesessen. Nicht ununterbrochen natürlich, aber die Untersuchungen und vor allem der Schriftwechsel mit verschiedenen Instanzen hatte sich länger als befürchtet hingezogen. Allerdings blieb ich in der Frist. Die Richterin hatte mich am 18. April 1996 um das Gutachten im Verfahren E. gegen Behnisch, dem Firmenchef von FAVAGS (»Flüssiggas-Abfüllung, Vertrieb, Anlagen, Geräte-Service« Finowfurt) und um dessen Zustellung »bis spätestens zum 16.10.1996« ersucht.

Nun ja, ich lieferte am 18. Oktober. Die Kammer zeigte sich nachsichtig. Wie wohl auch gegenüber Ferenz S., gegen den man nach diesem Gutachten neuerlich ein Ermittlungsverfahren wegen fahrlässiger Brandstiftung hätte einleiten müssen.

Aber: Der Mann lebte in einem Land, das noch nicht zur EU gehörte, und geschädigt worden war nur der eigene Freund.

Es blieb also in der ungarischen Familie.

Und in Niederfinow konnte sich ein kleiner, unschuldiger Unternehmer freuen, daß der Kelch einer Klage an ihm vorübergegangen war.

Der Fall Meyer

Der Tod hat nie angenehme Seiten. Auf die Leichen, mit denen ich mitunter zu tun habe, trifft diese Feststellung in besonderer Weise zu. Es sind Menschen, die – wie es im Gerichtsdeutsch heißt – auf unnatürliche Weise verstarben. Und folglich ist ihr letzter Zustand oft auch wenig natürlich. Sie sind gezeichnet von Unfällen oder Mißhandlungen, sie trieben lange im Wasser oder lagen in der Erde verscharrt. Die Natur hatte sich ihrer Körper bemächtigt und in ihren ewigen Kreislauf eingebunden, Fäulnis und Pilze, Würmer und Käfer, Vögel und Ratten, Fische und Möwen machten sich über das tote Fleisch her, ehe es entdeckt und in die Pathologie geschafft wurde. Der Anblick erschüttert nicht nur sensible Gemüter.

Mitunter trifft man auch auf Menschen, die scheinbar friedlich in einem Bett verstarben. Dennoch meint der Staatsanwalt, aktiv werden zu müssen, zumal, wie in diesem Falle, eine Ehefrau und nunmehrige Witwe heftige Vorwürfe erhoben hatte. Ihr Mann war kurz vor Mitternacht am 25. März 2001 verstorben. Das sei Schuld der Krankenschwestern, meinte sie und erstattete Anzeige. Folgerichtig leitete der Staatsanwalt ein Ermittlungsverfahren gegen Susanne Paul und andere wegen fahrlässiger Tötung ein.

Nun bin ich kein Biologe und kann wenig über medizinische Belange sagen. Doch in diesem Falle war auch ein technisches Gerät mit im Spiel, an dessen korrekter Arbeit gezweifelt wurde. Die Zweifel sollte ich entweder ausräumen oder bestätigen. Gleichwohl ließ sich die technische schlecht von der medizinischen Seite trennen. Insofern bewegte ich mich auf dem sehr schmalen Grat eines Grenzfalles. Denn wie konnte ich ein Guachten abgeben über die Funktionstüchtigkeit eines Heimbeatmungsgerätes PV 401-2, ohne die Krankengeschichte des Verstorbenen zu kennen?

So schickte mir denn die Mordkommission des Frankfurter Polizeipräsidiums im Auftrage von Staatsanwalt Link neben dem Gegenstand der Begutachtung auch die Krankenakte des Verstorbenen. Ihre Lektüre erschütterte mich sehr.

Hier brachen ethische Grundätze und Fragen auf, die zu beantworten ich nicht aufgerufen worden war. Gleichwohl berührte mich das Schicksal dieses mir unbekannten Günter Meyer außerordentlich. Es verriet, wie geschäftsmäßig und unbeteiligt wir mit dauerhaft Kranken und Alten inzwischen umgehen. Als Kostenfaktor und Störfall werden sie lieber weitergeschickt als behaust. Wobei ich verstehe: Fälle wie diese verstärken die Neigung zur Sorgfalt und lanwierigen Betreuung nicht. Der Eifer, mit dem mancher Zeitgenosse die Vorzüge des Rechtsstaat meint ausreizen zu müssen, trägt dazu nicht unerheblich bei. Schicksalsschläge lassen sich aber nun mal mit Anwälten und Gerichten nicht revidieren. Sie können allerdings Medizinern und Pflegepersonal das Leben schwer machen. Und allein darin findet mancher schon Erfüllung. So etwas ist tödlich für das Gemeinwesen.

Die Odyssee des damals 61jährigen Günter Meyer begann in Fürstenwalde am 14. August 2000, wo er wegen akuter Atemnot in die Klinik für Innere Medizin des Humaine Klinikums eingeliefert werden mußte. In Fürstenwalde wurde er tracheotorniert, das heißt, man setzte ihm eine Kanüle in die Luftröhre, um die Atmung von außen zu unterstützen.

Von dort wurde er in die Rehabilitationsklinik Beelitz verlegt.

Am 7. Oktober wurde er mit Verdacht einer Pneunomie in das Ernst-von-Bergmann-Klinikum Potsdam überführt.

Am 14. November kam er in die Median-Klinik Grünheide zur neurologischen Frührehabilitation.

Am 11. Januar 2001 wurde Meyer schließlich in die Klinik für Neurologie der Berliner Charité gebracht. Offenkundig wurde er dort erstmals richtig untersucht, denn die nunmehr gestellte Diagnose wich deutlich von allen früheren ab. Meyer litt unter amyotrophischer Lateralsklerose, was unter dem Kürzel ALS bekannt ist, einer chronisch fortschreitenden Systemerkrankung des Rückenmarks, die zunehmend vor allem die Skelettmuskulatur in Mitleidenschaft zieht. Bei Meyer hatte es bereits erkennbar zur Schädigung der Atemhilfsmuskulatur geführt, was eine künstliche Beatmung erforderlich machte.

Die Diagnose war niederschmetternd. Sie bedeutete nämlich, daß Meyer ein Pflegefall war und nie wieder das Bett würde verlassen können.

Am 19. Januar waren die Untersuchungen in der Charité abgeschlossen. Der Patient wurde wieder in die Klinik nach Grünheide zurückgebracht.

Dort konnte man ihn nicht behalten. Die Krankenkasse hatte Anfang März erklärt, den Aufenthalt in der Median-Klinik Grünheide nicht verlängern zu wollen. Im Seniorenhaus Neuberesinchen in Frankfurt war jedoch ein Einzelzimmer freigeworden, in das Meyer einziehen sollte. Ein Vertreter der Heimleitung holte in Grünheide Erkundigungen über den Zustand ihres künftigen Insassen und dessen Versorgung ein. Er versicherte, daß bei der Pflege und dem Umgang mit einem Heimbeatmungsgerät keine Komplikationen zu erwarten seien.

Bei der Fahrt von Grünheide in das Pflegeheim am 22. März kam es zu einem Zwischenfall. Der Patient litt unter akuter Atemnot, der Notarzt legte das Beatmungsgerät an und saugte die Luftröhre ab, doch der Zustand besserte sich nicht. Daraufhin fuhr der Krankentransporter mit Blaulicht und Sirene zur Rettungsstelle des am Wege liegenden Humaine Klinikums in Bad Saarow. Dort trat eine spontane Besserung des Zustandes ein, weshalb man die Fahrt nach Frankfurt fortsetzte.

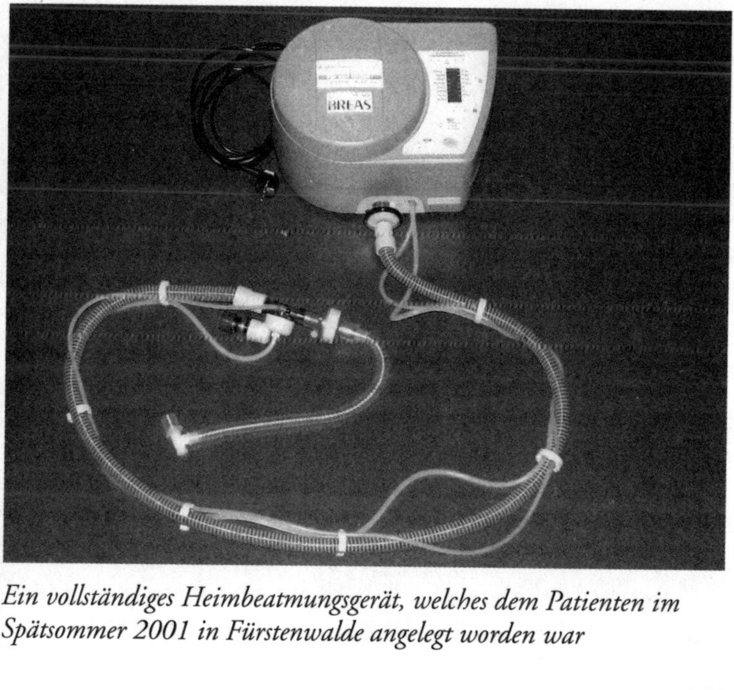

Ein vollständiges Heimbeatmungsgerät, welches dem Patienten im Spätsommer 2001 in Fürstenwalde angelegt worden war

Drei Tage später kollabierte Meyer erneut.

Nach 22 Uhr an diesem 25. März registrierte die diensthabende Schwester die Patientenklingel, kurz darauf ertönte auch das akustische Alarmsignal des Beatmungsgerätes. Sie stürzte ins Zimmer von Meyer, der heftig nach Atem rang.

22.15 Uhr rief die Schwester den Notarzt Dr. Niemann. Dieser traf zwei Minuten später ein. Meyer war nicht ansprechbar. Der Arzt entfernte den Geräteschlauch und schloß sein Notfallbeatmungsgerät an die Trachealkanüle an. Der Patient ließ sich nicht beatmen. Ein erneuter Absaugversuch scheiterte. Erst als die Kanüle durch eine neue ersetzt worden war, gelang die Beatmung.

Die aus der Luftröhre entfernte Kanüle war vollständig mit Bronchialsekret verschlossen.

Dr. Niemann ließ den Rettungswagen kommen, um Günter Meyer ins Klinikum Frankfurt zu bringen, doch 23.20 Uhr verstarb dieser auf der B 87, nachdem der Wagen mit Blaulicht und Sirene die Siedlung Markendorf passiert hatte …

Die Geschichte forderte meinen Ehrgeiz heraus. Ich wollte in Erfahrung bringen, woran Meyer gestorben war. Natürlich war mir

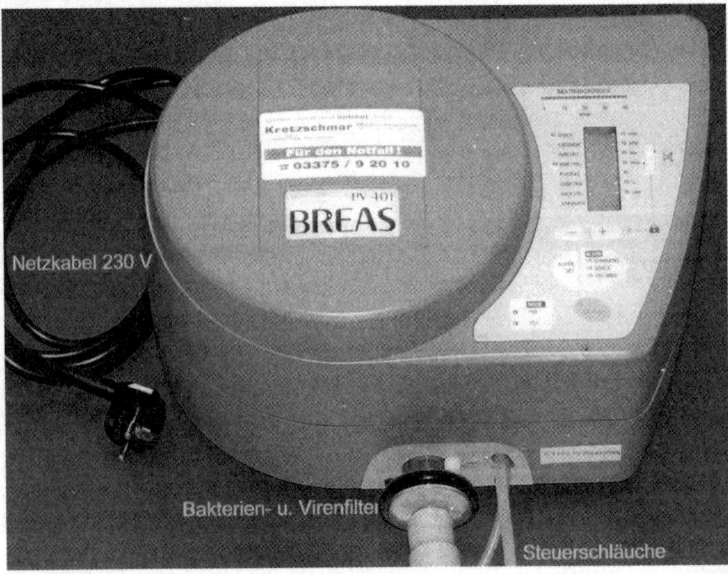

Das Basisgerät mit Bedien- und Kontrollfeld sowie Anschlüssen

nach dem Studium der Krankenakte bewußt, daß es viele medizinische Aspekte dabei gab, die ich weder kannte noch einzuordnen vermochte. In der Lunge und an der Kanüle hatten sich beispielsweise wie meist in solchen Fällen bestimmte Bakterien angesiedelt. Was war mit denen? Und zum Krankheitsbild von ALS gehörten, wie ich las, gesteigerte Muskeleigenreflexe wie auch Lähmungserscheinungen, die nicht vorhersehbar waren. Gab es die, und welche Wirkungen hatten sie hervorgerufen? Das alles vermochte ich mit meinem Fremdwörterbuch, das ich wegen der medizinischen Fachbegriffe kaum noch aus der Hand legen konnte, nicht zu beantworten.

Also konzentrierte ich mich auf die technische Seite, auf das, wonach mich Staatsanwalt Link gefragt hatte:

»1. Hat eine Fehlfunktion des Heimbeatmungsgerätes zur Verstopfung der Trachealkanüle geführt?

2. Entsprach die Einstellung des Gerätes den ärztlichen Vorgaben?

3. Gibt es gerätetechnische Schwachstellen, die zu einer fehlerhaften Bedienung führen können?

4. Kann anhand der Funktionsweise des Gerätes der Eintritt der Verstopfung zeitlich eingegrenzt werden?

5. Welche sonstigen ereignisbezogenen Schlußfolgerungen läßt die Aktenlage zu?«

Zunächst ließ ich mir ein solches Heimbeatmungsgerät BREAS PV 401-2 kommen. Obgleich es auf den ersten Blick vergleichsweise simpel ausschaute, war es – wie in der Regel alle medizinische Technik – sündhaft teuer. Das liegt allerdings selten, wie gewiß unterstellt, an der vermeintlichen Monopolstellung der Produzenten, sondern meist an den eingesetzten Materialien. Diese unterliegen besonderen medizinischen Anforderungen und unterscheiden sich von vergleichbaren Materialien, die von gesunden Menschen ohne Probleme benutzt werden. Das treibt die Kosten in die Höhe. Wie hoch dabei die Gewinnspanne ist, die ein Hersteller sich zugesteht, vermag ich nicht zu beurteilen. Daß ihn aber ausschließlich Altruismus und der Dienst an kranken Menschen trieben, dürfte unter den Bedingungen der Marktwirtschaft als wenig wahrscheinlich gelten.

Das Gerät kam aus Schweden. Es bestand aus einem Basisgerät und dem Zubehör. Das Basisgerät war so etwas wie eine Steuerzentrale. Es besaß ein Bedien- und Kontrollfeld auf der Oberseite und

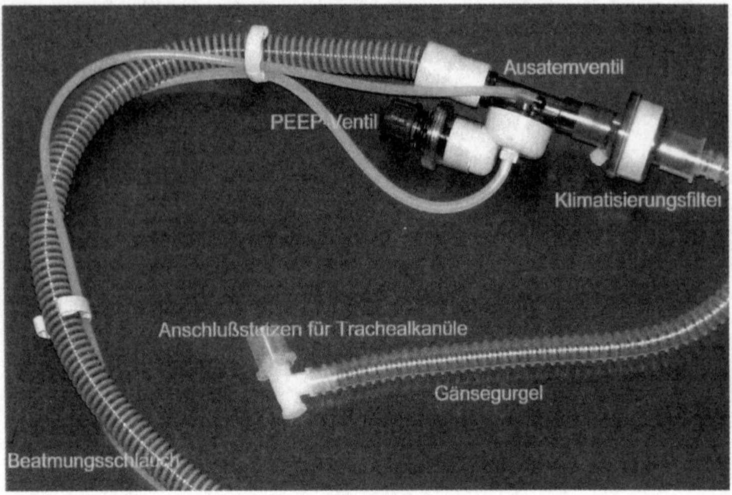

Schläuche und Zusatzteile des Heimbeatmungsgerätes

Anschlüsse für den Beatmungsschlauch mit vorgesetztem Bakterienfilter sowie den beiden Schläuchen für die Druckmessung und die Ventilsteuerung. Beide waren mit Schellen am dickeren Beatmungsschlauch fixiert. Daneben gab es noch einzelne funktionale Elemente, deren Auflistung und Erklärung dem obigen Bild zu entnehmen sind.

Das Gerät wurde in Deutschland von einer Firma in Zeesen vertrieben. Zum Service gehörte die Einweisung des medizinischen Personals in die Technik. Ich nahm Einzelunterricht und ließ mir detailliert die Funktionsweise erklären.

Das Gerät diente der Unterstützung der Atmung, es ersetzte diese nicht. Dazu wurde die Raumluft genutzt. Man konnte die Atemfrequenz einstellen, die lag bei 16 Atemzügen in der Minute. Wurde diese unterschritten – setzte etwa die Atmung viermal aus –, wurde optischer und akustischer Alarm ausgelöst. Das gleiche geschah bei zu hoher Atmungsfrequenz.

Man besorgte mir zu Testzwecken bei der Firma Siemens eine Testlunge, um mit einem neuen Heimbeatmungsgerät verschiedene Notfallvarianten auszuprobieren. Es war der 19. November 2001 – die Vertreiberfirma Kretzschmar-Medizintechnik zeigte sich sehr kooperativ, was insofern nicht überraschte, als sie selbst am Befund interessiert war.

Wir spielten wieder und wieder alle denkbaren Varianten durch: Volumenalarm, Druckalarm, Stromausfall und Umschalten auf interne Batterie. Alles klappte, es gab keinerlei Abweichungen von den Sollwerten.

Gleiches ließ sich auch über das von Meyer benutzte Gerät sagen: Es war mechanisch, elektrisch und elektronisch ohne Mängel. Ein Gerätefehler konnte zweifelsfrei ausgeschlossen werden. Auch die Einstellung entsprach den ärztlichen Vorgaben der Klinik in Grünheide. Eine unbeabsichtigte Veränderung der eingestellten Parameter war ausgeschlossen. Die Selbstüberwachung des Gerätes signalisierte Funktionsfehler innerhalb von 15 Sekunden.

Auch eine Verwechselung der Schläuche war unmöglich: Sie besaßen unterschiedliche Anschlüsse, jeder Schlauch paßte nur in den für ihn vorgesehenen Anschluß. Das war, um es salopp zu formulieren, idiotensicher.

Wie aber erklärte sich das vollständige Verstopfen der Kanüle? War das auf die Technik und deren Versagen zurückzuführen?

Die Aussage der Krankenschwester, daß Meyer die Patientenklingel bedient hatte, war für mich der wichtigste Hinweis darauf,

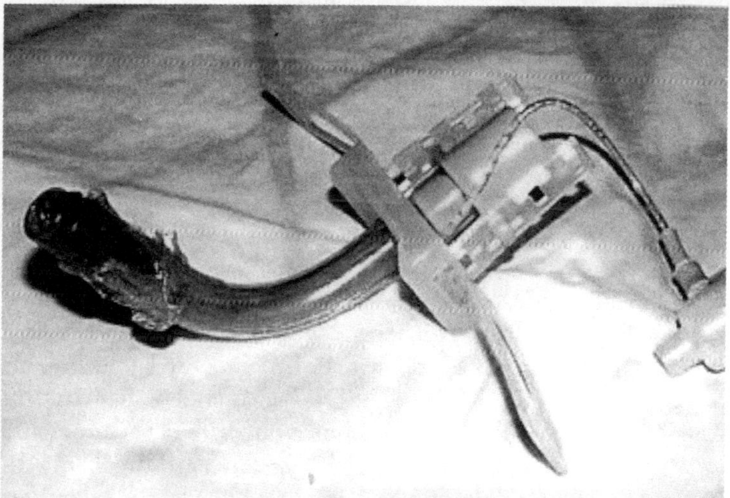

Die vom Notarzt am 25. Oktober 2001 entfernte Trachealkanüle, die fotografisch dokumentiert und danach entsorgt wurde. Der Tubus war mit Bronchialsekret vollständig verschlossen, was zum Ersticken des Patienten führte

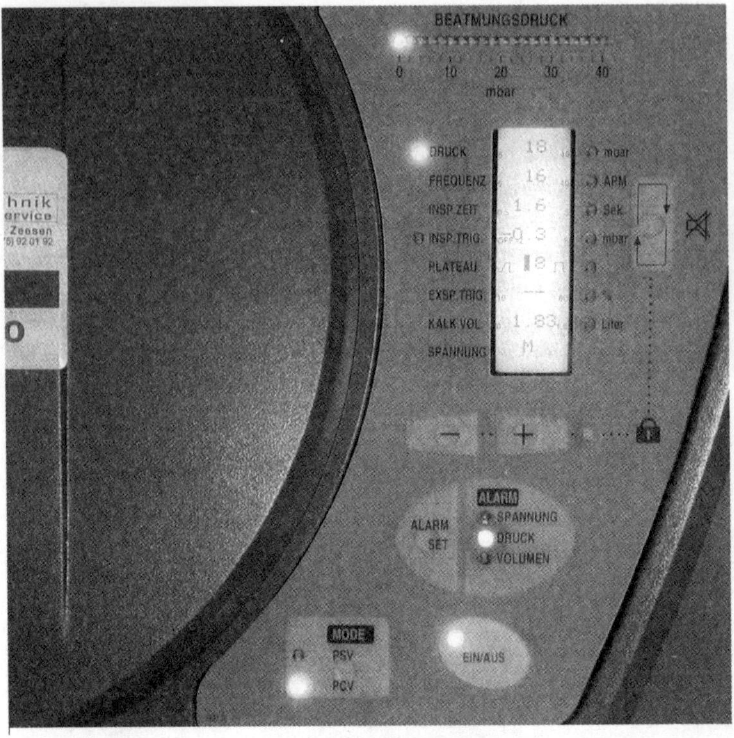

Kontroll- und Bedienfeld des Basisgerätes im Test: Das Gerät pumpt (Druck-LED leuchtet) – aber der Beatmungsdruck (oben) bleibt nach Abklemmen des Beatmungsschlauches auf Null. Nach 15 Sekunden (= 4 Atemzüge) wird deshalb optisch (rotes Lämpchen unter »Alarm«) und akustisch Druckalarm ausgelöst

daß es nicht an der Technik gelegen haben konnte. Meyer mußte, wie schon einige Male zuvor, einen Anfall erlitten haben. Das entsprach dem Verlauf der Krankheit. Er bediente die Klingel, *bevor* der Gerätealarm ausgelöst wurde. »Das bedeutet, daß sich vor dem Anfall das kalkulierte Atemzugsvolumen oberhalb der Alarmgrenze bewegte. Nachlässigkeiten bezüglich hygienischer Vorgaben (Absaugen, Reinigung, Filterwechsel usw.) als Ursachen für den Verschluß können somit nicht unterstellt werden«, schloß ich in meinem Gutachten. Damit auch Nichtmedizinern bewußt werden konnte, daß weder die Schwestern noch der Arzt schuld am Tod von Günter Meyer sein konnten, formulierte ich es noch deutlicher:

»Der vollständige luftdichte Verschluß der Trachealkanüle wird auf eine plötzliche patientenseitige Reaktion zurückgeführt, die ihre Ursache weder in einer Fehlfunktion des Beatmungsgerätes noch in einem Bedienfehler hat. Diese Reaktion, die sich in das Gesamtbild der progredienten Symptomatik der ALS bei übermäßiger Verschleimung der Bronchien einfügt, war für das Pflegepersonal nicht vorhersehbar.«

Ganz ohne angelesene medizinische Fachbegriffe ging es nicht.

Mein Gutachten räumte jeglichen Restverdacht gegen das beteiligte Personal des Pflegeheims aus. Auch wenn sich der Anwalt, den sich die hauptverantwortliche Schwester vorsichtshalber genommen hatte, möglicherweise die Einstellung des Ermittlungsverfahrens als Erfolg auf seine Fahne schrieb, wußte nicht nur Staatsanwalt Link, daß er dies zu unrecht tat.

Doch warum sollten wir ihm seinen Glauben nehmen?

Nach Jahresfrist, am 25. November 2002, sandte ich der Firma Kretzschmar-Medizintechnik das Heimbeatmungsgerät PV 401-2 mit der Geräte-Nummer F 28001 zurück, damit es diese an den nächsten ALS-Patienten weitergeben konnte.

Der Staatsanwalt hatte mich gebeten, es solange als Beweismittel aufzubewahren. Er konnte nicht davon ausgehen, daß die vom Gesetzgeber eingeräumte Frist zur Abgabe der Beschwerde über seine Entscheidung ungenutzt verstreichen würde. Witwen können zuweilen sehr uneinsichtig sein.

Doch diese war es nicht. Sie akzeptierte nunmehr die offiziell angegebene Todesursache: »zwangloses Ersticken«.

Der Fall Bützow

Die Knäste in unseren Lande heißen beschönigend Justizvollzugsanstalten, kurz JVA. Doch trotz moderner Benennung sind sie oft uralt, was man ihnen auch ansieht. Vor allem innen. Mit frischer Tünche allein läßt sich das Alter nicht wegzaubern. In Bützow, einer Kleinstadt mit weniger als zehntausend Einwohnern im Landkreis Güstrow, steht so ein betagtes Gefängnis. Dort saßen schon Männer und Frauen unterm Kaiser ein, während der Weimarer Zeit, im Dritten Reich und auch zu DDR-Zeiten. Ohne Pause ging es ins vereinte Deutschland. Auf einer Homepage im Internet, auf der Häftlinge über den Zustand ihrer JVA berichten, äußerte einer den Verdacht, es handele sich vermutlich um das älteste Gefängnis der Republik und gibt als Baujahr 1835 an; in einer gedruckten Geschichte des Gefängnisses gehen die Autoren sogar auf das Jahr 1812 zurück …

Ende August 1995 bekam ich Post vom Landeskriminalamt Mecklenburg-Vorpommern. Dr. Monika Böhme, die Leiterin der Kriminaltechnik in Schwerin, bat mich um die Begutachtung von Gitterstäben und Besteckmessern. Den Hintergrund ihrer Aufforderung hatte ich bereits der Zeitung entnommen, die über den Fall berichtet hatte. In einer Nacht waren in Bützow gleich neun Gefangene ausgebrochen, oder, wie es im Amtsdeutsch hieß: entwichen. Und das Fachchinesisch sprach auch nicht von einer kollektiven Flucht, sondern von einer »Gefangenenmeuterei mit Ausbruch«. Das mutete ein wenig rebellisch an, was es bei nüchterner Betrachtung aber nicht war. Morgens um 1.05 Uhr am 2. August waren fünf Häftlinge aus der Zelle 106 – jetzt »Haftraum« – durch das Fenster gestiegen, nachdem sie zuvor einen der Gitterstäbe entfernt hatten. Das war im Fügel A. Im Flügel B hatten diesen Weg in die Freiheit die vier Gefangenen in Haftraum 4 gewählt, was allerdings auch erst am Morgen bemerkt worden war.

Den Ausstieg quittierte die JVA-Leitung mit einiger Überraschung, hatte doch, wie das Protokoll vermerkte, die Vollzugsbeamten zumindest die Gitterstäbe in Haftraum 4 am Vorabend gegen

19 Uhr einer »Sicht- und Klangprüfung« unterzogen. Der Ton muß gut, also unauffällig gewesen sein. Anderenfalls, dieser Schluß liegt nahe, hätten die Beamten Alarm geschlagen.

Trotzdem waren die Insassen am Morgen weg.

Im Innenbereich des A-Flügels und im Vorgelände waren je ein Besteckmesser und im Haftraum 4 vier Besteckmesser aufgefunden worden, hieß es im Protokoll.

Die Messer stammten noch aus der Zeit vor 1989, es war nicht alles schlecht in der DDR. Denn wenn solche Messer einmal richtigen Profis in die Hände gerieten, was die entwichenen neun Rumänen zweifellos waren, konnte man damit offenbar sogar Gitterstäbe durchtrennen. Die Gangster hatten die Edelstahlklingen geschickt an ihrer Schneideseite geschränkt, so daß die Brüche auseinanderstanden wie die Zähne einer Säge. Wo und wie sie das getan hatten, ließ sich nicht feststellen.

Gleichwohl herrschte Zweifel, ob denn dieses tatsächlich möglich gewesen sein soll: einfach so mit dem Messer Metallstäbe durchzusägen.

Frau Dr. Böhme wollte es von mir genau wissen. Dazu sollte ich die herausgetrennten Gitterstäbe und die Messer einer Materialprüfung unterziehen und eben jene Frage beantworten. Und wenn ich die Möglichkeit bejahen würde, dann sollte ich auch noch sagen, wie lange so etwas dauerte. Zum Vergleich sollte ich auch ausführen, wieviel Zeit man für die gleiche Aktion mit einem normalen handelsüblichen Sägeblatt benötigte. Dabei, so schien mir, ging es weniger darum, die Qualität der DDR-Messer mit der von Sägeblättern zu vergleichen, sondern mehr um die generelle Festigkeit der Schwedischen Gardinen.

Das Dezernat 600 schickte mir am 25. August die sogenannten Beweismittel ins Haus. Ich hatte eine reine Labortätigkeit vor mir. Zunächst bestimmte ich spektralanalytisch die chemische Zusammensetzung. Die Gitterstäbe, 22 Millimeter im Quadrat und mit Dutzenden Farbanstrichen versehen, bestanden aus einem unlegierten kohlenstoffarmen allgemeinen Baustahl. Sie enthielten keinerlei Zusätze, die ihre Festigkeit gesteigert hätten und waren, wie meine Großmutter bei alten Dingen zu sagen pflegte, noch Friedensware. Unter Friedensware verstand sie all das, was vor 1914 hergestellt worden war. Aus Sicht ihrer Generation traf dies zu. Zwischen 1871 und 1914 gab es auf dem Kontinent keinen Krieg, es herrschte also

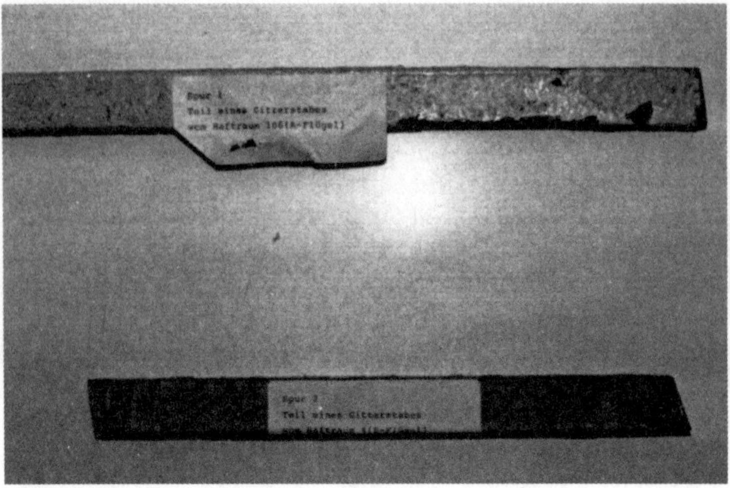

Die herausgesägten Gitterstäbe aus Bützow

fast ein halbes Jahrhundert Frieden. Das war eine lange Zeit. Danach tobten binnen drei Jahrzehnten zwei Weltkriege und diverse Bürger- und Interventionskriege.

Die kaiserlichen Gitterstäbe in Bützow waren vermutlich über hundert Jahre alt und darum kein Problem für die sozialistischen Messer. Deren Klingen bestanden aus chromlegiertem Edelstahl verschiedener Tranchen. Selbst jene mit Aluminiumgriffen besaßen gut gehärteten Stahl des Legierungstyps X 46 Cr 13 Wst.-Nr. 1.4034, was der DIN 17440 entsprach.

Sodann ermittelte ich die Zugfestigkeit der Stäbe. Die lag bei 34 bzw. 38 kp/mm^2. Ferner waren einige Aussagen zur Schneidengeometrie und zur Morphologie der Trennflächen nötig.

Das eigentlich Spannende war natürlich das Experiment.

Ich gebe unumwunden zu: Darauf freute ich mich. Es würde sich nachhaltig auf die Höhe meines Honorars auswirken.

Freiberufler wie ich werden nach dem Zeugen- und Sachverständigen-Entschädigungsgesetz (ZSEGe) auf Stundenbasis »entschädigt«. Seit Jahren streiten wir um eine Honorierung, denn Gutachter *arbeiten*, sie haben, wie jeder andere Werktätige auch, darum Anspruch auf eine Bezahlung und nicht auf eine Entschädigung.

Nun mag man vielleicht einwenden, daß die Bezeichnung unerheblich sei, wenn denn die Summe unterm Strich hinlänglich groß

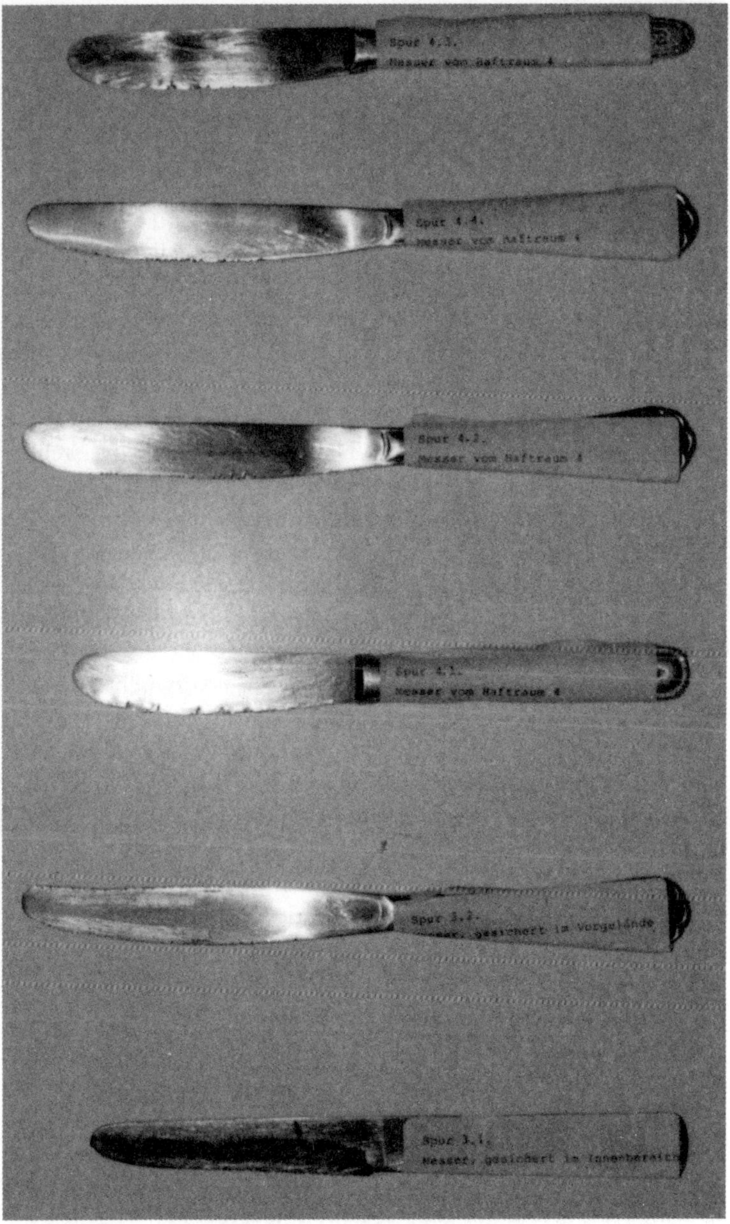

Die zu Sägen umgerüsteten Besteckmesser, mit denen neun Rumänen in der JVA Bützow die Gitterstäbe durchtrennten

ist. Doch die Verwendung des Begriffes »Entschädigung« drückt eine gleichmacherische Unterschätzung der tatsächlichen Leistung der Gutachter aus – kreative Anstrengungen und Berufserfahrung, die in anderen Gewerben nachhaltig in die Bewertung einfließen, spielen keine Rolle. Auch wird das Risiko, das wir zuweilen eingehen müssen, in keiner Weise dabei berücksichtigt. Ich bin schon auf Brandstellen durch Geschoßdecken gebrochen und habe mir rostige Nägel in die Fußsohle getreten. Wir werden zwar »entschädigt«, aber eben nicht für das Risiko, in das wir uns naturbedingt begeben, sondern pauschal auf Stundenbasis. Und schließlich leisten wir zuweilen in des Wortes eigentlicher Bedeutung Drecksarbeit. Im Auftrag der Staatsanwaltschaft oder der Polizei beispielweise in Brandruinen zu wühlen, macht nun einmal richtig schmutzig. Diese Arbeit wird gern von Büroarbeitern delegiert. Um mich nicht mißzuverstehen: Ich schrecke vor dieser Arbeit nicht zurück, ich mache sie gern. Doch wenn der nicht ganz unbegründete Verdacht genährt wird, die Staatsdiener leisteten sich für die Drecksarbeit stellvertretend Subunternehmen, so ist das nicht nur ärgerlich. Es ist auch ungerecht.

Aus all diesen Gründen fordern wir daher eine Bezahlung auf Honorarbasis und keine »Entschädigung«.

Die Stundensätze gemäß ZSEGe bewegen sich zwischen 25 und 52 Euro je Stunde. Ein Freiberufler, der davon lebt, darf noch 50 Prozent aufschlagen. Das heißt: Das Maximum beträgt 78 Euro. Ich habe für mich entschieden, daß meine Arbeitsstunde 42 Euro (plus 21 Euro Aufschlag) kostet. Das hat bisher jeder Auftraggeber akzeptiert.

Es gibt auch Beispiele unverschämter Forderungen mit Stundensätzen um die 1000 Euro, und die irrige Annahme »je teurer, desto besser« scheint bei manchen unausrottbar.

Nun wird vielleicht dieser oder jener Leser einwenden: Ibendorf, ich würde ganz gern 63 Euro in der Stunde verdienen und schweigen! Diese Summe bekomme ich ja nicht wirklich. Als ostdeutscher Freiberufler muß ich ich davon 10 Prozent (bis vor kurzem sogar 20 Prozent) abziehen. So verlangt es der Einigungsvertrag von 1990. Denn ein Selbständiger in Ostdeutschland leistet (als Anwalt, Steuerberater, Gutachter etc.) bekanntlich noch immer deutlich weniger als seine Kollegen in Westdeutschland (Steuerberater umgehen das erfolgreich, indem sie als GmbH agieren. Sie wissen schließlich am besten, wo die Schlupflöcher im Steuerrecht sind).

FE-10 Fe-Niedriglegierte Stähle 07.09.95 09:18
Benennung 4-kt

	C	Si	Mn	P	S	Cr	Mo	Ni	Al
1	0.0659	<0.0100	0.563	0.0993	0.127	0.0206	.00818	0.0434	<.00200
2	0.0654	<0.0100	0.495	0.110	0.115	0.0182	.00739	0.0413	<.00200

	Co	Cu	Nb	Ti	V	W	Pb	Sn	As
1	0.0170	0.0652	<.00500	<.00200	<.00100	<0.0100	<.00200	.00202	0.0914
2	0.0167	0.0675	<.00500	<.00200	<.00100	<0.0100	<.00200	.00247	0.0975

	Zr	Ta	B	Fe
1	.00172	<0.0100	<.00050	98.85
2	.00148	<0.0100	<.00050	98.92

FE-10 Fe-Niedriglegierte Stähle 07.09.95 09:18
Benennung 4-kt

Gelöschte Einzelabfunkungen: /2/

Mittelwert von 2 Abfunkungen

	C	Si	Mn	P	S	Cr	Mo	Ni	Al
X	0.0656	<0.0100	0.529	0.105	0.121	0.0194	.00778	0.0423	<.00200

	Co	Cu	Nb	Ti	V	W	Pb	Sn	As
X	0.0169	0.0663	<.00500	<.00200	<.00100	<0.0100	<.00200	.00225	0.0945

	Zr	Ta	B	Fe

Ausdruck der spektralanalystischen Untersuchung der chemischen Zusammensetzung eines der beiden Gitterstäbe

Von meiner »Entschädigung« gehen noch die Steuern und andere Neben- und Betriebskosten ab, so daß am Ende die Ziffer schon nicht mehr so üppig aussieht. Und außerdem: Selbst wenn ich täglich 10 und mehr Stunden in meinem Büro und im Labor zubringe – die wenigste Zeit schlägt sich in einer Rechnung an einen Auftraggeber nieder.

Zutreffend ist, daß beispielsweise Versicherungen nach Vereinbarung und nicht nach ZSEGe zahlen. Die Sätze sind mindestens doppelt so hoch, und es gibt Erfolgsprämien – worüber aber öffentlich nicht gesprochen wird. Wenn der Gutachter den Beweis liefert, daß sie nicht an den Versicherten zahlen müssen, ist das aus Sicht der Versicherung eine Prämie wert. Ich will nicht ausschließen, daß dieser oder jener Kollege durch eine solche Aussicht zu entsprechenden Untersuchungsresultaten kommt. Doch das läßt sich nicht oft wiederholen: Irgendwann wird öffentlich, daß er Verfasser von Gefälligkeitsgutachten ist – und das ist nicht nur in unserer Branche tödlich. Unser Kapital ist und bleibt – neben dem Können und der Kreativität – unsere Unabhängigkeit.

Nach Lage der Dinge war mir also klar, daß es auf einen Selbstversuch hinauslief. Doch für 63 Euro brutto griff ich schon mal gern zur Eisensäge und deren rumänische Ausführung.

Ich spannte den etwas härteren Gitterstab waagerecht in den Schraubstock und setzte eine handelsübliche Eisen-Bügelsäge an. Nach 3 Minuten und 16 Sekunden fiel das abgetrennte Stück auf den Boden.

Bei einer senkrechten Einspannung benötigte ich schon fast das Doppelte: 5:59.

Davon ausgehend, daß Gefangene keine komplette Säge, allenfalls ein Metallsägeblatt in den Knast einschmuggeln könnten, unternahm ich auch diesen Test: 25:14 Minuten benötigte ich für das Durchtrennen mit einem blanken Sägeblatt.

Wie lange aber würde es mit dem Messer dauern – sofern dies überhaupt geht?

Nach einigen Blasen an den Händen und 68 und eine halbe Minute später wußte ich auch das. Es funktionierte. Und wenn ich berücksichtigte, daß sich die Ausbrecher beim Sägen bestimmt abgewechselt hatten, waren sie in weniger als einer Stunde einmal durch.

Das notierte ich natürlich in meinem Gutachten an das Landeskriminalamt von Mecklenburg-Vorpommern, welches ich am 23. Oktober 1995 aufsetzte. Allerdings meinte ich auch Vorschläge für die Prävention unterbreiten zu müssen, denn was einmal erfolgreich funktioniert hatte, würde gewiß Nachahmer finden.

»1. Substitution der Metall- durch Kunststoffbestecke oder Einführung von Besteckmessern mit ungehärteter Klinge, möglicherweise Absenken der Härte des vorhandenen Bestandes durch Glühbehandlung.

2. Austausch der Gitterstäbe.«

Da ich aber Realist bin, fügte ich auch gleich an: »Letzteres dürfte aber aufgrund der Werkstoff- und der Kostenfrage nicht so ohne weiteres möglich sein.«

Es entzieht sich meiner Kenntnis, was man in Bützow danach unternahm.

Die Rumänen fing man meines Wissens aber wieder ein.

Ob nach ihrer Flucht oder nach ihrer erneuten Wiederkehr nach Deutschland bei einem weiteren Beutezug entzieht sich meiner Kenntnis. Sobald ich nämlich gemäß ZSEGe »entschädigt« worden bin, nehme ich ein Fall zu den Akten und verfolge das Geschehen nicht weiter.

Der Fall Belcana

Ich räume ein, daß ich inzwischen zwar als Gutachter gut im Geschäft bin und keine aktive Akquise mehr betreiben muß, aber Aufträge aus Westdeutschland sind noch immer eher Ausnahme denn Regel. Meist handelte es sich um Fälle, die von dort ansässigen Kollegen weitergereicht wurden, entweder weil sie ihnen zu geringfügig erschienen oder weil sie nicht weiterkamen und ihr Scheitern nicht offenbaren wollten. Aber selbst eine wohlmeinende Empfehlung, die dort oft bereits Referenz genug ist, wurde nie ohne bestimmte Absicht erteilt. Hilfe und Unterstützung wurden unausgesprochen wie ein Darlehen betrachtet: Irgendwann wurde die Rückzahlung gefordert – und sei es nur, daß man beispielsweise seine Stimme gegen eine gleichermaßen geachtete wie geschmähte Konkurrenz, die Technischen Überwachungs-Vereine (TÜV), einforderte. Der erste deutsche TÜV war 1866 als Dampfkessel-Überwachungs-Verein gegründet worden. Inzwischen firmierten sie als Selbstverwaltungseinrichtungen der Wirtschaft und Sachverständigenorganisationen. Mehrere tausend Mitarbeiter bundesweit beraten, begutachten, prüfen und überwachen auf sehr unterschiedlichen Gebieten – das reicht von Arbeits- bis Verkehrssicherheit, von Aufzug bis zu Zertifizierung. Es gibt eine traditionelle und über den Konkurrenzkampf hinausgehende, mir nicht ganz erklärliche Rivalität zwischen den Freiberuflern und den TÜV-Angestellten.

Einer solchen Empfehlung verdankte ich einen Anruf aus Hannover. Ein Leitender Mitarbeiter der HDI, der »Versicherung auf Gegenseitigkeit«, informierte mich am 14. Januar 2003, daß es drei Tage zuvor in Gelsenkirchen bei einer Firma einen Wasserschaden gegeben habe. Davon betroffen wären eine halbe Millionen leere Getränkedosen (Coca Cola, Sprite etc.), eine Millionen Zwischenlagenpappen sowie 24 Millionen Alu-Deckel für solche Dosen. Wert rund 650.000 Euro. Obgleich ein Teil der Produkte vermutlich weiterverarbeitet werden könnte, sei der Schaden ausreichend, weshalb man eine genaue Ursachenforschung betreiben müsse. Herr H. habe mich für diesen Job empfohlen, ob ich ihn annähme? Morgen, Mittwoch, sei 13.50 Uhr Ortstermin in Lagerhalle D 12 im Gewerbepark Gelsenkirchen-Schalke. Ich werde doch kommen?

Die Frage war keine.

Ich packte nach einer kurzen Nacht mein Werkzeug ins Auto und machte mich 7.50 Uhr auf den Weg. In fünf Minuten war auf der Autobahn. Über den Berliner Ring steuerte ich schon wenig später auf die A 2.

Der HDI-Mann hatte mir am Telefon alle relevanten Details geschildert. Ich ging sie noch einmal in Gedanken durch.

Eigentümerin der Halle war eine Firma in München.

Bewirtschaftet wurde sie von einer Industrieservice-Firma, die im Gewerbepark ansässig war.

Gemietet hatte sie die Firma Belcana GmbH, die sie als Zwischenlager für die von ihr produzierten Weißblechgetränkedosen und dazugehörenden Aluminiumdeckel nutzte.

Die Halle war am Samstag, als das Malheur passierte, zu einem Drittel gefüllt. Sie wurde aus naheliegenden Gründen nicht beheizt. Die Stimmung in der Belegschaft sei derzeit nicht gut, sagte der Mann in Hannover. Die Einführung des Dosenpfandes habe zu einem spürbaren Produktionsrückgang geführt, die Geschäftsführung daher Kurzarbeit beschlossen.

Irgendwie lag der Verdacht eines Versicherungsbetruges in der Luft. Als wäre jemand auf den dämlichen Gedanken gekommen, einen Unfall zu inszenieren, um mit dem Geld der Versicherung die eingebüßten Umsätze zu kompensieren. Not macht bekanntlich erfinderisch, und nicht grundlos beschäftigen Versicherungen Scharen von Gutachtern und Privatdetektiven. Natürlich geben Geldhäuser nie freiwillig ihre Einlagen her – doch es ist auch ihr legitimes Recht, genau zu prüfen, ob sie nicht hinters Licht geführt werden sollen.

Die reklamierten Wasserschäden waren unterschiedlichen Ursprungs: Es gab sowohl Wasser aus den Heizungsrohren, dem Frostschutzmittel inklusive Desinfektionsmittel sowie ein Farbindikator zugesetzt worden waren, weshalb ein Teil der Büchsen nunmehr einen grün-blauen Farbfilm trug. Und es gab Wasser aus einer Sprinkleranlage. Belcana war bei der HDI zwar gegen Wasserschäden versichert, allerdings haftete diese nur für Schäden, die von Wasser aus einer Leitung herrührten. Für die vom Heizungsdampf verursach-

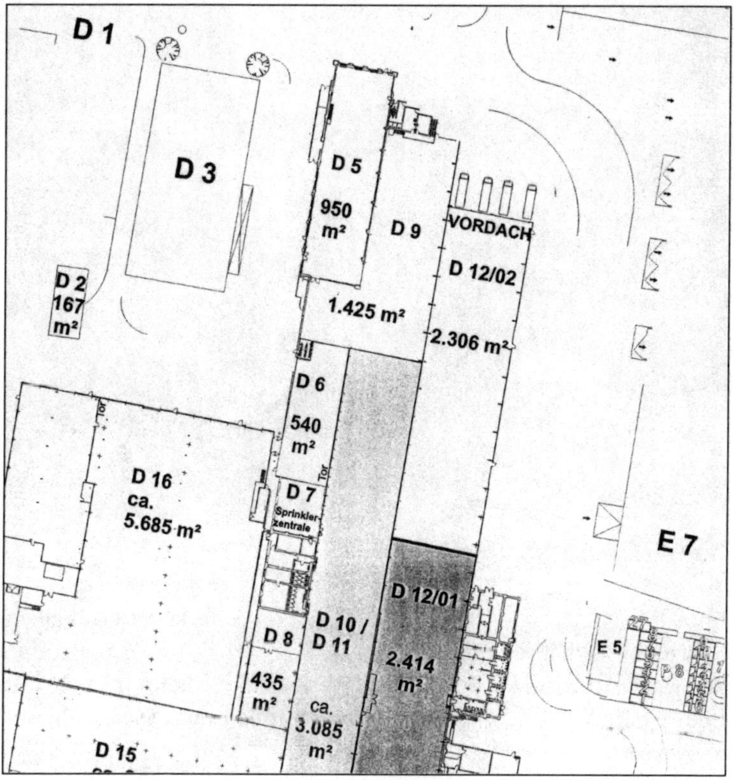

Lageplan des Gewerbeparks Gelsenkirchen-Schalke

ten Schäden war sie hingegen nicht zuständig – diese mußte entweder die Versicherung des Halleneigners, der Bewirtschafterfirma oder gar des Heizungsbetreibers übernehmen.

Um in dieser Sache Klarheit zu gewinnen, sollte ich die Kausalkette der Abläufe ermitteln und damit klären, wer oder was ursachlich für den eingetretenen Schaden verantwortlich war.

Ich erreichte 13.15 Uhr den Gewerbepark unweit der Arena von Schalke 04. Nach und nach fanden sich alle geladenen Personen ein. Wir begrüßten uns freundlich, es wurden Namen und Visitenkarten ausgetauscht. Erschienen war der Leiter der Materialwirtschaft der Belcana GmbH, der Chef und ein Mitarbeiter der Bewirtschafterfirma, der Hallenmeister des Münchner Eigners sowie dessen Mitarbeiter. Zugegen waren diverse Sachverständige und Gutachter.

Links: Halle 12 mit überdachter Toreinfahrt, Nordgiebel

Ein Chemisches Labor in Hannover hatte im Auftrag der HDI einen Lebensmittelchemiker entsandt, der die Frage beantworten sollte, ob trotz Farbzusätzen im Heizungswasser die Büchsen noch mit Brause gefüllt werden konnten. Die Beimischungen galten als wenig toxisch, doch Vorsicht war dennoch angezeigt.

Der Hallen-Eigner in München hatte ein Düsseldorfer Sachverständigenbüro gebucht, das ebenfalls einen Vertreter zum Ortstermin nach Gelsenkirchen geschickt hatte.

Zehn Minuten vor 14 Uhr war die Runde offenbar vollständig.

Zuvor hatte mich der Leiter der Materialwirtschaft von Belcana über den Sachverhalt informiert. Das deckte sich mit dem, was der Erstzeuge, ein Mitarbeiter der Bewirtschafterfirma, uns allen vor der Hallenbesichtigung berichtete:

Am Samstag hätten gegen 17 Uhr zwei der drei in Halle 12 installierten optischen Rauchmelder angeschlagen. Die Motorstellventile der Berieselungsanlage hätten sich geöffnet, und die Brandmeldung wäre automatisch an die Feuerwehr weitergeleitet worden. Beim Betreten der Halle habe er jedoch gemerkt, daß es gar nicht brannte. Die Halle habe einer Dampfsauna geglichen. Wasserdampf schwebte als Nebel über den Paletten. Namentlich aus den Heizungen an der Wand, den sogenannten Registern, sei heißes Wasser aus-

Blick in die Halle: Dosen-Paletten an der Wand zur Halle D 9, im Vordergrund die letzten Pfützen

geschossen, das sofort verdampfte. Der Dampf wiederum sei auf und am Lagergut kondensiert. An der Trennwand zur Nachbarhalle lief das Wasser der Sprinkleranlage als Wasserwand zu Boden. Dadurch sollte im Brandfalle ein Übergreifen der Flammen verhindert werden.

Sodann marschierten wir gemeinsam in die etwa 2.300 Quadratmeter große Halle D 12/02. Bis auf ein paar Pfützen war der Boden bereits getrocknet. Die Wasseroberfläche schimmerte im leichten Grün.

Der Verwalter wies mit dem Finger zur Decke.

»Das sind die drei hintereinander angeordneten Rauchmelder, die Fire-Rays. Die Sender sind am Nordgiebel, die Empfänger am Südgiebel der Halle angebracht. Wird der ausgesendete Lichtstrahl durch Rauch an einer Stelle unterbrochen, gibt es Voralarm. Wenn zwei Lichtschranken blockiert sind, geht das ganze Programm los – wie geschehen.«

Ich wollte wissen, ob auch die Sprinkleranlage angesprungen sei.

»Nein«, erklärte der Hallenmeister. »Die Deckensprinkler hatten wir vorher ausgeschaltet. Nur die Wasserwand blieb am Netz.«

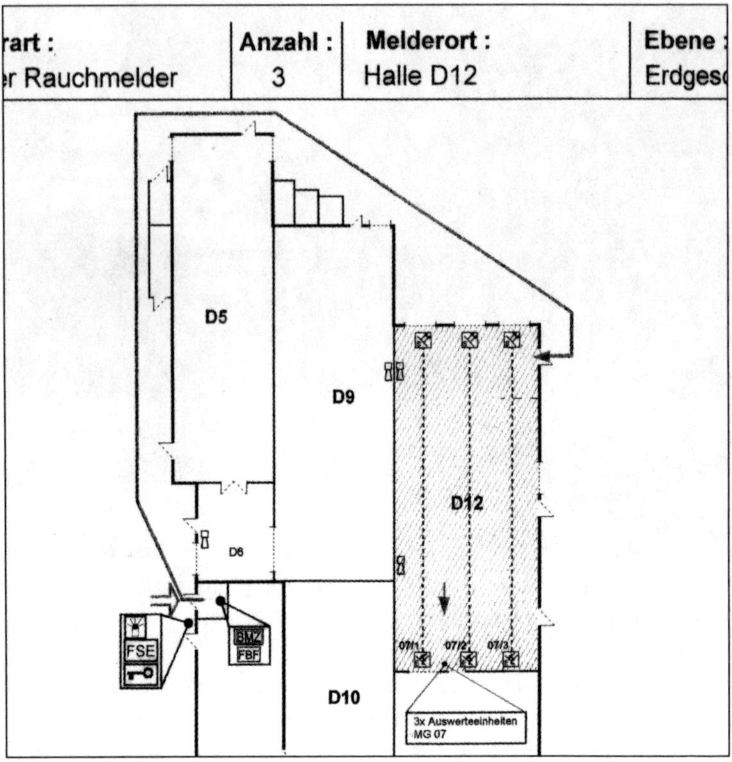

Brandmelderlageplan der Halle D 12. An den Giebelseiten sind die drei Sender und die drei Empfänger installiert

Einer aus der Runde erkundigte sich nach der Fernwärme. Die liefere die Steag Fernwärme GmbH aus Essen, hieß es. Das Heizungswasser käme mit 120 Grad, wäre also physikalisch Dampf.

»Aber Sie sagten doch, daß die Heizung abgestellt gewesen sei.«

»Ja.«

»Schon vor der Frostperiode?«

Der Hallenwart nickte.

»Wie kalt war es denn hier? Bei uns in Brandenburg hatten wir um die 20 Grad unter Null.«

»Das werden wir wohl auch gehabt haben.«

Ich ließ meinen Blick durch die Halle schweifen. Unter der Decke liefen die beiden Hauptrohre der Fernwärme. Von dort gingen die Stichleitungen senkrecht zu den einzelnen unterschiedlich

Doppelregister 4a und 4b, die Heizkörper in der Halle

großen Heizregistern. Einige Zulaufrohre und alle Rücklaufrohre waren nur zum Teil mit Dämmstoffen isoliert.

Der Hausmeister folgte meinen Blicken.

»Wo ist der Dampf ausgeschossen?«

»Besonders an Heizregister 5 und 4b. Da ist sogar der Blindstopfen herausgeflogen. Dort liegt er.«

Er lief hinüber und hob den Schraubverschluß auf. Ich zückte meine Kamera und fotografierte die einzelnen Elemente in der Halle. Dabei fiel mir auf, daß der Gutachter aus Düsseldorf, der bislang schweigend in der Runde gestanden und allenfalls mit einem gelegentlichen Lächeln die Gespräche kommentiert hatte, nach mir all das fotografierte, was ich zuvor aufgenommen hatte. Die gleiche Perspektive, die gleichen Details. Merkwürdig. Kontrollierte er mich?

»Ich werde mit dem Trennschleifer das Ventil von der 4b herausschneiden und mitnehmen«, sagte ich entschlossen und ging zum Wagen.

Der Hallenmeister warf einen irritierten Blick auf die beiden Vertreter der Betreiberfirma. Die zuckten nur mit den Achseln.

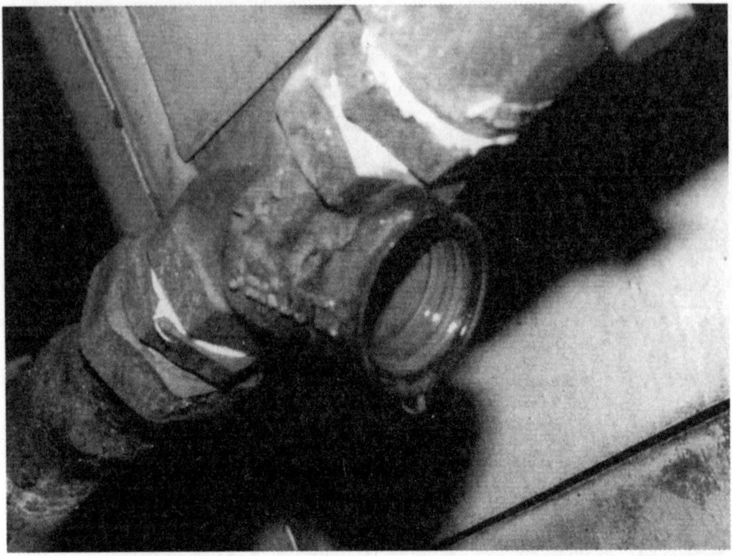

Fehlender Blindstopfen am Register 4b

Ich zog mir am Auto den Blaumann über und ging mit dem Gerät in die Halle zurück. »Helfen Sie mir mal bitte?«

Es war eine Arbeit von Minuten. Die Schleifscheibe fraß sich zügig durch das Rohr. »Ich will im Labor das Ventil genauer untersuchen, aber für mich scheint die Sache klar.« Und dann: »Hätten Sie mal bitte einen Gabelstapler? Ich möchte mir auch mal oben die Rohre anschauen.«

»Geht nicht auch eine Leiter?«

»Haben Sie eine?«

Der Hallenmeister überlegte. »Sie haben recht: Mit dem Gabelstapler geht es schneller.« Doch nach einem Augenblick des Zögerns warf er erneut ein. »Das ist aber nicht erlaubt. Wenn Sie nun herunterfallen?«

Ich würde schon auf mich und ihn aufpassen, winkte ich lachend ab. Improvisieren, wie wir es gelernt hatten, schien hier fremd. Es gab nur Dienst nach Regeln und Vorschrift.

Die Männergruppe in der Mitte der Halle schaute gleichermaßen interessiert und verwundert zu. Wie arbeiteten sie denn unter solchen Umständen? Wenn für mich eine Sache klar war, handelte ich eben. Nach meiner Überzeugung brauchte ich das Ventil

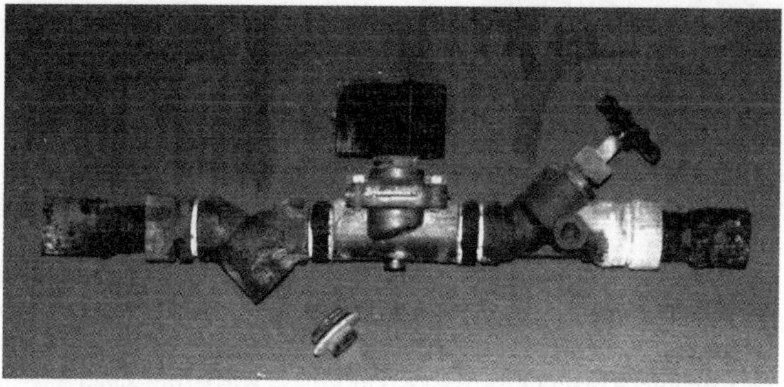

Der herausgetrennte Abschnitt des Rücklaufs mit dem Blindstopfen, dem Magnetventil und Handventil des Registers 4b. Es wurde für eventuell nachgefordere Laboruntersuchungen asserviert

mit dem herausgeschossenen Blindstopfen als Beweismittel für meine ganz gewiß zutreffende Vermutung. Ich hätte auch die undichten Flansche und andere Teile heraustrennen können, doch da genügten meine Fotos.

Also warum sollte ich zögern und die Zuführung nicht zerlegen?

Nachdem ich mich an verschiedenen Stellen der Halle mit dem Gabelstapler in die Höhe hatte heben lassen und die Schweißstellen unterm Dach auf Dichtigkeit überprüft hatte, packte ich alles ein

Kleiner Stopfen – aber große Wirkung

und trug das herausgeschnittene Teil zum Auto. Der Hausmeister kurvte den Stapler vors Hallentor. Es ging inzwischen auf vier Uhr zu, Dämmerung fiel bereits hernieder.

Als ich in die Halle zurückkehrte, steckten die Männer die Köpfe zusammen. Der Gutachter aus Hannover meinte, daß die halbe Millionen Dosen nicht mehr zu verwenden sei und darum auf den Müll gehörten. Die Zwischenlagenpappen seien zwar in Mitleidenschaft gezogen worden, aber wenn man die nassen Partien aussortierte, wären nach seiner Einschätzung mindestens 80 Prozent noch verwertbar. Und was die Deckel beträfe: Die seien, wie zu sehen wäre, in Papierschläuche verpackt. Und diese wiederum seien außen von Stretchfolie und einer Stülphaube geschützt gewesen. Ohne seiner mikrobiologischen Untersuchung vorgreifen so wollen, glaube er jedoch, daß die Alu-Deckel ausnahmslos weiter verwendet werden könnten.

Die Blicke richteten sich erwartungsvoll in meine Richtung. Offenkundig erwartete man auch von mir aus dem Stegreif eine Stellungnahme.

»Tja, meine Herren«, begann ich ein wenig akademisch. »Es ist allgemein bekannt, daß Wasser gefrieren kann und sich dabei ausdehnt. Das Volumen nimmt derart zu, daß es das Gefäß sprengen kann. Zumal wenn es sich um sprödes und unnachgiebiges Material handelt wie etwa Eisenrohre, Messingventilkörper und altes Dichtungsmaterial.« Ich wies mit dem Finger auf die Rohre an der Decke und die Register an der Wand.

»Wir hatten hier etliche Tage tiefsten Frost. Die Heizung war zwar abgestellt, doch in den Rohren und in den Registern stand noch Wasser. Das fror, trieb Flansche, Ventile und Rohre auseinander. Solange das Eis die Risse und das Loch verschloß, wo vorher der Schraubstopfen saß, merkte man nichts. Erst als die Temperaturen wieder stiegen und das Eis taute, begann auch die Anlage zu lecken. Und am späten Samstagnachmittag schoß das überhitzte Heizungswasser aus mindestens 5 der 7 Heizungsregister und verdampfte sofort.«

Ich machte eine Pause. Der Mann aus Düsseldorf lächelte wieder in sich hinein.

»Die Fire-Rays reagierten auf den Wasserdampf, als sei es Qualm. Ohne Vorwarnung wurde die Feuerwehr alarmiert, die Sprinkleranlage – da außer Betrieb – sprang nicht an, wohl aber die Anlage, die den Wasserschleier an der Wand erzeugt. Das Trinkwasser schoß in die beiden Rohre an der Hallendecke, von dort strömte es durch die Düsen und floß als Wasserschleier an der Wand zum Hallenboden hinab.«

»Materialermüdung oder -versagen durch Korrosion, Fehlfunktion oder Eingriff kommen nicht in Betracht?«

Ich schüttelte den Kopf. Natürlich wußte ich um das Bedürfnis vieler Gutachterkollegen, sich immer ein Hintertürchen offenzulassen und darum eineindeutige Aussagen zu meiden. Wenn man sich festlegte, konnte man auch daneben hauen, man öffnete das Visier und machte sich angreifbar. Ich bevorzuge trotzdem eine klare Ansage. Damit können alle Beteiligten besser umgehen, als wenn man ihnen ein Sowohl-als-auch anbietet.

»Das wird die HDI aber freuen«, meinte nach einer Pause der Gutachter aus Hannover. »Der Schaden am Lagergut ist also nachweisbar *nicht* vom Wasserschleier, also dem Trinkwasser, sondern vom Heizungswasser verursacht worden?«

»Nee, vom Frost«, hielt ich dagegen. Aber natürlich hatte er Recht. Die Versicherung der Belcana GmbH war aus dem Schneider. Für den Regreß kam die Konkurrenz auf. Unerheblich, ob nun die Versicherung der Heizungsfirma, des Halleneigners oder des Betreibers in Haftung genommen wurde. Das herauszufinden aber war nicht mehr meine Aufgabe.

Ich verabschiedete mich mit Handschlag bei den sieben Herren und wandte mich zum Gehen. Der Düsseldorfer Gutachter, den die Müncher Eigentümerin geschickt hatte, zupfte mich am Ärmel.

»Ja, bitte?«

»Ich habe da für Sie eine Mappe liegen lassen.« Er wies auf eine Palette, auf der ich braunen Karton erspähte.

»Und was ist dort drin?«

Er hob die Hände abwehrend in Schulterhöhe und setzte wieder sein süffisantes, wissendes Lächeln auf. Dann drehte er sich um und verschwand in der Dunkelheit.

Ich nahm die Mappe und warf sie auf den Beifahrersitz. Die Uhr zeigte 16.50 Uhr, als ich vom Hof rollte. Die Lichter Gelsenkirchens brannten bereits. Viel hattte ich von der Stadt nicht zu sehen bekommen.

Ich bretterte auf der Autobahn zurück gen Osten. An einer Raststätte füllte ich erst den Tank des Wagens und dann meinen eigenen. Ich verspürte ziemlichen Hunger. Außerdem wollte ich endlich wissen, was in der Mappe war, die mir so konspirativ zugespielt worden war.

Ich öffnete sie unter der Tischlampe im Bistro. Sie enthielt Fotos. Es war unschwer zu erkennen, daß es sich um Aufnahmen aus der Halle 12 handelte. Und sie mußten *vor* dem Unfall gemacht worden sein.

An den Heizungsrohren hingen Eiszapfen.

Ein Gefühl von Befriedigung und Genugtuung stieg in mir auf. Die Fotos bestätigten, daß ich mit meiner Ursachenbeschreibung hundertprozentig recht hatte. Das wollte mir der Düsseldorfer Kollege damit anerkennend mitteilen. Warum aber hatte er es mir nicht direkt ins Gesicht und im Beisein der anderen gesagt? Unsere Landsleute waren schon merkwürdige Menschen.

Aber immerhin.

Der Fall am Helene-See

Die Leiche sah nicht gut aus. Dieser 41 Jahre alte Mann oder besser: das, was das Feuer von ihm übriggelassen hatte, wies partiell mehr Ähnlichkeit mit einer angekohlten Schaufenster-Puppe als mit einem Menschen auf. Der Anblick war entsetzlich, unwirklich.

Und die Ermittlungsbehörden standen vor einem Rätsel. War er Opfer eines Verbrechens geworden, oder hatte er sich selbst so zugerichtet? Und dies mit Vorsatz oder ungewollt? War es Mord, Selbstmord oder ein Unfall?

Ich erhielt den Anruf gegen 14 Uhr an jenem 7. Juni 1995. Das 1. Kommissariat des Polizeipräsidiums Frankfurt (Oder), also die Mordkommission, informierte mich, daß am Ostufer des Helene-Sees eine Leiche gefunden worden sei. Vom gegenüberliegenden Ufer hatten Passanten Feuer gesehen. Sie informierten die Feuerwehr, die auch umgehend anrückte. Der vermutete Waldbrand sei aber keiner gewesen: Es stand ein Auto in Flammen, Und vor der Fahrertür habe ein Leiche gelegen. Inzwischen wurde ermittelt, daß es sich um einen Mann aus Wiesenau handelte. Dieser sei nach der Nachtschicht im Eisenhüttenkombinat Ost (EKO) kurz zu Hause bei seiner Frau gewesen und dann noch einmal mit dem Auto losgefahren.

Man erbitte meine Mitarbeit bei der Suche nach der Brandursache. Ob ich zum Ereignisort kommen könne?

Natürlich konnte ich.

Der Helene-See war der ehemaliger Braunkohletagebau Helene, acht Kilometer südlich von Frankfurt. 1959 hatte man, nach dreißig Jahren, den Abbau eingestellt, die Grube geflutet und zum Landschaftsschutzgebiet erklärt. Der 250 Hektar große See war stellenweise bis zu 70 Meter tief und hatte extrem sauberes Wasser. Zu DDR-Zeiten war er als Naherholungsgebiet der Bezirksstadt entwickelt worden. Es gab herrliche Badestrände, Campingplätze und Schrebergartensiedlungen, Kinderspielplätze und Ausflugsrestaurants, Anlegestellen für Segel- und Ruderboote, abgeschiedene Buchten und Wanderwege.

Mit meinem »mobilen Labor« fuhr ich am späten Nachmittag

Der ausgebrannte Hyundai nebst Totem am Strand des Helene-Sees

zum angegebenen Ort. Das vollständig ausgebrannte Fahrzeug stand in der Mitte eines Sandstrandes einer kleinen, abgelegenen Bucht. Der Blick ging an Bäumen vorbei aufs Wasser, auf dem einige Segel still dahinzogen. In der Ferne, am gegenüberliegenden grünen Ufer, wellte sich eine Hügelkette. Ein idyllischer Blick wie für eine Postkarte.

Und davor dieser bis aufs Metall ausgebrannte Wagen mit einer Leiche.

Die Polizei hatte mit ihrem weißroten Plastikband weiträumig den Ereignisort abgesperrt und jede Bierbüchse und jede Scherbe im Umkreis ordentlich mit einer Zifferntafel markiert. Nur die Feuerwehr hatte vermutlich mal wieder nicht ganz korrekt gearbeitet, wie ich auf den ersten Blick sah: Kofferraum und Motorhaube standen weit offen. Es waren aber wichtige Indizien für den Ermittler, ob die Klappen vorm Brand geöffnet oder verschlossen waren. Auf der anderen Seite konnte ich das den Kameraden nicht vorwerfen: Wenn sie jeden Funken löschen wollten, mußten sie nun mal auch den Schaum in den Motor- und in den Kofferraum leiten. Mithin: Es gab einen objektiven, nicht lösbaren Interessenkonflikt.

Das einst rote Sportcoupé der Marke Hyundai war bis aufs blanke Blech ausgebrannt. Die Vorderräder hatten sich offenkundig in den lockeren Sand gefressen, die Vorderachse lag auf. Die Beifahrertür war versperrt.

Ich konzentrierte mich zunächst auf den Motorraum, weil die meisten Autobrände dort ihren Ausgang nehmen.

Alle Plastikteile, auch die Stoßstange außen, waren nahezu verbrannt. Gleichwohl, das sah ich sofort, waren die verschiedenen Metalle – Stahl, Kupfer, Aluminium, Blei – auch unterschiedlich in Mitleidenschaft gezogen worden, was auf ein Temperaturgefälle im Motorraum schließen ließ. An der Spritzwand – die Trennwand zur Fahrgastzelle – schien es erheblich heißer gewesen zu sein als

Ereignisort mit Publikum

Die Bleiplatten in der Starterbatterie (r.) waren nicht geschmolzen – ein Indiz dafür, daß der Brand nicht im Motorraum ausbrach

im vorderen Bereich. Die Bleiplatten der dort befindlichen Batterie waren trotz des niedrigen Schmelzpunktes von Blei bei 327 Grad vollständig erhalten. Ich untersuchte Batterie- und Anlasserkabel und sah keinerlei Anzeichen für einen hohen Kurzschlußstrom. Mithin: Es konnte definitiv ausgeschlossen werden, daß wegen eines technischen Defekts unter der Motorhaube der Brand ausgebrochen war.

Sodann nahm ich den Kofferraum unter die Lupe.

Die umstehenden Polizeibeamten blieben auf Distanz, verfolgten aber neugierig, was ich da so trieb. Ich lächelte kurz hinüber, als ich meine Notizen ins Diktiergerät sprach.

Im Kofferraum fand ich die Reste eines Bierkasten. Die braunen Halbliter-Flaschen waren zersprungen und etliche Scherben angeschmolzen. Auf einigen Hälsen saßen noch Kronkorken. Offenkundig hatte der Fahrer leere und gefüllte Flaschen befördert. Am Ersatzrad waren noch Gummireste zu erkennen, der vorgeschriebene Erste-Hilfe-Kasten, Reiseprospekte und ein Putzlappen nur angebrannt. Auch der Kofferraum konnte mit Bestimmtheit als Brandherd ausgeschlossen werden.

Einen Benzinkanister fand ich nicht. Zu DDR-Zeiten hatte jeder Autofahrer stets mindestens fünf Liter Reserve im Blechkanister dabei, was angesichts der geringen Tankstellendichte lebenswichtig war. Und die ersten Ausflüge in den Westen mit Trabant oder Wartburg wurden in der Regel mit zwei 20-Liter-Kanistern im Kofferraum unternommen: Das benötigte Gemisch 1:50 oder 1:33 lieferten westdeutsche Zapfsäulen nicht. Mich wunderte, daß es keine Explosionen bei Unfällen gab. – Heutzutage aber gab es selbst in der tiefsten Provinz im Osten in fast jedem zweiten Dorf eine Tankstelle, da brauchte man keinen Reservekanister mehr.

Danach nahm ich mir den Fahrgastraum vor. Hier mußte eine Höllenhitze geherrscht haben – es war alles verbrannt, selbst der Teppichbelag am Boden und die Dämmstoffe. Nun sagte man zwar den Autoproduzenten aus Fernost, insbesondere den koreanischen, nach, daß sie billiges Material einsetzten, um mit niedrigen Preisen auf dem dichten europäischen Automarkt Kunden zu gewinnen. Doch auch für sie galten die strengen Vorschriften. Bezüge zum Beispiel durften nur aus schwer entflammbaren Material gefertigt werden. Wenn eine glühende Zigarettenkippe auf einen Sitz fiel, hinterließ sie allenfalls ein Brandloch, löste aber keinen Brand aus.

Die Flammen hatten selbst das Glas der Windschutzscheibe zum Schmelzen gebracht. Dieses war wie glühende Lava über die Armatur geflossen und dort erkaltet.

Die Kupferleitungen im rechten Bereich des Armaturenbrettes wiesen großflächige Schmelzerscheinungen auf. Kupfer begann bekanntlich erst bei 1.083 Grad zu fließen.

Besonderes Augenmerk richtete ich auf den elektrischen Zigarettenanzünder, der aufgrund seiner Anlage geeignet ist, einen Brand auszulösen. Fehlanzeige. Es deutete jedenfalls nichts auf einen Kurzschluß oder dergleichen.

Auf dem völlig ausgeglühten Beifahrersitz entdeckte ich bei genauerer Untersuchung im Federkern-Skelett die Reste eine Bierflasche. Der Scherben legte den Schluß nahe, daß unmittelbar vor dem Brand der Fahrer noch getrunken haben mußte.

Allerdings entdeckte ich nichts, was auf einen Kanister oder ein anderes Behältnis hindeutete. Das bedeutete allerdings nicht, daß es ein solches nicht gegeben hatte. Die handelsüblichen Kanister sind aus Polyethylen, und wenn ein solcher im Fahrgastraum gewesen wäre, hätte er die Flammen nicht überstanden.

Ich kratzte zwischen Sitz und Handbremse etwas textilen Brandschutt heraus und füllte ihn in eine Plastiktüte. Zu Hause im Labor wollte ich ihn auf Spuren eines Brandbeschleunigers untersuchen.

Danach legte ich mich hinterm Auto flach auf den Bauch und musterte die Auspuffanlage, insbesondere den Katalysator. Dort entstanden bekanntlich besonders hohe Temperaturen. Doch auf dem Sandboden wuchs kein Halm, der sich hätte entzünden und in der Folge das ganze Auto abfackeln können.

Ich bat die umstehenden Polizisten, mir beim Aufrichten des Fahrzeuges zu helfen, damit ich den Unterboden untersuchen konnte. Sie schleppten zwei Stämme heran.

Der Tank hinten links stand offen, vermutlich war der Schraubverschluß aus Plaste verbrannt. Ebenso die flexible Gummiverbindung zwischen Tankstutzen und dem Rohr der Einfüllöffnung. Der Tank selbst wies keine Ausbauchung auf, die durch Überdruck, also eine Explosion, entsteht. Der Blick hinein zeigte eine Schattierung am Tankboden. Klarer Fall: Der Tank war nahezu leer gewesen, der Benzinrest wahrscheinlich verdampft. Vorsichtshalber nahm ich eine Bodenprobe von der Stelle unterhalb des Tanks, um auszuschließen, daß dieser geleckt hatte und Benzin ausgelaufen war.

Nach etwa zweieinhalb Stunden hatte ich genug gesehen, fotografiert und dokumentiert. Ich packte meine Technik ein und verabschiedete mich von den umstehenden Polizeibeamten. »Das reicht. Den Rest erledige ich im Labor.«

Blick in den ausgeglühten Fahrgastraum

Mir ging das Bild des Toten nicht aus dem Kopf. Zehn Jahre zuvor hatte ich erstmals mit einem vergleichbaren Fall zu tun gehabt: Von dem Opfer waren nur Gürtel, Handschuhe und die Stiefelsohlen übriggeblieben. Man hatte uns in die Chemischen Werke Buna gerufen, wo es eine Explosion mit anschließendem Großbrand gegeben hatte. Neben einer Produktionshalle, in der große Tanks mit Vinylchlorid (VC), der Vorstufe von PVC, standen, war in einem Maschinenraum an einem Ölkühler ein defektes Ventil gewechselt worden. Dabei waren erhebliche Mengen Öl ausgetreten. Die Anlagenfahrerin und ein Arbeiter begannen die Öllachen auf dem Boden zu entfernen, während alle anderen zur Mittagspause in die Kantine verschwanden. Diese vergleichsweise unkollegiale Haltung sollte sich als lebenserhaltend erweisen.

Der Mann streute Sägespäne aus und begann zu wischen, als ihm in den Sinn kam, daß VC ja auch ein Lösungsmittel sei. Damit würde sich das Öl wesentlich leichter entfernen lassen als auf mechanische Weise. Nun holte er sich aber nicht etwa einen halben Eimer von nebenan, sondern legte gleich eine Schlauchverbindung zu einem der Großbehälter. Die Flüssigkeit floß auf den Boden des Maschinen- und Schalterraums, verdampfte und bildete ein hochexplosives Gas-Luft-Gemisch. Es kam, wie es kommen mußte: Irgendwann gab es in der Schaltwarte einen elektrischen Funken. Die Anlagenfahrerin, von einstürzenden Mauern begraben, starb an einem Herzabriß, von dem Mann blieben nur die Reste. In 30 Metern Entfernung stehenden Öltanks entdeckte ich die Splitter der Glasbausteine. Dennoch hatten sie in Buna Glück im Unglück, weil sie knapp einer Katastrophe entgangen waren: Wenn die Halle mit den VC-Behältern hochgegangen wäre, hätte es nicht nur einen Krater gegeben. – Nach den Untersuchungen gab ich das erste Gutachten meiner Laufbahn ab. Damit hatte eigentlich alles begonnen …

In den nächsten Tagen verständigte ich mich telefonisch mit der Mordkommission und der Staatsanwältin Bagenda, die auch in diesem Fall die Federführung hatte. Mich interessierten die Obduktionsbefunde. Die Gerichtsmedizin schließe den Brand als Todesursache aus, hörte ich. Der CO-Spiegel im Blut sei gering gewesen, in der Lunge hätten sich auch kaum Brandgase finden lassen. Selbst die Verbrennungen wären postmortaler Natur, das heißt das Opfer war bereits tot, als die Flammen nach ihm langten.

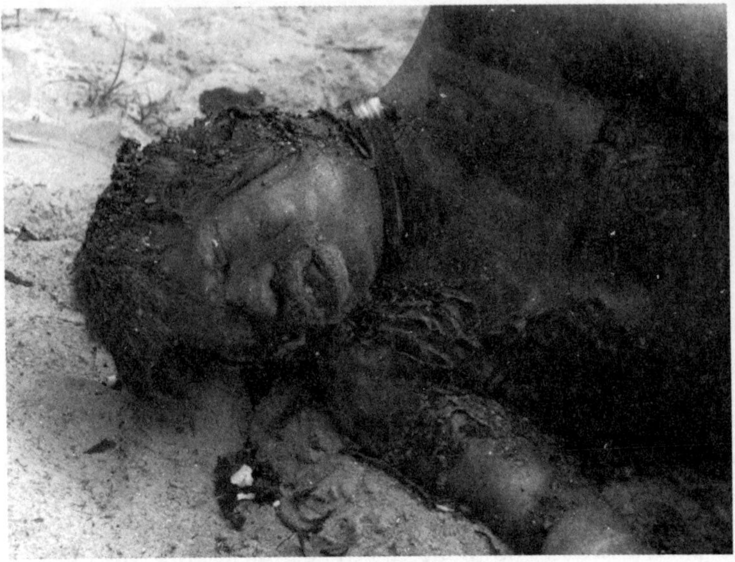

Der Tote am Helene-See mit Verbrennungen

»Und sonst? Keine äußeren Einwirkungen oder andere Hinweise?« Die Sache schien immer verworrener zu werden.

Die Staatsanwältin verneinte. Nein, es wären keine mechanischen Einwirkungen festgestellt worden. »Wir können ausschließen, daß er mit einer Flasche oder irgendeinem anderen Gegenstand niedergeschlagen worden ist. Das einzig Auffällige, heißt es im Befund«, sie machte eine Pause und suchte offenbar die Stelle im Obduktionsbericht, »sei ein vitales Merkmal am Hals, wie es durch Strecken infolge einer ruckartigen Bewegung des Kopfes nach hinten hervorgerufen wird«.

»Was heißt das? Hat ihm jemand das Genick gebrochen?«

»Quatsch. Das hätten die Gerichtsmediziner an den Halswirbeln festgestellt.«

»Und gewürgt? Das ihm jemand von hinten …«

»Glaube ich auch nicht. Irgend jemand oder irgend etwas hat ihm den Kopf nach hinten gerissen. Doch das hat vermutlich auch nicht zum Exitus geführt.«

»Mit anderen Worten: Die eigentliche Todesursache liegt noch im dunkeln.«

»So würde ich das auch sagen.«

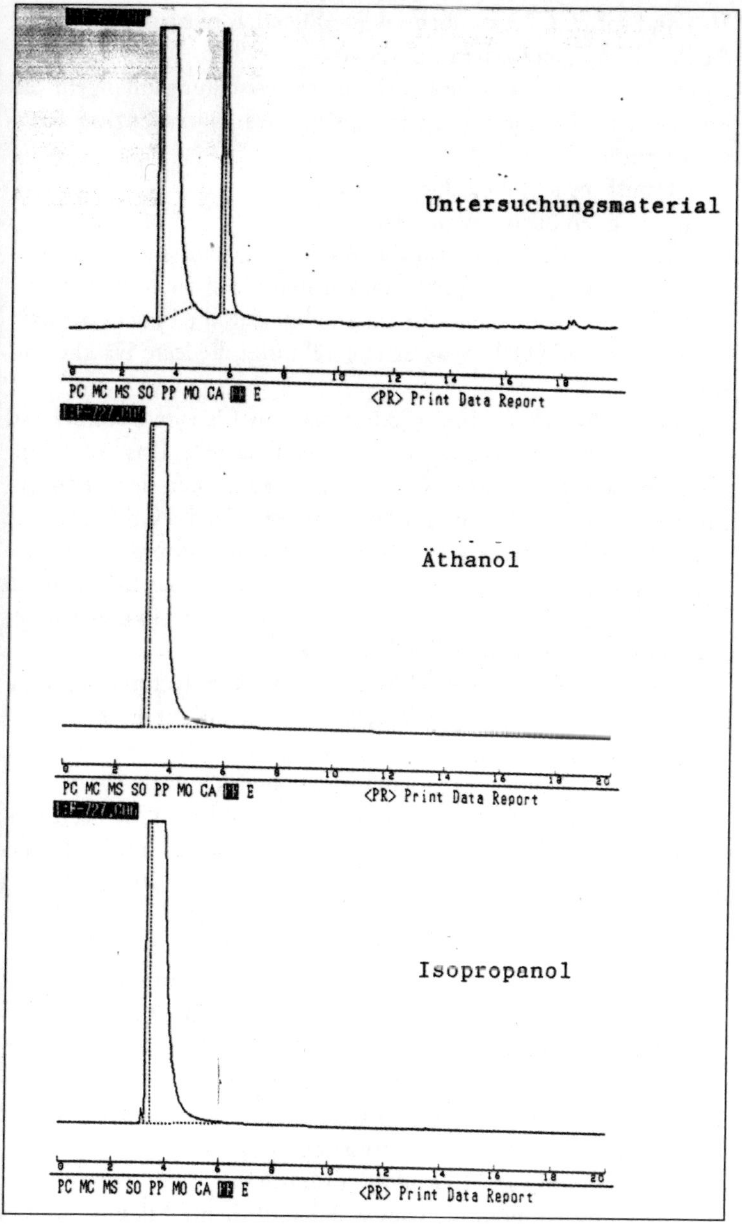

Drei Chromatogramme aus dem Prüflabor, die belegen, daß im Untersuchungsmaterial Äthanol und Isopropanol enthalten waren

»Und sonst? Gibt es noch andere für mich relevante Hinweise, die die Kriminalpolizei ermittelt hat?«

»Vielleicht. Können Sie etwas mit der Feststellung anfangen, daß im Haushalt des Toten ein Kanister mit Waschanlagenzusatz vermißt wird?«

Ich pfiff vernehmlich durch die Zähne.

»Das finden Sie offenbar wichtig.«

»Und ob. Jeder Zusatz für die Waschanlage enthält Alkohol.«

»Ja, schon, aber das Zeug braucht man doch auch im Sommer wegen der Mücken. Vielleicht hat er, ohne daß die Frau es bemerkte, im Auto die Waschanlage nachgefüllt und die leere Flasche entsorgt?«

»Für die Mücken nimmt jeder sparsame Ossi im Sommer Fit, nicht die teuren Duftwässerchen von der Tankstelle. Das löst die Insekten mindestens ebenso. Nur im Winter kauft man sich einen Zusatz wegen des Frostschutzmittels. Am besten in der Großpackung: Das hilft sparen. Wenn jetzt das Zeug im Haus vermißt wird – sogar ein ganzer Kanister, wie Sie sagen –, dann ist das für mich ein ganz wichtiger Hinweis. Ich werde den Brandschutt in dieser Richtung untersuchen. Danke für den Tip.«

Ich rief im Prüflabor ANTEUM (Analytik in Technik und Umwelt) in Berlin an. Das waren exzellente Fachleute auf ihrem Gebiet, mit denen ich gern zusammenarbeitete, wenn ich beispielsweise brandfördernde Substanzen gaschromatografisch nachweisen wollte. Ich brachte meine Proben in die Freienwalder Straße nach Hohenschönhausen. Das Verfahren ist vergleichsweise simpel: Man erwärmt die Proben in einer speziellen Apparatur auf 50 bis 70 Grad und leitet dann gereinigte Luft darüber, die anschließend durch Aktivkohle geführt wird. Diese absorbiert die leicht flüchtigen Bestandteile. Die Aktivkohle kommt in ein Lösungsmittel in einer sogenannten head-space-Flasche. Danach erfolgt die Gaschromatographie, bei der die einzelnen chemischen Bestandteile ausgewiesen werden. Fachmännisch hieß das: »Teile des Untersuchungsmaterials, ca. 3 bis 5 g, wurden in einer head-space-Probenflasche luftdicht verschlossen und mittels gaschromatographischer Dampfraumanalyse in Anlehnung an DIN 38407 untersucht.«

Die Chromatogramme wiesen Äthanol (heute Ethanol, weil es im internationalen Verkehr keine Umlaute mehr geben darf) und Isopropanol aus, die als Hauptkomponenten bei Fensterputzmitteln

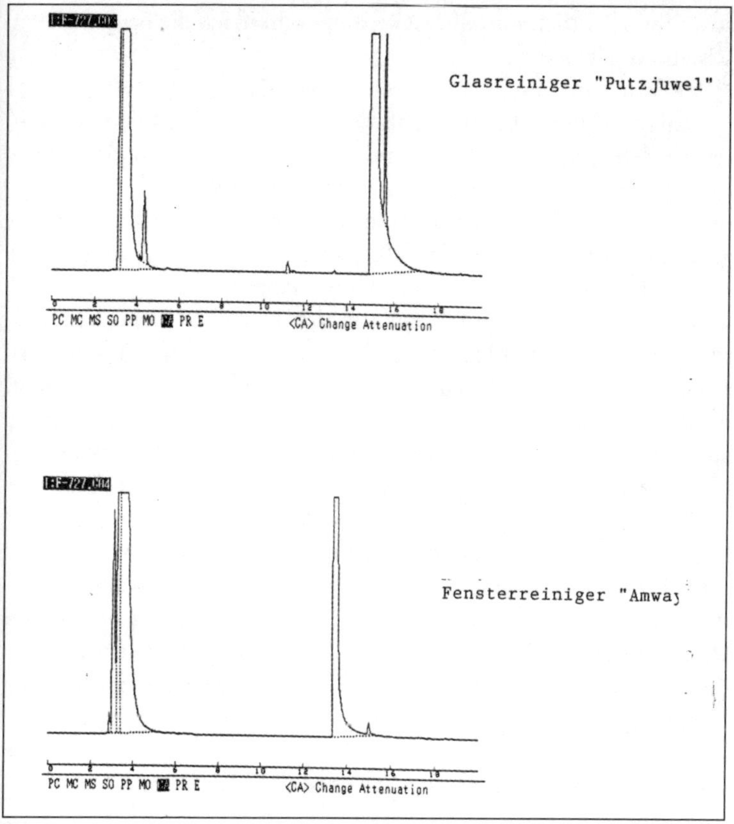

Vergleiche mit zwei handelsüblichen Glasreinigern

eingesetzt werden. Und es fanden sich Spuren von Benzol. Der wird zwar Kraftstoffen für Otto-Motoren zugesetzt, ist aber auch ein chemischer Baustein – etwa als Alkylbenzol – in hochpolymeren Kunststoffen. Da kein Benzin nachgewiesen wurde, waren das eindeutig Hinweise auf den Kunststoff einer Flasche oder einen Kanister, der verbrannt war. Und das Ethanol und das Isopropanol offenbarten, daß offenkundig der vermißte Waschanlagenzusatz ins Wageninnere geschüttet worden war.

Diese Feststellungen der Berliner Experten brachten mich einen wesentlichen Schritt weiter. Allerdings konnte damit nicht beantwortet werden, wer das Zeug vergossen und angezündet hatte.

Für mich kamen drei Versionen in Betracht, die ich der Staatsanwältin schriftlich mitteilte. Allerdings schloß ich die beiden ersten Varianten selber aus.

»1. Zündung durch einen technischen Defekt:

Aufgrund der Annahme, daß der Wagen vor und beim Festfahren in dem unwegsamen Gelände einer übermäßigen Beanspruchung ausgesetzt war, wurde ein technischer Defekt als Brandentstehungsursache zunächst nicht ausgeschlossen. Die Untersuchungen konzentrierten sich deshalb auf sensible Einrichtungen des Kraftstoff-, Elektro- und Abgassystems. Dabei wurde festgestellt, daß sämtliche Materialveränderungen in den kritischen Bereichen ausschließlich in Brandfolge entstanden sind. Weiterhin ergab sich die Feststellung, daß das Fahrzeug keinem Aufprall unterlag, sondern die durchdrehenden, einsinkenden Vorderräder ein verhältnismäßig langsames Aufsetzen des Chassis auf den Sandboden bewirkten.

2. Zündung durch Tabakglut:

Aufgrund der Abbrandmerkmale war zu schlußfolgern, daß das Ereignis weder im Motor- noch im Kofferraum, sondern eindeutig im Fahrgastraum seinen Ausgang nahm. Die Versionsbildung gründete sich auf die Information, daß die betreffende Person Nachtschicht hatte und demzufolge vermutlich müde war. Weiterhin wurde angenommen, daß nach dem Mißerfolg, das Fahrzeug wieder in Bewegung zu setzen, eine Flasche Bier geleert worden ist (Flaschenreste auf dem Beifahrersitz) und dabei geraucht wurde. Die Person wurde dann möglicherweise vom Schlaf übermannt und eine unbe-

Hinterrad und Tankstutzen – der Deckel ist verbrannt

merkt heruntergefallene Zigarette hätte einen Glimmbrand verursacht. Vom Entstehungsbrand überrascht, wäre die Person aufgeschreckt (Streckung des Halses) und hätte im fortgeschrittenen Stadium einer Rauchvergiftung nur noch das Fahrzeug verlassen, sich aber nicht weiter entfernen können. [...]

Endgültig auszuschließen war diese Version aufgrund der fehlenden vitalen Reaktionen. Die Person erlag nicht einer Rauchvergiftung, und die starken Verbrennungen erfolgten postmortal. Schocktod und Verlassen des Fahrzeuges stehen ebenfalls in einem unlösbaren Widerspruch.

3. Zündung eines Brandbeschleunigers:

Der Hinweis auf den fehlenden Kanister mit dem Waschanlagenzusatz und der positive analytische Nachweis dieser Substanz in den Brandrückständen des Wagenbodens ermöglichten eine schlüssige Rekonstruktion des Ereignisses:

Die Person hat sich während der Zündung nicht im Fahrzeug, sondern unmittelbar vor der offenen Fahrertür befunden und das Ereignis allem Anschein nach selbst herbeigeführt.

Zunächst wurde der Kanister mit Waschanlagenzusatz über den beiden Vordersitzen entleert und anschließend entzündet. Als Zündmittel kommt vorrangig eine offene Flamme (Streichholz, Feuerzeug), möglicherweise auch eine glimmende Zigarette in Frage.

Bei der Zündung kam es zu einer Verpuffung des Alkoholdampf-Luft-Gemisches, das sich über der ausgegossenen, leicht verdunstenden feuergefährlichen alkoholischen Flüssigkeit gebildet hatte.

Der Druckabbau aus dem Fahrgastraum erfolgte durch die offene Fahrertür (Beifahrertür und -fenster waren geschlossen), wobei die Flammenfront der handelnden Person ins Gesicht schlug und den Schocktod hervorrief. Offenbar erfolgte zuvor das Einatmen des zündfreudigen Gemisches, das ein Durchzünden bis in die Lunge ermöglichte.

Damit korrellieren die brandtechnischen Feststellungen und Bewertungen vollständig mit den gerichtsmedizinischen Befunden.

Für die zeitgleiche Anwesenheit einer weiteren Person am Ereignisort ergaben weder das Spurenbild noch die kriminalpolizeilichen Ermittlungen zum gegenwärtigen Stand irgendeinen Anhaltspunkt.«

Nachdem ich Anfang September der Staatsanwältin in Frankfurt meine Untersuchungsergebnisse vorgelegt hatte, meldete sie sich wieder.

Das mit Hilfe der Polizeibeamten aufgerichtete Fahrzeug, damit der Boden des ausgebrannten Hyundai unter sucht werden konnte

»Saubere Arbeit. Ich würde Ihre Einschätzung teilen, daß es sich möglicherweise eher um den Tabestand eines Versicherungsbetruges gemäß § 265 StGB handelte als um einen vorsätzlichen Selbstmord.«

»Ja, ich denke auch, daß es wohl ein Betriebsunfall war. Es gab eine Verpuffung, er flog nach hinten …«

»… das würde die vitale Streckung des Halses erklären«, ergänzte die Staatsanwältin.

»Schreck und Exitus und aus.« Nein, ich glaubte wirklich nicht, daß der Mann an den See gefahren war, um sich umzubringen. Zumal nun auch die offizielle Todesursache seit dem 25. Juli bekannt war: Druckkompensation in der Lunge und Reflextod.

»Was mir allerdings noch immer nicht klar ist: Hatte er das Abfackeln geplant, oder war es eine spontane Entscheidung? Etwa weil sich das Auto im Sand festgefressen hatte und er allein nicht wieder freikam?« Die Frau Staatsanwältin gab sich nicht zufrieden.

»Wenn er langfristig geplant hätte, das Auto abzubrennen – warum dort? Er hätte dann ein ganzes Stück zu Fuß nach Hause laufen müssen. Und außerdem: Den halbvollen Bierkasten hätte er ganz bestimmt vorher zu Hause ausgeladen. Nein, ich tippe auf einen spontanen, unüberlegten Entschluß.«

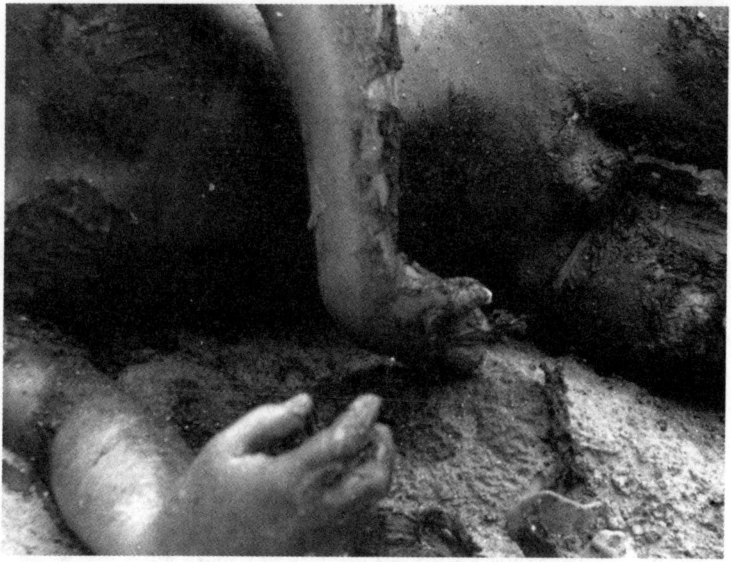

Versicherungsbetrug mit unbeabsichtigtem Ausgang

»Sie haben recht. Daß er den Waschanlagenzusatz mitnahm, spricht nicht unbedingt gegen Ihre Theorie. Den kann er schon früher eigeladen haben – vielleicht war er gar nicht so ein sparsamer Ossi, wie Sie meinen. Aber«, sie machte eine Pause, wahrscheinlich um die offizielle von der persönlichen Auffassung abzusetzen, »ein bißchen beschränkt muß er wohl gewesen sein: Er hätte doch ahnen können, daß man dahinterkommen würde: Kein Auto geht plötzlich von allein in Flammen auf.«

Ich schwieg an dieser Stelle höflich. Der Juristin sollte doch bekannt sein, daß Intelligenz und Kriminalität nicht unbedingt Zwillinge waren. Hinlänglich kluge Menschen wissen, daß angesichts der gewaltigen technischen Möglichkeiten der Ermittler theoretisch keine Chance für Täter besteht.

Es sei denn, auf der anderen Seite handeln ebenfalls nicht sonderlich ausgeschlafene Zeitgenossen.

Der Fall mit dem Zollboot

Gegen 12.30 Uhr machte SG 41 am Steg der Zollschiffstation des Frankfurter Winterhafens fest. Acht Stunden war das Boot des Bundesgrenzschutzes auf der Oder im Einsatz gewesen. Routine, es war nichts während der Streife passiert. Niemand hatte an diesem 10. Dezember 1994 illegal den Grenzfluß zwischen Polen und Deutschland überwinden wollen. Die BGS-Beamten schalteten, nachdem die »Küstrin-Kietz« fest vertäut war, gemäß Dienstvorschrift alle Anlagen an Bord ab. Lediglich die Zusatzheizung blieb an, um den Volvo-Motor im Bedarfsfall schneller starten zu können. Die Stromversorgung wurde mit einem Kabel zur Pier hergestellt. Dann schlossen die Grenzschützer den Fahrstand ab und verließen nach getaner Arbeit die Zollstation. Der Tag war gelaufen.

Gegen 13 Uhr stieg heftiger Qualm aus dem Boot. Die Besatzung eines anderen BGS-Bootes stürzte hinüber und schlug notgedrungen eine Scheibe des Fahrstandes ein, da dieser verschlossen war, um dann dem Brand mit ihren Feuerlöschern beizukommen. Zugleich wurde die Feuerwehr alarmiert.

Nach 20 Minuten war das Feuer aus.

Am 9. August, vor vier Monaten erst, war das Boot in Dienst gestellt worden. Vier dieses Typs waren im Auftrag der Beschaffungsstelle des Bundesministeriums des Innern von einer Werft in Nordwestdeutschland an das Grenzschutzamt Frankfurt/Oder geliefert worden. Der BGS hatte die Boote ohne jede Beanstandung übernommen und das BMI bezahlt. Jedoch machten sich später Nacharbeiten erforderlich. Der Auftraggeber, also das Innenministerium, bat darum, daß die Brennstoffleitung zur Heizung mit einem Absperrventil ausgestattet werden sollte, das auch vom Fahrstand leicht zu erreichen sei. Daraufhin nahm die Herstellerfirma aus Travemünde zwischen dem 6. und 8. Dezember 1994 bei allen vier Booten eine Veränderung vor: Sie ersetzte einen Teil der Kupferleitung durch eine Kunststoffleitung mit Ventil und Filter.

Die vom BGS unmittelbar nach dem Brand eingeleitete Suche nach den Ursachen des Unfalls war aus mehreren Gründen verständlich, vor allem aus einem: Wer kam für den entstandenen Schaden auf? Bekanntlich sind Fahrzeuge der Polizei so wenig versichert wie die des BGS, und auch Kriegsgerät der Bundeswehr kennt aus naheliegenden Gründen keine Versicherungspolicen. Das erklärt im übrigen die Neigung der Polizei, bei Unfällen, an denen ein grünes Auto beteiligt ist, die Schuld den beteiligten Zivilisten bzw. deren Haftpflichtversicherung anzulasten. Eine probate Methode ist dabei der Vorwurf, das Sondersignal sei überhört worden. Denn bekanntlich setzt ein ignoriertes Sondersignal jeden Verkehrsteilnehmer ins Unrecht.

Insofern hatte also der BGS durchaus Interesse daran nachzuweisen, daß nicht die Besatzung den Brand ausgelöst hatte, sondern jemand anderes. Was nicht automatisch bedeutete, daß es sich nicht auch so verhalten haben konnte. Es war legitim, in dieser Sache eindeutig Klarheit zu gewinnen.

Zwei Tage nach dem Brand erhielt ich einen Anruf. Das Grenzschutzpräsidium Ost, Grenzschutzamt Frankfurt/Oder, setzte mich offiziell über den Brand in Kenntnis und beauftragte mich, bei der Ermittlung der Brandursache zu helfen. Da ich an jenem Tag noch etliches zu erledigen hatte, schickte ich Hans-Gustav Creydt an die Oder. Gemeinsam mit Polizeikommissar im BGS Hildmann, dem für den Bereich Technik zuständigen Leiter, inspizierte er das Boot. Das war inzwischen aufgeslippt. Es sah ziemlich ramponiert aus. Einige aber meinten, daß der Reparaturaufwand bei etwa 50 Prozent des Neubeschaffungspreises läge und damit vielleicht noch vertretbar sei. Nach meiner Einschätzung kostete so ein Boot um die 150.000 DM.

Die Schäden am Plastik-Bootskörper steuerbords waren zumeist oberflächlicher Natur, d. h. die Farbe war abgebrannt. Am stärksten war der Fahrstand in Mitleidenschaft gezogen. Die Anzeigeninstrumente waren hinüber, der Monitor des Radars hatte hingegen überstanden. Der Bootskörper im Maschinenraum war ziemlich lädiert, die beiden Antriebsmaschinen wiesen aber nur oberflächliche Schäden auf. Die Isolierungen diverser Kabelbäume hatten erkennbar gelitten. Der Stecker des Landanschlusses war mit der Steckdose verschmolzen. Das waren sekundäre Erscheinungen ohne Entstehungscharakter – die 16 Ampere-Sicherung in der Verteilertafel am Bootssteg war rausgeflogen, wie Creydt feststellte, mithin konnte ein elektrischer Kurzschluß ausgeschlossen werden. Die Propangasflasche im Heckteil war fest verschlossen, es gab keinerlei Hinweise darauf, daß Gas ausgetreten war.

Creydt brachte etliche stromführende Teile mit nach Hause, die wir genauestens untersuchten. Jedoch kamen wir zu keiner anderen Auffassung: Es hatte an Bord an keiner Stelle einen brandverursachenden Kurzschluß gegeben.

Gleichwohl deuteten alle Indizien darauf hin, daß der Brand im Maschinenraum begonnen und sich über die Luftschächte in den Fahrstand ausgebreitet hatte. Über die Maschinenraum-Belüftungsöffnungen an Steuerbord war schließlich auch die Außenseite in Mitleidenschaft gezogen worden.

Die unterschiedliche Intensität der Brandspuren im Maschinenraum, insbesondere das Abbrandbild der Schaumstoffmatten, die am Schiffskörper klebten, verriet, daß der Brand zwischen Zusatzheizung und Heckwand begonnen haben mußte.

Creydt hatte auch die Schalterstellungen inspiziert und war zu dem Schluß gekommen, daß die Besatzung entsprechend der gültigen Weisungen gehandelt hatte.

»Also, was meinst du?«

Das BGS-Boot »Küstrin-Kietz« im Winterhafen nach dem Brand

Blick in den ausgebrannten Fahrstand von SG-41

Creydt hob die linke Hand und spreizte den Daumen. »Für mich gibt es drei mögliche Ursachen. Erstens: eine heruntergeflogene Zigaretten- oder Zigarrenkippe, zweitens ein Kurzer im Kabelbaum, drittens ein technischer Defekt an der Zusatzheizung.«

»Nichts von außen?«

»Nichts von außen«, bekäftigte Creydt.

»Das brennbare Material im Maschinenraum ist durch Tabakglut nicht entzündbar«, warf ich ein. »Selbst wenn ölgetränkte Putzlappen herumgelegen haben.«

»Stimmt. Und die von uns festgestellten Kurzschlüsse an den Batteriekabeln waren, wie wir bei den metallografischen Untersuchungen der Schmelzstellen noch merken werden, auch nicht Brandursache, sondern Brandfolge. Also bleibt nur drittens«, er ließ den Mittelfinger stehen, »ein technischer Defekt der Zusatzheizung«.

Creydt beschrieb im folgenden diese Warmwasserheizung, die mit Diesel betrieben wurde. Das Kraftstoff kam mit einer Pumpe aus dem großen Tank des Bootes über eine Kraftstoffleitung zum Verbrennungsraum. Darum schloß sich ein Wärmeaustauscher. Die Abgase wurden über ein Rohr außenbords geleitet. Die Temperatur regelte ein Thermostat.

Blick in den Kasten im Heck des Bootes, in dem die Propangasflasche stand. Unversehrt

Creydt hatte festgestellt, daß die Kraftstoffleitung aus Kupfer unterbrochen war. Auf Nachfrage erfuhr er, daß sich an dieser Stelle die nachträglich eingesetzte und beim Brand vernichtete Kunststoffleitung mit Ventil befunden habe. Er hatte sich daraufhin ein anderes Boot der Baureihe angeschaut. Dort war die Kunststoffleitung auf ein Kupferrohr gesteckt und mit einer Schelle gesichert worden.

»Wenn das Boot fährt, gibt es Vibrationen, und die Kraftstoffpumpe selbst bewirkt eine pulsierende Strömung … Wenn du mich fragst: Für unlösbar halte ich die Verbindung nicht.«.

»Mal angenommen, die Schelle hat sich gelöst: Was sollte passiert sein?«

»Erst einmal nichts. Aber«, Creydt machte eine daramatische Pause, um mich ein wenig auf die Folter zu spannen. »Die Abgasleitung am Vergleichsboot wies ernsthafte Mängel auf, da sie nicht schlüssig verschellt war und zudem einen kleinen Riß erkennen ließ, aus dem heißes Abgas austrat.«

»Na und? Das muß ja nicht auch auf der ›Küstrin-Kietz‹ so gewesen sein.«

»Nein, das nicht. Aber: Insgesamt war die Abgasleitung an mindestens zwei Stellen sehr stark aufgeheizt – am Austritt unmittelbar an der Heizung und am Übergang nach außenbords. Kurz und gut: Ich gehe davon aus, daß Diesel aus dem Kunststoffrohr auf eine heiße Stelle am Abgasrohr gelaufen ist und sich entzündet hat.«

»Du meinst also, das Kunststoffrohr ist samt Schelle vom Kupferrohr gerutscht?«

»Mußte es nicht mal. Ich habe mir die Stelle genau angeschaut. Die haben einfach mit der Metallsäge das Kupferrohr durchtrennt und offenkundig versäumt, mit Sandpapier die Schnittstelle zu entgraten. Die Schnittstelle war beim Vergleichsboot ziemlich scharfkantig. Ich halte es für denkbar, daß dadurch das Kunststoffrohr durchgescheuert worden ist. Das vibriert doch alles im Betrieb. Irgendwann hast du einen Riß. Und dann tropft der Diesel durch.«

Am 18. April 1995 stellte ich Polizeirat Seefeld vom BGS das mit Creydt erarbeitete Gutachten zu. Ich erklärte darin, daß »der Brand durch die Zündung von Dieselkraftstoff an einer der heißen Stellen des Heizungsabgassysems« verursacht worden sei, »wobei das Austreten des Dieselöls auf eine Undichtheit an der Verbindungsstelle zwischen Kunststoffschlauch und Kupferabschnitt der Heizkraftstoffleitung zurückzuführen ist«.

Der Maschinenraum steuerbord, nach dem Brand

Ich stellte zugleich die Besatzung von einer Schuld explizit frei: »Die Zündung des im Maschinenraum vorhandenen Materials durch Tabakglut bzw. durch den fahrlässigen oder vorsätzlichen Umgang mit offener Flamme scheidet aus. Das Brandgeschehen ist ebenso wenig durch Fehlhandlungen oder Unterlassungen der Bootsbesatzung verursacht worden. Der Brand entstand durch einen technischen Defekt, der weder durch den Routinecheck noch durch zusätzliche Kontrollen der Besatzung als brandverursachend hätte erkannt werden können.«

Da für mich die Verbindung zwischen Kupfer- und Kunststoffrohr die Achillesferse war, schlug ich vor, alle Boote der Baureihe zu überprüfen und »beanspruchungsgerecht« zu verändern, um Wiederholung auszuschließen. »Als weitere vorbeugende Maßnahme wird die vollständige, lückenlose Wärmeisolierung der Abgasrohre empfohlen.«

Damit lag nun der Schwarze Peter beim Hersteller und dessen Versicherung, die – wie nicht anders zu erwarten – die Regreßleistung zu bringen sich weigerte. Wie in solchen Fällen gemeinhin üb-

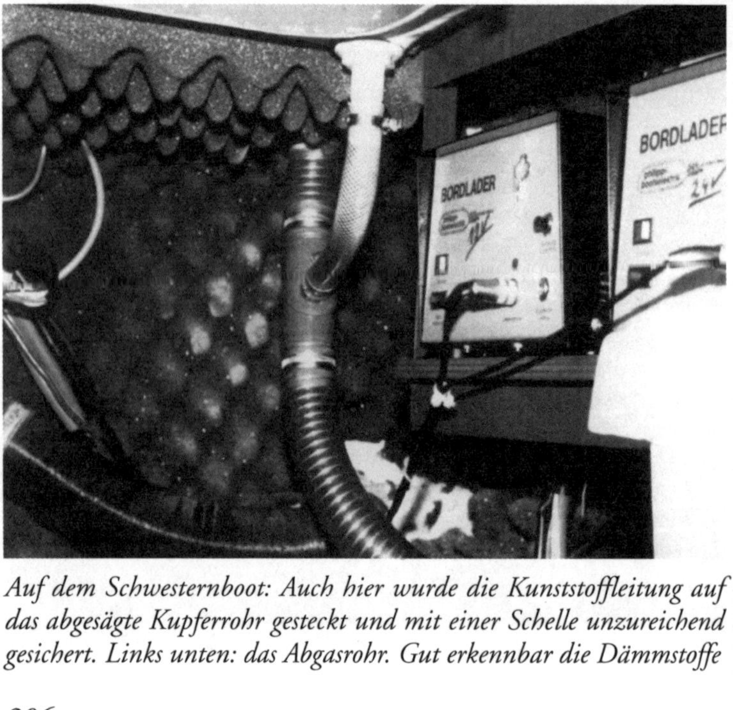

Auf dem Schwesternboot: Auch hier wurde die Kunststoffleitung auf das abgesägte Kupferrohr gesteckt und mit einer Schelle unzureichend gesichert. Links unten: das Abgasrohr. Gut erkennbar die Dämmstoffe

Auf dem Unfallboot: Die auf das Kupferrohr gesteckte Leitung ist verbrannt. nachdem sich der Diesel auf dem Abgasrohr (2) entzündete

lich, beauftragte auch diese in Köln ansässige Versicherung einen Gutachter mit der Abgabe einer Stellungnahme. Der Hamburger Sachverständige lieferte diese am 14. September 1995.

Darin kam er zu der Auffassung, daß »die Verlegung der Kunststoffleitungen [...] einwandfrei vorgenommen« worden waren. Eine Leckage durch unsachgemäßen Einbau der Schlauchleitungen schließen beide vom Unterzeichner gefragten Fachkräfte aus. Es gab auch seitens der Bootsbesatzung keine Einwände, und die Heizung wurde nach Abschluß der Arbeiten auf ihre Funktionsfähigkeit überprüft. Etwaige Leckagen, soweit diese überhaupt auftreten konnten, wären von der Bordbesatzung bei den üblichen Kontrollen sicher festgestellt worden.«

Der apodiktische Ton war mir nicht unbekannt. Insofern überraschte es mich nicht, daß der Hamburger meiner Darstellung nicht folgte und stattdessen nebulös konstatierte: »Fehlhandlungen oder Unterlassungen der Bootsbesatzung sind zwar nicht bekannt oder festgestellt worden, jedoch können diese auch nicht mit absoluter Sicherheit ausgeschlossen werden.«

Obgleich er eine eigene Version schuldig blieb, wie der Brand entstanden sein konnte, wußte er aber mit Bestimmtheit, daß meine These falsch sein mußte.

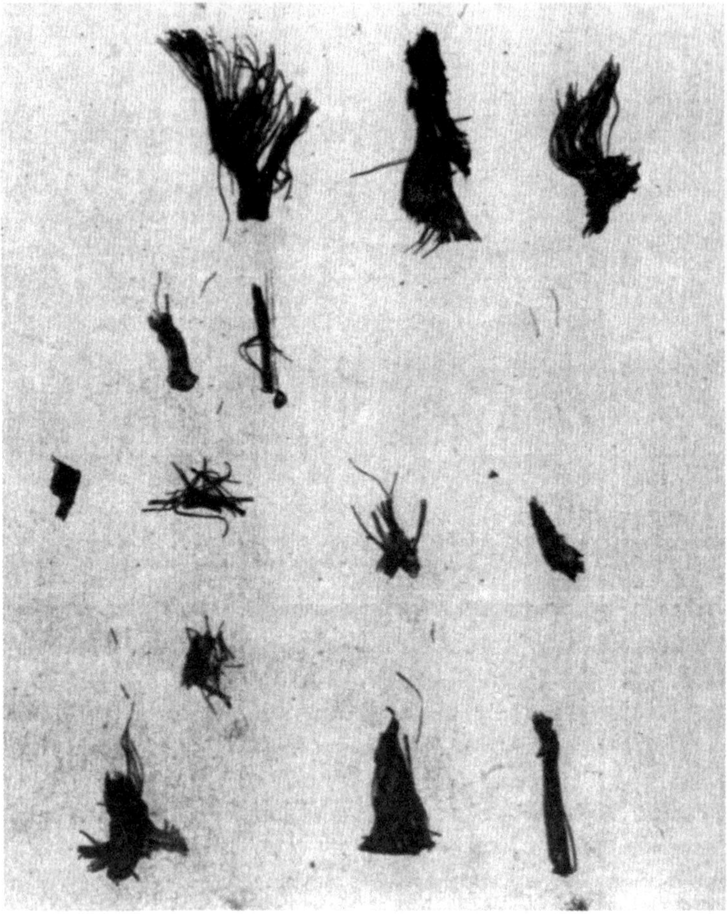

Kurzschluß-typische Leitungsstellen, die für metallographische Schliffpräparationen aus Elektrokabelm von Bord herausgetrennt wurden

Nach den ihm vorliegenden »Schadensfotos, die kurze Zeit nach Löschung des Feuers aufgenommen wurden, können wir uns den Ausführungen des Sachverständigenbüros, daß der Brand im Bereich der steuerbordseitigen Innenwand zwischen Zusatzheizung und Heckwand begonnen hat, auf keinen Fall anschließen.«

Und um es noch deutlicher zu sagen, hieß es einige Absätze weiter: »Die Schlußfolgerung des Sachverständigenbüros Ibendorf hinsichtlich der Brandausbruchsstelle [...] ist [...] unserer Meinung

400fache Vergrößerung eines Querschliffs. Das Mikrogefüge der Kupferleitung weist gewachsene polygonale Körner, Glühzwillinge und Ausscheidungen auf. Eine Sauerstoffaufnahme – Indiz für einen Primärkurzschluß – ist nicht feststellbar

nach falsch und nach der Beschreibung im Gutachten auch nicht schlüssig.«

Das Beschaffungsamt des BMI, nunmehr mit zwei gegensätzlichen Stellungnahmen konfrontiert, unternahm das in diesem Moment einzig Vernünftige: Es bestellte alle Beteiligten nach Frankfurt/Oder.

Am 4. Oktober 1995, zehn Monate nach dem Brand, fanden sich diverse Offizielle am Hafen der Zollstation zum Lokaltermin ein. Unter den Weitgereisten waren auch ein Vertreter der Kölner Versicherung und der Gutachter aus Hamburg.

Das gemeinsame Interesse richtete sich auf das Schwesternschiff, dessen Motoren in Betrieb gesetzt wurden. Und während der Diesel im Leerlauf brummte und das Kühlwasser außenbords in die Oder blubberte, stieg nach geraumer Zeit heller Rauch aus dem Maschinenraum.

Es war genau so, wie ich in meinem Gutachten festgestellt hatte: Aus der Zuleitung tropfte Diesel auf das inzwischen erhitzte Abgasrohr und verdampfte dort. Jeder, der das sah, wußte, was das bedeutete. Nach acht Stunden Dauerbetrieb war das Rohr derart heiß und soviel Diesel ausgelaufen, daß es unweigerlich zu einem Brand auf dem Boot kommen mußte.

Der Fall mit der Imbißbude

Morgens 2.45 Uhr setzte die Polizeiobermeisterin in Ludwigsfelde die Strafanzeige »gegen Unbekannt« auf. Die Tat lautete »Verdacht der Brandstiftung«, und in die Spalte »Anzeiger« wurde »von Amtswegen« eingetragen.

Und weil der Geschädigte Köksal Basoglu hieß, dessen Döner-Stand zwischen den Feiertagen niedergebrannt wurde, zog umgehend das 4. Kommissariat des Polizeipräsidiums Potsdam die Untersuchungen an sich. Das war der Staatsschutz.

Der trat immer auf den Plan, wenn ein türkischer Imbiß in Flammen aufging, denn solche Anschläge hatten oft einen ausländerfeindlichen Hintergrund. Nicht nur im Land Brandenburg trieben Rechtsradikale ihr Unwesen. Zumeist waren es Jugendliche, die auf die platten Parolen rechter Demagogen hereinfielen und für ihre eigene mißliche Lage in erster Linie Ausländer haftbar machten. Dieser dumpfe Fremdenhaß entlud sich oft in zielgerichteten Gewalttaten. Das war aus verschiedenen Gründen ein Politikum und darum stets ein Fall für den Staatsschutz. Nicht immer steckten Strukturen oder gar eine rechtsextreme Organisationen dahinter. Das aber wußte man vorher nie, und letztlich war es auch unerheblich: Jeder Anschlag auf fremde Mitbürger war ein Anschlag auf die Menschenwürde und auf die hier geltende Rechtsordnung.

Mich erreichte am Morgen dieses 28. Dezember 2000 der Anruf der Kriminalpolizei Schutzbereich Teltow-Fläming. Der Anrufer bat mich – im Auftrag des Staatsschutzes und der Staatsanwaltschaft Potsdam, wie er betonte –, die Brandursache zu ermitteln. Er meinte sich für sein Ansinnen entschuldigen zu müssen, so kurz nach Weihnachten und vorm Jahreswechsel. Ich konnte mir ein Lächeln kaum verkneifen: So redete nur einer, dem wohl der Bundesangestelltentarifvertrag, nicht aber die notwendige Arbeitsweise eines Freiberuflers bekannt war. Ich empfand die Aufforderung, heute nach Trebbin zu kommen, nicht als dramatisch: Dieser Tag war ein Donnerstag wie jeder andere auch.

Ich machte mich gleich nach dem Frühstück mit meinem Werkzeug auf den Weg und traf in der Kleinstadt im Süden Berlins kurz nach 11 Uhr ein. Die Innenstadt war menschenleer wie der Parkplatz an der B 101, sah man einmal von den Beamten ab, die den Ereignisort sicherten. Eine geschlossene Schneedecke älteren Datums lag auf dem Areal, dadurch wirkte der verkohlte Imbißstand noch eine Spur gespenstischer. Ich begrüßte die beiden Kollegen von der Kriminaltechnik, die mich bereits erwarteten und geduldig von einem Bein aufs andere getreten waren: Die Temperaturen lagen unter dem Gefrierpunkt, und über den unwirtlichen Platz blies ein lausig kalter Wind.

Der Betreiber hatte den einachsigen Verkaufsanhänger aufgebockt und die Räder demontiert. Strom bezog er über eine Leitung aus einem rückwärtigen Gebäude. Drei der vier Wände waren fast bis auf die Höhe der Bodenplatte niedergebrannt, die Reste des Daches eingestürzt. Die Eingangstür wurde mit einer Gittertür gesichert. Sie hatte den Brand unbeschadet überstanden.

»Weiß der Betreiber schon davon?«

Der eine Beamte verneinte. Er befinde sich in seiner Heimat. Zum Urlaub. Es sei bereits das zweite Mal, sagte der Beamte, daß es diesen Imbiß erwischt habe. Beim ersten Male sei es glimpflich abgegangen. »Jetzt aber ...«

»Döner-Kebap« – die Existenz der Familie Basoglu

Der vernichtete Imbißstand von hinten. Im Hintergrund die Feuerwache von Trebbin

»Und wann ist es passiert?«

»Gegen 1.50 Uhr. Drei Jugendliche aus dem Ort kamen von der Tankstelle und liefen ins Zentrum, als sie den Brand bemerkten. Sie informierten umgehend die Freiwillige Feuerwehr, die bereits 1.57 Uhr mit den Löscharbeiten begann. Kein Wunder«, er wies über den Platz, »da ist die Wache. Deshalb sollte der Stand eigentlich auch weg. Das Bauamt war mit dem Betreiber wegen einer Alternative schon im Gespräch. Die Polizei traf 2.10 Uhr ein und nahm die übliche Nahbereichsfahndung vor. Diese verlief negativ. Auch die drei Zeugen hatten nichts gesehen.«

Als erstes schaute ich mir die Propangasflaschen an, die die Feuerwehr unweit des Wagens in den Schnee gestellt hatte. Die Messingventile waren von der Hitze geschmolzen – ein Hinweis darauf, daß die Gasflaschen nicht den Brand ausgelöst, jedoch erheblich forciert hatten. Sie waren einfach abgefackelt und hatten eine Höllenglut entwickelt.

Sodann nahm ich mir die Stromzuführung vor. Sie war mit 25 Ampere gesichert, und die Sicherung, das stellte ich im Haus fest, war angesprungen. Damit schied prinzipiell ein Kurzschluß der Elektrogeräte im Innern des Imbißstandes aus. Ich stocherte im

Aluminiumplatten an der Rückfront – mit Aufbrandkeil

Brandschutt und entdeckte dort Reste eines dreiadrigen Stromkabels, das ich einsteckte, um es daheim unter dem Mikroskop genauer zu untersuchen. Doch schon mit bloßem Auge waren winzige Schmelzperlen zu erkennen – auch das ein Indiz für einen sekundären Kurzschluß.

Im Löschschaum hinterm Wagen lag eine Platte aus Aluminiumblech. Die ganze rückwärtige Front war mit solchen Platten verkleidet, diese war wegen des Feuers abgefallen. Ich bat einen der Kriminaltechniker, die Platte so zu halten, wie sie ursprünglich oberhalb des Radkastens angebracht gewesen war. Das Feuer hatte erkennbar einen Keil herausgeschmolzen.

»Nehmen Sie eine Wette an, daß genau hier der Brand seinen Ausgang genommen hat?«

Der bärtige Polizeibeamte winkte lächelnd ab. »Hundert pro … Der Aufbrandkeil ist eindeutig.«

Ich nahm drei Proben aus dem Boden darunter und aus dem Brandschutt und gab sie wie immer in verschraubbare Gläser. Im Labor sollten sie auf Brandbeschleuniger untersucht werden.

Beim Stochern stieß ich neben der Achse auf eine Geldkassette.

Der Kriminaltechniker feixte. »Da werden wohl die Einnahmen vom Weihnachtsgeschäft drin sein.«

Ich griff nach der Stahlkassette. Sie war nicht verschlossen und ließ sich ohne Mühe öffnen. Allerdings war nur ein Umschlag zu erkennen, der angekokelt und naß vom Löschschaum war. »Von wegen Geld.«

Das Kuvert enthielt einen Bogen Papier.

»Das kann nur vom Täter sein. Der wollte, daß wir den Brief finden. Jede andere Form der Mitteilung wäre verbrannt. Deshalb also die Stahlkassette. Und auch außerhalb deponiert, weil nur von außen der Wagen angesteckt werden konnte.«

Ich faltete das aufgeweichte A4-Blatt auseinander. Die zweieinhalb Zeilen ohne Unterschrift mußten aus einem Laserdrucker stammen oder waren eine Kopie. Wäre ein Tintenstrahldrucker benutzt worden, hätte die Feuchtigkeit die Schrift unleserlich gemacht. Gleichwohl war der Text nicht vollständig zu entziffern, weil der linke Bogenrand verbrannt war. Doch auch so war die Tendenz der Botschaft erkennbar:

»... ische Übervölkerung und Kanackenfraß setzen
... nicht zum öffenlichen Widerstand bereiten
...reichen!«

Brandschutt: rechts die Kassette, links der Radkasten

Vokabeln wie »Übervölkerung« und »Kanackenfraß« kamen unzweifelhaft aus dem rechten Milieu.

»Ein Ausländer kann das nicht geschrieben haben«, warf der Kriminaltechniker ein, als habe er meine Gedanken gelesen. In der Vergangenheit hatte es Fälle gegeben, wo ein rechtsradikaler Anschlag nur vorgetäuscht worden war. Da rivalisierten Imbißbudenbetreiber untereinander, junge Mädchen ritzten sich selbst Hakenkreuze in die Wange, oder Jugendliche gaben vor, von Neonazis attackiert worden zu sein. Die rechte Gewalt hatte ihre Trittbrettfahrer, die sich wichtigmachen wollten oder auf die Sympathie einer sensibilisierten Öffentlichkeit rechneten.

Ich machte abschließend noch einige Bilder vom Ereignisort für das Gutachten und verstaute meine Technik im Auto. Es war gegen 14 Uhr. Nach drei Stunden hatte ich alles gesehen und im Kasten. Es war noch immer lausig kalt. Jetzt erst merkte ich, wie durchgefroren ich war.

Viel, so vermutete ich, hatte ich nicht mehr zu erledigen. Das Gutachten konnte kurz ausfallen. Die Brandursache war eindeutig: Brandstiftung von außen. Vermutlich würde sich in den Bodenproben Spuren eines Brandbeschleunigers, wahrscheinlich Benzin, finden lassen. Der war auf das unter der Achse und im Radkasten

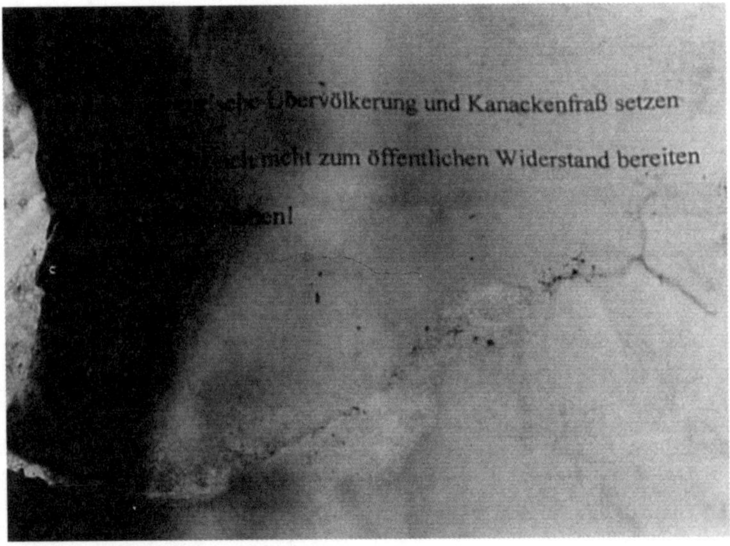

Angebranntes Bekennerschreiben

gestapelte Zeitungspapier, das von einem Feuerwehrmann gesehen worden war, ausgegossen worden. Streichholz ran – und schon brannte alles wie Zunder.

Der Blick durchs Mikroskop bestätigte meine Vermutung. An den Adern des Stromkabels waren eindeutig die Schmelztropfen zu erkennen. Da war kein Strom mehr geflossen, die gesamte E-Anlage mithin in Ordnung.

Das Gaschromatogramm der Bodenproben bestätigte meine Annahme: Alle drei enthielten, wenngleich in unterschiedlicher Konzentration, aliphatische und aromatische Verbindungen. Das Spektrum dieser Verbindungen stimmte mit dem von Vergaserkraftstoff für Otto-Motoren, also Benzin, überein.

Das vorgefundene Schriftstück bestätigte letztlich meinen Befund: Es handelte sich um vorsätzliche Brandstiftung.

So teilte ich es in meinem Gutachten mit, mein Auftrag war also erledigt.

Der Anschlag zwischen den Feiertagen hatte jedoch die Gemüter nicht nur in Trebbin und Umgebung erhitzt. Dafür sorgte auch die Lokalpresse, die in der Folgezeit das Thema wiederholt aufgriff. Die Kripo bat um Mithilfe und verteilte auf der Suche nach den Tätern Flugblätter, worüber die MAZ am 4. Januar 2001 berichtete. »Nach derzeitigem Erkenntnisstand geht die Polizei davon aus, daß eine technische Ursache als Brandursache ausscheidet«, schrieb die Lokalredakteurin Uta Franke. »Die Polizei schließt einen fremdenfeindlichen Hintergrund nicht aus.«

Auch die Lokalpolitiker traten auf den Plan. Die Stadtverwaltung äußerte in einem Schreiben an die türkische Familie Betroffenheit, begrüßte aber zugleich, daß sie trotzdem in Trebbin bleiben wolle. »Im Namen des Landkreises wünsche ich Ihnen die Kraft und den Mut, den Sie benötigen, um dieses Ereignis zu verarbeiten. Ich hoffe, daß die Täter von den Ermittlungsbehörden alsbald gefaßt werden und die volle Härte des Gesetzes, die für einen solchen Fall vorgesehen ist, zu spüren bekommen«, versicherte Detlef Gärtner, Beigeordneter des Bürgermeisters und Dezernent der Kreisverwaltung Teltow-Fläming in einem persönlichen Brief.

Der Bürgermeister Thomas Berger, obgleich über den bisherigen Stellplatz der Imbißbude nicht glücklich (»Der Parkplatz ist ein ungeeigneter Standort.«), sicherte ebenfalls Unterstützung zu. Am 18. Januar berichtete die engagierte Lokalredakteurin Franke unter

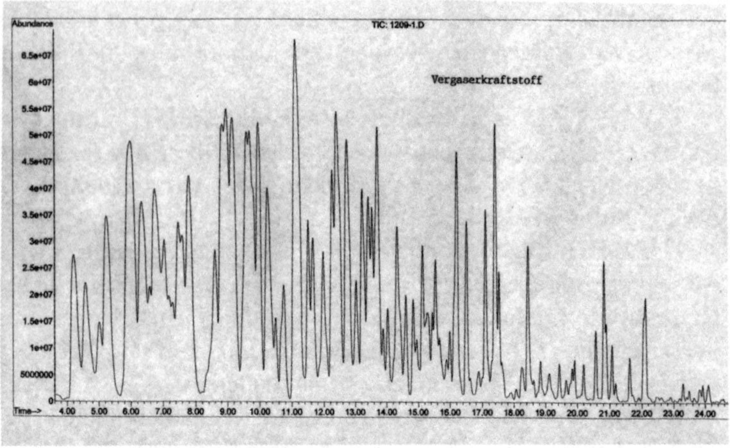

Gaschromatogramm der Bodenprobe Nr. 1 vom Brandort

der nahezu appellativen Überschrift »Köksal Basoglu soll bleiben« von den Bemühungen der Stadtverwaltung, eine akzeptable Alternative für den Dönerverkäufer zu finden. Dieser hatte sich nämlich inzwischen für drei Monate einen Imbißwagen geliehen und verkaufte demonstrativ und trotzig wieder an derselben Stelle. Der Vorsitzende des Bauausschusses (und nicht nur er) monierte das: Der Ort war nicht nur ein öffentlicher Parkplatz, sondern zugleich auch die Zufahrt zur Feuerwache. Die Manövrierfähigkeit der Feuerwehr wurde eingeschränkt. Basoglu lehnte aber einen anderen Standort ab.

Die mißliche Lage war den Stadtoberen sehr wohl bewußt. Der Bürgermeister erklärte darum öffentlich: »Wir stehen dazu, daß die Familie Basoglu weiterhin in Trebbin bleibt, um denjenigen, die für den Brandanschlag verantwortlich sind, nicht durch zögerliche oder kleinliche Entscheidungen in die Hand zu arbeiten.«

Auf Nachfrage bestätigte der Bürgermeister jedoch auch, daß inzwischen der Generalbundesanwalt die Sache auf seinen Tisch gezogen hatte, weil man von einem gezielten rechtsextremistischen Anschlag ausging. Mehr allerdings war drei Wochen nach dem Anschlag noch immer nicht bekannt.

Zeit ging ins Land.

Basoglu errichtete einen Container, den er bis Mitte 2003 betrieb. Dann verkaufte er an einen Nachfolger und zog fort aus

Trebbin. Ohne daß er jemals erfahren hätte, wer ihm seinen Imbißstand angezündet hatte.

Bürgermeister Thomas Berger, der Köksal Basoglu als seinen Freund bezeichnete, erklärte im November 2003 auf Nachfrage ebenfalls sein Unwissen. Nein, von einer Ermittlung der Täter habe er nichts gehört, folglich werde es auch kein Gerichtsverfahren gegeben haben.

Auch der Generalbundesanwalt kann scheitern.

Es war einmal in Amerika und es war ein sensationeller Fall – die Tat selbst und der spektakuläre Freispruch des O.J. Simpson sorgten für weltweites Interesse. »Anatomie eines Doppelmords« rekonstruiert Tathergang und Ermittlungsarbeit und beschreibt die Instrumentalisierung des Falls und das perfide Spiel der Anwälte mit den »Möglichkeiten des Rechts«. Ein Sachbuch, spannender als ein Krimi.

Das Time Magazine beschrieb den 3. Oktober 1995, 10.00 Uhr, als den spannungsgeladensten Moment in der Geschichte des Fernsehens. Bis zu den Ereignissen des 11. September 2001 war er dies auch.

Die Welt in den USA schien für einen Augenblick stillzustehen, als 100 Millionen Amerikaner an den Bildschirmen das Urteil der Geschworenen im »Prozeß des Jahrhunderts« gegen Orenthal James Simpson, den berühmten Sportler und Schauspieler, erwarteten. Stunden vor der Urteilsverkündung instruierte Präsident Bill Clinton die zuständigen Stellen landesweit mit Sicherheitsmaßregeln für den Fall von Ausschreitungen. Als der Zeitpunkt der Urteilsverkündung näherrückte, sank das Handelsvolumen an der New Yorker Börse um 41 %, die Zahl der Ferngespräche um 58 %. Arbeiter, Geschäftsleute, Richter, selbst Ärzte unterbrachen ihre Tätigkeit für die unproduktivste halbe Stunde in der Geschichte der USA, die an verlorenem Output etwa 480 Millionen Dollar an Kosten verursachte. Vierhundertvierundsiebzig Tage zuvor war Simpson verhaftet worden. Jetzt wartete er darauf, daß die zwölf Menschen eintreten würden, die dazu bestimmt worden waren, über sein Schicksal zu befinden.

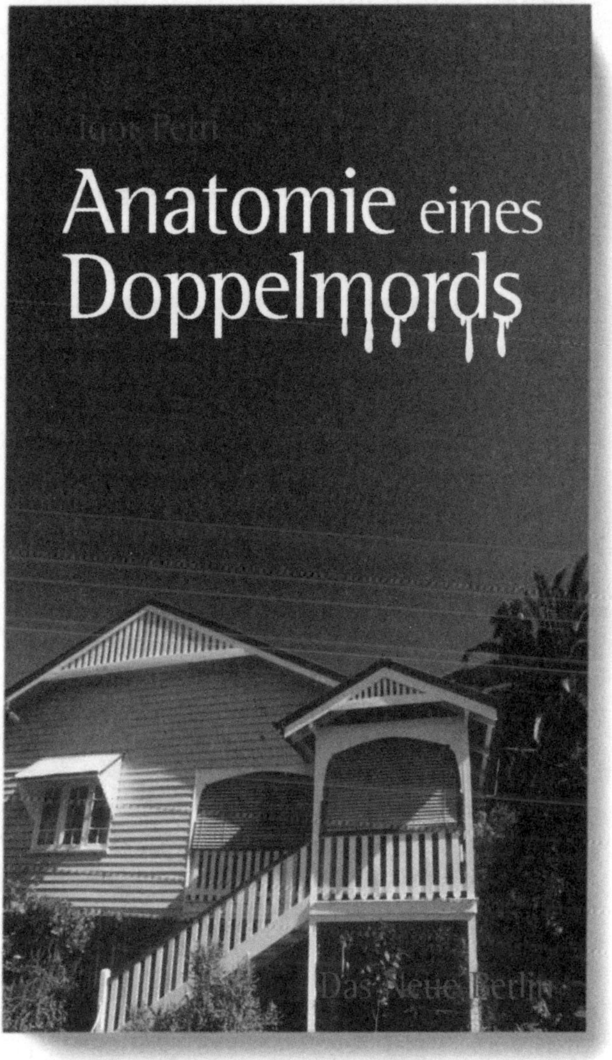
Igor Petri
Anatomie eines
Doppelmords
Das Neue Berlin

ISBN 3-360-01241-0

Rosa-Luxemburg-Straße 39, 10178 Berlin
Umschlag: Peperoni Werbeagentur, Berlin
Fotos: Archiv Klaus Ibendorf
Printed in Germany

Die Bücher des Verlags Das Neue Berlin
erscheinen in der Eulenspiegel Verlagsgruppe

www.das-neue-berlin.de